Antigo Testamento

Dados Internacionais de Catalogação na Publicação (CIP)
(Câmara Brasileira do Livro, SP, Brasil)

Ska, Jean-Louis
  Antigo Testamento : 2. Temas e leituras / Jean-Louis Ska ; tradução de Renato Adriano Pezenti. – Petrópolis, RJ : Vozes, 2018.

  Título original : Antico Testamento : 2. Temi e letture.
  ISBN 978-85-326-5751-0

  1. Bíblia. A.T. – Estudo e ensino 2. Bíblia. A.T. – Livros-texto 3. Leitura 4. Teologia – Estudo e ensino I. Título.

18-13303   CDD-221.6

Índices para catálogo sistemático:
1. Antigo Testamento : Bíblia : Teologia   221.6

Jean-Louis Ska

Antigo Testamento

2. Temas e leituras

Tradução de Renato Adriano Pezenti

EDITORA
VOZES

Petrópolis

© 2015 Centro editoriale dehoniano
via Scipione Dal Ferro, 4 – 40138 Bologna
www.dehoniano.it
EDB
Collana: Fondamento

Título do original em italiano: *Antico Testamento. 2. Temi e letture,* by Jean-Louis Ska.

Direitos de publicação em língua portuguesa – Brasil:
2018, Editora Vozes Ltda.
Rua Frei Luís, 100
25689-900 Petrópolis, RJ
www.vozes.com.br
Brasil

Todos os direitos reservados. Nenhuma parte desta obra poderá ser reproduzida ou transmitida por qualquer forma e/ou quaisquer meios (eletrônico ou mecânico, incluindo fotocópia e gravação) ou arquivada em qualquer sistema ou banco de dados sem permissão escrita da editora.

CONSELHO EDITORIAL

Diretor
Gilberto Gonçalves Garcia

Editores
Aline dos Santos Carneiro
Edrian Josué Pasini
Marilac Loraine Oleniki
Welder Lancieri Marchini

Conselheiros
Francisco Morás
Ludovico Garmus
Teobaldo Heidemann
Volney J. Berkenbrock

Secretário executivo
João Batista Kreuch

Editoração: Fernando Sergio Olivetti da Rocha
Diagramação: Sheilandre Desenv. Gráfico
Revisão gráfica: Nilton Braz da Rocha / Nivaldo S. Menezes
Capa: SGDesign
Ilustração de capa: O Sacrifício de Isaac (1603) – Caravaggio

ISBN 978-85-326-5751-0 (Brasil)
ISBN 978-88-10-43205-1 (Itália)

Editado conforme o novo acordo ortográfico.

Este livro foi composto e impresso pela Editora Vozes Ltda.

Sumário

Abreviaturas dos livros bíblicos, 7

1 A criação e o tempo, 9

2 Os patriarcas, 21

3 Noé e o dilúvio, 31

4 As genealogias, 47

5 O amor, 62

6 O deserto e o Decálogo, 75

7 O trabalho, 91

8 O Jubileu, 105

9 A peregrinação, 118

10 O direito e a lei, 131

11 O poder, 144

12 A cidade e a torre, 156

13 Os anciãos, 174

14 Os sacerdotes, 185

15 Os sacrifícios, 194

16 As faces insólitas de Deus, 211

Glossário, 221

Índice, 227

Abreviaturas dos livros bíblicos

Ab: Abdias
Ag: Ageu
Am: Amós
Ap: Apocalipse
At: Atos dos Apóstolos
Br: Baruc
Cl: Carta aos Colossenses
1-2Cor: Primeira e segunda cartas aos Coríntios
1-2Cr: Primeiro e segundo livros das Crônicas
Ct: Cântico dos Cânticos
Dn: Daniel
Dt: Deuteronômio
Ef: Carta aos Efésios
Esd: Esdras
Est: Ester
Ex: Êxodo
Ez: Ezequiel
Fl: Carta aos Filipenses
Fm: Carta a Filémon
Gl: Carta aos Gálatas
Gn: Gênesis
Hab: Habacuc
Hb: Carta aos Hebreus
Is: Isaías
Jd: Carta de Judas
Jl: Joel
Jn: Jonas
Jó: Livro de Jó
Jo: Evangelho de João
1-2-3Jo: Primeira, segunda e terceira cartas de João
Jr: Jeremias
Js: Josué
Jt: Judite

Jz: Juízes
Lc: Evangelho de Lucas
Lm: Lamentações
Lv: Levítico
Mc: Evangelho de Marcos
1-2Mc: Primeiro e segundo livros dos Macabeus
Ml: Malaquias
Mq: Miqueias
Mt: Evangelho de Mateus
Na: Naum
Ne: Neemias
Nm: Números
Os: Oseias
1-2Pd: Primeira e segunda cartas de Pedro
Pr: Provérbios
Qo: Qohelet (Eclesiastes)
Rm: Carta aos Romanos
1-2Rs: Primeiro e segundo livros dos Reis
Rt: Rute
Sb: Sabedoria
Sf: Sofonias
Sl: Salmos
1-2Sm: Primeiro e segundo livros de Samuel
Sr: Sirácida (Eclesiástico)
Tb: Tobias
Tg: Carta de Tiago
1-2Tm: Primeira e segunda cartas a Timóteo
1-2Ts: Primeira e segunda cartas aos Tessalonicenses
Tt: Carta a Tito
Zc: Zacarias

1

A CRIAÇÃO E O TEMPO

Segundo alguns mitos da Índia antiga, o deus criador tinha nas mãos um tambor e criou e organizou todo o universo soando-o, fazendo surgir o mundo do caos e marcando uma a uma as fases de sua existência. O poder do deus criador é simbolizado pelas poucas notas e pelo ritmo particular da música, que nada mais é do que uma representação do tempo. O tempo, para usar outra imagem, é o berço do nosso universo. A antiga religião indiana intuíra esta verdade fundamental e a representara com uma imagem rica em conotações: um tambor nas mãos de um deus.

O deus indiano Shiva, o "rei da dança" (*Nataraja*), também tem numa de suas mãos um tambor para retomar o eterno ciclo do nascimento e da morte, da criação e da destruição. A dança do deus Shiva representa a vida do universo nos seus diversos aspectos: tempo, ritmo, transformação, harmonia, geração, nascimento, alternância entre morte e regeneração.

Aquilo que a religião indiana intuiu e representou com imagens poderosas, nós encontramos de modo diferente na Bíblia, especialmente no livro do Gênesis. As imagens são diferentes, mas a mensagem é análoga: o tempo é a dimensão fundamental do nosso mundo e da vida humana. O primeiro capítulo do Gênesis narra a criação do mundo em sete dias, e este quadro da semana não é apenas um artifício literário que permite uma melhor organização da descrição do ato criador. A própria semana como tal é uma obra do Criador e revela uma das intenções fundamentais sobre a criação. Em poucas palavras, o mundo é tempo, o universo é história, e a primeira semana do universo contém *in nuce* o longo itinerário do nosso mundo e o itinerário de cada um de seus habitantes, este, muito mais breve. Uma leitura de Gn 1 permite sustentar esta ideia.

O relato do Gênesis

A primeira obra concluída pelo Criador é a criação da luz (Gn 1,3), a qual, separada das trevas, demarca o primeiro ritmo do universo, o dia e a noite. De fato, a alternância entre dia e noite é o ritmo basilar do tempo. E esta foi a única obra do primeiro dia, o que significa que temos neste primeiro momento da criação o tempo em seu estado puro e nada mais. Num segundo momento, o segundo dia, Deus cria o espaço, ou seja, a abóbada celeste ou firmamento (Gn 1,4). Em seguida, o terceiro dia, a aparição da terra e a criação das plantas. O quarto dia, aquele que está no meio da semana (3 + 1 + 3) e que em alemão se chama justamente *Mittwoch* ("o meio da semana"), de certo modo interrompe a sequência, pois se esperaria assistir, depois da criação dos vegetais, a criação dos animais. Na verdade, tudo está pronto para que isto se realize, pois Deus já criou as condições necessárias: os animais já têm seus espaços demarcados – terra, céu e mar – e o alimento indispensável para sua sobrevivência. Contudo, o quarto dia é dedicado à criação de outras coisas, completamente diferentes: o sol, a lua e as estrelas. O texto fala de modo vago do "grande luzeiro" (o sol), do "pequeno luzeiro" (a lua) e das estrelas, evitando assim, com toda probabilidade, dar nome a elementos que, na religião da Mesopotâmia, eram divindades muito veneradas.

No quarto dia, Deus cria o grande relógio e o calendário do universo. Até então tínhamos apenas o dia e a noite; depois do quarto dia, o universo é provido de tudo o que é necessário para medir o tempo. As quatro fases da lua permitem calcular as semanas e os meses. O giro da Terra ao redor do Sol – isto, contudo, sabemos apenas hoje – se completa em um ano. Os antigos já tinham percebido que as estações do ano dependem da posição do Sol sobre o horizonte. A semana e o mês são, portanto, determinados pelas fases da Lua; o ano, ao contrário, é determinado pelo Sol. Além disso, a observação das estrelas, particularmente dos "signos do zodíaco", também permite estabelecer o calendário com mais precisão. Por fim, o texto fala de "tempos determinados", de "festas". De modo simples, trata-se dos acontecimentos do calendário litúrgico. Portanto, o quarto dia é, assim como o primeiro, inteiramente dedicado à organização do tempo.

Ninguém se espante, então, que depois do primeiro e do quarto dias, o último dia da primeira semana da criação seja, também este, consagrado ao tempo como tal. Desta vez, no entanto, o cenário é diferente, já que Deus nada "faz", ao contrário de todos os dias anteriores. No sétimo dia, conforme relata o texto bíblico, Deus se abstém do trabalho: repousa, "santifica" este dia e o abençoa. Os verbos usados "santificar" e "abençoar" pertencem ao vocabulário da teologia e da liturgia. O Decálogo falará de "santificar" o sábado (Ex 20,8; Dt 5,12). Ademais, o verbo "santificar" em hebraico tem um significado bem preciso. Santo é aquilo que pertence de modo exclusivo a Deus, tal como apresentam, com a devida clareza, textos como Ex 31,12-17; 35,1-3, ou o próprio Decálogo em Ex 20,11. A esse respeito, o texto mais explícito é Ex 31,14:

> Observareis, pois, o sábado, porque é uma coisa santa para vós. Quem o profanar será castigado com a morte. Todo o que realizar nele algum trabalho será retirado do meio do povo.

A observância do sábado é matéria extremamente séria, caso de vida ou morte; trata-se, então, de um problema "vital" para Israel. Não observar o sábado é chamado "profanação", "sacrilégio". Portanto, não se trata de um delito qualquer, mas de um delito contra o próprio Deus, pois tange qualquer coisa de "sacro".

O grande código do imaginário ocidental

É fundamental traçar para o nosso discurso [...] uma nítida distinção de natureza metodológica e hermenêutica entre dois pares temáticos, muitas vezes confusos entre si e com resultados danosos em ambos os casos, científico e teológico. O primeiro par compreende dois percursos legítimos e autônomos: de um lado a *evolução* que designa uma teoria científica destinada a explicar a origem e o desenvolvimento das espécies vivas em formas sempre mais complexas e sofisticadas e através de processos de seleção; de outro lado, a *criação* que, ao contrário, é uma doutrina filosófica e teológica presente na Bíblia (não exclusivamente) a qual sugere uma relação de dependência metafísica entre a criação e uma "Causa Primeira" que dá início ao ser e à sua evolução (a assim chamada *creatio continua*, ou providência) sem, contudo, excluir as "causas segundas", intrínsecas à própria criação.

Trata-se de duas perspectivas que têm um estatuto epistemológico próprio que deve ser observado e praticado com coerência e rigor [...]. Contudo, desta justa distinção surgiu uma espécie de divergência enganosa, que deu origem ao segundo par no qual os planos se confundem conflitando entre si. De um lado surge o *evolucionismo*, que é uma transposição ideológica da evolução como filosofia da natureza, e até mesmo da sociedade e de todo o ser, arrogando-se quase que o direito de ser uma "philosophia prima" que tudo explica. [...] De outro lado, como reação, se configurava o *criacionismo* (ou "creation science") que cometia o mesmo erro metodológico, mesmo que em sentido antitético: ou seja, usava a doutrina teológica da criação para contrastar a teoria científica da evolução, com frequência apelando aos textos bíblicos lidos em chave fundamentalista (sobretudo nos Estados Unidos). Uma variável mais nobre, mas igualmente discutível em perspectiva epistemológica, é a tese do *Intelligent Design*, proposta inicialmente por Michael Behe e William Dembski. Eles se baseiam sobre a presença *in natura* de uma "complexidade irredutível[1]" que se explicaria melhor recorrendo a um "projetista inteligente".

RAVASI, G. *Darwin e il Papa* – Il falso dilemma tra evoluzione e creazione. Bolonha: EDB, 2013, p. 32-34.

Nos relatos da criação do Oriente Médio antigo, a conclusão é geralmente a mesma: o deus criador faz com que lhe seja construído um templo onde poderá ser venerado como soberano do universo por ele criado. No nosso relato, ao contrário, o Deus criador da Bíblia não constrói e nem faz com que lhe seja construído um templo. Ele reserva para si apenas um "tempo sagrado", o sábado, justamente. O templo será construído muito depois. Antes, Deus pedirá que Moisés construa no deserto um santuário portátil, a "tenda do encontro" (Ex 24–31; 35–40), depois, Salomão construirá o famoso templo de Salomão (1Rs 5–8). O primeiro "lugar" de encontro entre Deus e a humanidade é, no entanto, um dia, não um lugar. Antes de habitar o espaço, o Deus da Bíblia habita o tempo. A dimensão temporal, portanto, precede a dimensão espacial. É isto que afirma o nosso relato da criação: o Deus

---

1 O conceito apresentado por Behe no livro *Darwin's Black Box*, de 1996, é o de "Irreducible Complexity", que justamente contesta a teoria da evolução darwiniana a partir da ideia de que as células vivas são preenchidas com características e processos bioquímicos irredutivelmente complexos, e que a gradual melhoria (evolução) sugerida por Darwin não daria conta de explicar esta complexidade [N.T.].

de Gn 1 é um Deus do tempo e da história. Apenas num segundo momento, e muito mais tarde, escolherá para si um lugar particular onde habitar.

Certamente, as experiências de Israel tiveram uma incidência não pouco importante sobre as concepções que aparecem neste capítulo escrito durante ou pouco depois do exílio, como é comumente aceito pela grande maioria dos exegetas. O templo foi destruído pelo exército babilônico em 586 a.C. e parte do povo foi exilada (2Rs 25,1-21; Jr 39,1-10; 52,12-27). Israel, contudo, não perdeu a fé no seu Deus, não perdeu o "contato" com Ele, pois descobriu que Ele não estava ligado a um lugar específico, como, por exemplo, o Templo de Jerusalém. O Deus de Israel conduz a história do seu povo e a história dos povos. A sua morada é, portanto, a história, onde exerce a sua soberania. A sua morada terrena nada mais é do que um símbolo da sua presença em todo lugar e em todo momento da história do seu povo.

Mundo grego e mundo bíblico

Baseados nestas observações muito exegetas procuraram identificar na Bíblia e no mundo semítico uma mentalidade particular, distinta da mentalidade própria do Oriente Médio antigo ou da Grécia, de modo particular no que tange o tempo. A Bíblia teria uma concepção linear do tempo, enquanto a Grécia, assim como as culturas do Oriente Médio antigo, teriam uma compreensão cíclica desse. Além disso, afirmou-se mais vezes que a Bíblia privilegia a dimensão temporal, enquanto a Grécia tenderia a um modo de pensar essencialmente espacial. Na raiz destas distinções, diversos autores pensavam poder demarcar a distância que separa uma religião revelada, a bíblica, das assim chamadas religiões "naturais", e das suas "mitologias"[2].

Um claro exemplo deste modo de opor Bíblia e Grécia, Jerusalém e Atenas é um estudo do exegeta suíço Oscar Cullmann publicado logo após a Segunda Guerra Mundial, em 1946. O livro é intitulado *Cristo e o tempo*. Outros estudos deste tempo procuraram traçar os caracteres distintivos da "mentalidade bíblica" em contraste com a Grécia e as outras culturas do Oriente Médio antigo. As diferenças entre Israel e Grécia são frequentemente sintetizadas em uma série de antíteses que devem muito à teologia dialética de Karl Barth: espaço/tempo; tempo cíclico/tempo linear; estático/dinâmico; mitologia/revelação.

---

2 ELIADE, M. *Il mito dell'eterno ritorno*: Archetipi e ripetizione. Roma: Borla, 1999.

No mundo grego a compreensão cíclica do tempo exige que se considere o tempo como prisão da qual é necessário escapar. Consequentemente, a salvação é vista segundo um modelo espacial, como passagem de um aqui embaixo temporal, para um além eterno. No mundo bíblico, de modo particular no Novo Testamento, a salvação é temporal, pois se cumpre no tempo concebido de modo linear, ou seja, a salvação se cumpre no interior da história humana. A eternidade não é um outro "lugar", mas, sim, outro "tempo", um futuro que se encontra no horizonte do presente em que vivemos. Poder-se-ia resumir este pensamento em uma forma breve, talvez caricata: para o grego a salvação está acima de nós, no céu estrelado das ideias puras, enquanto para a Bíblia a salvação está diante de nós, no retorno do Cristo ressuscitado.

A linha e o círculo

É necessário que partamos desta constatação fundamental, isto é, que para o cristianismo primitivo, assim como para o judaísmo bíblico e para a religião iraniana, a expressão simbólica do tempo é a *linha [ascendente]*, enquanto que para o helenismo é o *círculo*.

Isto porque no pensamento grego o tempo não é concebido como uma linha contínua que tenha um início e um fim, mas como um círculo. O fato de que o ser humano seja ligado ao tempo é necessariamente compreendido como uma escravidão ou uma maldição. O tempo se desenrola segundo um ciclo eterno e [todos] esforçam-se por libertar-se da morsa deste ciclo eterno, ou seja, libertar-se do próprio tempo.

Os gregos não são capazes de conceber que a libertação possa produzir-se através de uma ação divina na história temporal. Para eles, a libertação consiste tão somente em passar da existência aqui embaixo, ligada ao ciclo do tempo, a um além, subtraído ao tempo e sempre acessível.

A representação da felicidade, segundo os gregos, é, portanto, espacial, determinada pela oposição aqui-além, e não temporal, caracterizada, por sua vez, pelo contraste entre presente e futuro. Não pode ser determinada pelo tempo, enquanto este seja concebido ciclicamente.

CULLMANN, O. *Cristo e il tempo* – La concezione del tempo e della storia nel Crist anesimo primitivo. EDB, 2005, p. 74-76 [Trad. de B. Ulianich] [Ed. bras.: *Cristo e o tempo* – Tempo e história no cristianismo primitivo. São Paulo: Custom, 2003].

Outros autores desta época insistiram sobre o modo "único" e "distinto" de pensar o tempo e a história, um modo característico da Bíblia. Gerhard von Rad, por exemplo, dirá: "Esta compreensão da história (linear) é uma das maiores realizações do povo [de Israel]"[3]. Ou ainda o teólogo francês Claude Tresmontant, que também opõe Grécia e Israel a respeito do tempo: "os gregos parecem ter sido atingidos pelo movimento cíclico [do tempo], dentro de uma compreensão de que ele está em evolução. Os gregos não tiveram conhecimento deste movimento de evolução criadora, cósmica e biológica"[4]. Tresmontant, contudo, encontra na Bíblia a ideia de uma evolução criadora, e, segundo ele, o mérito de tê-la descoberto pertence ao filósofo Henri Bergson[5].

No entanto, podemos contrapor, de modo tão radical, pensamento grego e pensamento bíblico? Os gregos não tiveram sequer qualquer ideia de um tempo histórico ou linear? Podemos dizer ainda que a Bíblia não conhece um tempo cíclico? E que a ideia de um tempo linear em contínua ascensão para a salvação última permeia realmente todos os livros do Antigo Testamento e todos os períodos da história de Israel? Na verdade, as coisas não são assim tão simples. O pensamento grego é mais complexo do que gostariam os autores supracitados. Pode-se constatar que Cullmann, por exemplo, não cita qualquer texto em específico. Outros autores são mais críticos e demonstram que a filosofia oferece outras definições do tempo. Aristóteles é talvez o filósofo que mais se dedicou ao problema no seu tratado sobre a *Física*. Uma definição sua do tempo corresponde efetivamente ao que se disse anteriormente: "O próprio tempo parece ser um círculo" (*Física*, IV, 223b). O estagirita, todavia, propõe também outra definição que insiste, sobretudo, sobre a sucessão do tempo: "O tempo é uma medida do movimento segundo o antes, o depois e a sua sucessão" (IV, 223b). De qualquer modo, o tempo

---

3 VON RAD, G. *Theologie des Alten Testaments II*. Munique: Kaiser Verlag, 1968, p. 117.

4 TRESMONTANT, C. *Essai sur la pensée hébraïque*. Paris: Cerf, 1953, p. 33.

5 BERGSON, H. *L'evoluzicne creatice*. Milão: Raffaello e Cortina, 2002.

é frequentemente visto sob uma perspectiva negativa: "O tempo desgasta" (IV, 220), ou ainda: "Toda mudança equivale, por sua natureza, a desfazer. No tempo tudo é gerado e tudo é destruído [...]. Vê-se que o tempo é em si causa de destruição mais do que de geração [...] pois a mudança é por sua natureza um desfazer; se é causa de geração e de existência, é só por acidente" (IV, 222b). E mais: "Temos o hábito de dizer que o tempo consome, que tudo envelhece sob a ação do tempo, que tudo se cancela sob a ação do tempo, mas não que alguém se instrui, ou torna-se jovem e belo; de fato, o tempo é, por si só, causa de destruição, uma vez que é sinônimo de movimento, e o movimento desfaz aquilo que é" (IV, 221a). Os gregos debruçam-se com frequência sobre o tempo, para defini-lo como Tresmontant, como um movimento de *catagênese*, de degradação.

Ademais, os gregos conheciam as genealogias, a sucessão das gerações e o caráter particular do tempo histórico, despido de qualquer referência à mitologia. Heródoto, em primeiro lugar, mas sobretudo Tucídides, desenvolveram uma ideia da história que é justamente considerada a origem da historiografia moderna. Cícero já havia chamado Heródoto de "pai da história" (Leg. 1, 1, 5).

Portanto, é no mínimo reducionista considerar que os gregos tivessem uma visão puramente cíclica do tempo. Muitas vozes se levantaram contra esta visão demasiadamente unilateral do pensamento grego. Arnaldo Momigliano, grande conhecedor da história clássica, sugere que esta oposição seja muito simplista: o pensamento grego não é representado tão somente por Platão, mas também por Heródoto e Tucídides. Dito de outro modo, seria como sugerir que a cultura francesa não desenvolveu uma ideia de história, pois este conceito não está presente na filosofia de Descartes[6]. James Barr, especialista em semântica bíblica, também crê que esta oposição seja pouco fundada[7].

Por outro lado, também é reducionista acreditar que o Antigo Testamento conheça apenas um modo de compreender o tempo, neste caso, de modo linear, dinâmico e em ascensão para um ponto culminante. Há na Bíblia algumas compreensões muito parecidas com a compreensão do "tempo cíclico" que seria típica da filosofia grega ou da mitologia. Basta pensar no

---

6 MOMIGLIANO, A. *The Classical Foundations of Classical historiography.* Berkeley/Los Angeles/ Oxford: University of California Press, 1990, p. 29-30.

7 BARR, J. *Semantica del linguaggio biblico.* Bolonha: Il Mulino, 1961, p. 23-36.

livro dos Juízes ou no esquema repetido várias vezes do pecado – castigo – opressão – clamor a YHWH – conversão – salvação. O livro do Qohelet tem alguns pensamentos que são dificilmente conciliáveis com a ideia de um tempo bíblico linear (Qo 1,4-7):

> Uma geração vai, uma geração vem, e a terra sempre permanece. O sol se levanta, o sol se deita, apressando-se a voltar ao seu lugar, e é lá que ele se levanta. O vento sopra em direção ao sul, gira para o norte, e girando e girando vai o vento em suas voltas. Todos os rios correm para o mar e, contudo, o mar nunca se enche: embora chegando ao fim do seu percurso, os rios continuam a correr.

Enfim, algumas expressões típicas do hebraico testemunham que a Bíblia conhece ritmos cíclicos do tempo. Fala-se, por exemplo, do "retorno do ano" *tešûbat haššanâ* (2Sm 11,1 = 2Cr 20,1; 1Rs 20,22.26; 2Cr 36,10) ou – literalmente – do "novo ciclo do ano" – *teqûpat haššanâ* (Ex 34,22; 2Cr 24,33; cf. 1Sm 1,22). Outra expressão, difícil de traduzir, fala do momento no qual o ano "torna-se novamente vivo" ou "refaz-se vivo" (*ka 'et ḥayyâ*) e encontra-se duas vezes num contexto parecido, o do ano de um nascimento (Gn 18,10.14; 2Rs 4,16-17). Outro texto famoso descreve de modo inequívoco o ciclo das estações. Trata-se de um oráculo divino colocado no final do relato do dilúvio, depois do sacrifício de Noé, e exprime a vontade de Deus de não mais disturbar o ritmo das estações (Gn 8,22):

> Enquanto durar a terra / semeadura e colheita / frio e calor / verão e inverno / noite e dia / não hão de faltar.

Em poucas palavras este texto menciona os ritmos fundamentais do tempo: os dois momentos mais importantes para a agricultura, a semeadura no outono e a colheita na primavera; as duas principais estações, o verão ou estação quente e o inverno ou estação fria; e, por fim, o ritmo basilar do dia e da noite. Por razões óbvias, não há nestes versículos qualquer aceno a um tempo linear. Encontramos a mesma ideia em Jr 33,20-21:

> Se vós podeis romper minha aliança com o dia e a minha aliança com a noite, de modo que não haja mais dia ou noite em seu tempo determinado, então, se poderá também romper a minha aliança com Davi, meu servo, de forma que já não haja mais um filho seu que reine sobre o seu trono, assim como com os levitas e os sacerdotes que me servem.

Isto tudo nos permite dizer que a noção de "tempo cíclico", ou ao menos de eventos que ocorrem em intervalos regulares e segundo uma sequência similar, não é alheia à Bíblia.

O calendário

Entre os judeus, o ciclo cultual começa também na primavera; o ano-novo civil, ao contrário, era celebrado no outono, mas a numeração dos meses se fazia começando da primavera, portanto, como na Babilônia. 1Rs 6–8 conservou três nomes de meses fenícios, e o Êxodo um antigo nome do semítico ocidental (abib). A partir do exílio, adoraram-se também os nomes de meses babilônicos (nisan, iiar etc.), e o mês intercalar se colocava geralmente antes de nisan (ve-adar). Seleuco introduziu também o uso dos nomes macedônicos, correspondendo o mês de dios a tishri. Por volta do ano 30 d.C. houve uma deslocação, correspondendo dios a marheshvân e xanthikos a nisan. A observação da lua nova de nisan é que fixava todo o calendário: normalmente ela seguia o equinócio da primavera (na época selêucida, por volta de 25 de março), podendo o intervalo chegar a 29 dias. A semana dos judeus estava desligada das fases lunares, de tal sorte que uma festa de guarda como a Páscoa geralmente não caía no sábado. Como a lua nova aparece ao entardecer, é de um pôr do sol ao outro que vieram a contar os dias: o dia da lua cheia de nisan (Páscoa) começava, pois, dia 14 à tarde.

A noite era dividida em três vigias (Ex 14,24; Jz 7,19; 1Sm 11,11). Os romanos contavam quatro e dividiam o tempo entre o raiar e o pôr do sol em 12 horas, de modo que a hora sexta correspondia ao meio-dia.

Antigo Testamento	Nomes babilônicos	Meses solares	Nomes macedônicos
I	nisan = abib (Ex 13,4 etc.)	março/abril	artemísios
II	iiar = ziv (1Rs 6,1)	abril/maio	daisios
III	sivan	maio/junho	panemos
IV	tamuz	junho/julho	loos
V	ab	julho/agosto	gorpaios
VI	elul	agosto/setembro	yperberetaios
VII	tishri = etanim (1Rs 8,2)	setembro/outubro	dios
VIII	marheshvân = bul (1Rs 6,38)	outubro/novembro	apellaios
IX	kisleu	novembro/dezembro	audunaios
X	tebet	dezembro/janeiro	peritios
XI	shebat	janeiro/dezembro	dystros
XII	adar	fevereiro/março	xanthikos

Bíblia de Jerusalém. São Paulo: Paulus, 2017, p. 2.190 [Apêndices].

O tempo no mundo bíblico

A Bíblia não desenvolveu uma reflexão abstrata e filosófica sobre o tempo tal como podemos encontrar no mundo grego, em algumas obras de Platão e Aristóteles, por exemplo. De modo geral, a Bíblia permanece no nível do pensamento descritivo e narrativo, e raramente eleva-se ao pensamento filosófico e reflexivo. Talvez o Qohelet seja um dos poucos escritos bíblicos que construa reflexões mais abstratas sobre o tempo. O leitor da Bíblia provavelmente se recorda do famoso trecho de Qo 3,1-8, que inicia assim: "Há um momento para tudo e um tempo para todo propósito debaixo do céu".

De modo geral, o pensamento bíblico é mais do que tudo uma transmissão direta, "ao vivo", sobre a realidade e sobre a experiência.

O livro do Gênesis contém duas partes principais, com extensões diferentes. A primeira, Gn 1–11, trata das origens do universo, e a segunda, Gn 12–50, trata dos antepassados do povo de Israel. Em resumo, pode-se dizer que o livro do Gênesis tem como assunto principal as "origens", tanto as do universo quanto as do povo eleito. Portanto, o "tempo" descrito nesse livro tem um valor particular, pois é justamente o tempo do início, da fundação do universo e do povo de Deus. Ora, no mundo antigo tudo aquilo que é "originário", no sentido etimológico da palavra, tem um valor único, pois é decisivo para tudo aquilo que vem depois. Esta veneração das "origens" não é exclusiva do mundo bíblico; a encontramos também em várias realidades do mundo antigo, particularmente na cultura grega. Segundo Momigliano, a cronologia recebia especial importância entre os historiadores gregos, pois "a antiguidade ou a longa duração, ou ambos, eram critérios importantes". Ou ainda: "Os gregos, de modo geral, amam aquilo que tem longa duração, ou, ao menos, aquilo que é muito antigo".

Os especialistas propuseram diversas maneiras de caracterizar o modo bíblico de descrever o tempo das origens. Alguns, como Rudolf Smend, falam de um tempo "etiológico" ou "paradigmático". Outros, como Marc Zvi Brettler, preferem falar, talvez de modo mais tradicional, de "tipologia". De qualquer modo, no mundo grego, assim como no mundo bíblico, existe uma estreita ligação entre passado, presente e futuro. No mundo grego trata-se sobretudo de tirar lições do passado para o presente e o futuro. O historiador procura nutrir o patriotismo ou ainda criar ou fomentar de modo crítico um forte sentimento de identidade, em particular diante das invasões. Em Israel os relatos sobre as origens têm certamente como principal objetivo criar uma identidade fortemente ancorada em um passado comum, uma identidade que torne o povo "criado", deste modo, capaz de sobreviver a todas as adversidade e crises do presente e do futuro.

PARA APROFUNDAR

BARR, J. *Semantica del linguaggio biblico.* Bolonha: Il Mulino, 1961.

BERGSON, H. *L'evoluzione creatrice.* Milão: Raffaello Cortina, 2002.

ELIADE, M. *Il mito dell'eterno ritorno* – Archetipi e ripetizione. Roma: Borla, 1999 [Ed. bras.: *O mito do eterno retorno*: cosmo e história. São Paulo: Mercuryo, 1992. Roma: Borla, 1999].

MOMIGLIANO, A. *The Classical Foundations of Modern Historiography.* Berkeley/ Los Angeles/Oxford: University of California Press, 1990.

VON RAD, G. *Theologie des Alten Testaments II.* Munique: Kaiser, 1968 [Ed. bras.: *Teologia do Antigo Testamento.* São Paulo: Aste, 1973].

TRESMONTANT, C. *Essai sur la pensée hébraïque.* Paris: Cerf, 1953.

2

OS PATRIARCAS

O grande rabino espanhol Nachmanide (Ramban, ou seja, Rabbi Moshe ben Nachman, 1194-1270) dizia a propósito de Gn 12,10: "Tudo aquilo que ocorrer com o pai, ocorre com os filhos". Sugeria, assim, que todos os acontecimentos descritos no relato de Gn 12,10-20 envolvendo a permanência de Abraão e Sara no Egito eram uma antecipação e uma prefiguração da permanência de Israel no Egito e do êxodo. Veja-se a sua explicação, a qual vale a pena citar por inteiro:

Abraão desceu ao Egito para ali viver por conta de uma carestia, para pôr-se a salvo durante um tempo de seca, e os egípcios o oprimiram sem motivo algum para tomar sua mulher, e Deus vingou-se, mandando grandes pragas, e o libertou (Abraão) com prata e ouro, e mais do que isto, ordenou aos oficiais do faraó para que o expulsassem. Isto remete ao fato de que os seus descendentes desceriam ao Egito para ali permanecerem por conta de uma carestia, e que os egípcios lhes teriam oprimido e tomado suas mulheres... e Deus vingou-se através de grandes pragas até que os egípcios lhes deixassem partir com prata e ouro, com muito gado, de grande e pequeno porte, e que (os egípcios) obrigaram (os israelitas) a deixarem o país. Exatamente tudo aquilo que ocorre com o pai, ocorre com os filhos. Tudo se explica (de modo parecido) em Gênese Rabá[8].

A figura de Abraão

O comentário midráshico *Gênesi Rabba* 40,6, ao qual Nachmanide faz menção, comenta o trecho de Gn 12,10-20 do seguinte modo:

Rabi Fineas, no tempo do Rabi Oshaya, disse: "Deus disse a Abraão nosso pai: 'Vai e prepara o caminho para os teus filhos'. Em verdade, ocorre que tudo aquilo que está escrito a respeito de Abraão,

---

8 Gênese Rabá é um *midrash*, um texto da tradição judaica datável entre os séculos III e V. Trata-se de um estudo exegético e homilético das tradições judaicas da Torá [N.T.].

nosso pai, está escrito a respeito dos seus filhos. A propósito de Abraão está escrito: 'E havia uma carestia no país' (Gn 12,10); a propósito de Israel está escrito: 'A carestia, com efeito, durava já dois anos' (Gn 45,6); a propósito de Abraão se diz: 'Abraão desceu ao Egito'; a propósito dos nossos antepassados está escrito: 'Os nossos antepassados desceram ao Egito' (Nm 20,15); a propósito de Abraão está escrito: 'para ali permanecer' [cf. Gn 20,10]; a propósito de Israel se diz: 'Chegamos para habitar no país'" (Gn 47,4).

O *midrash*, tal como Nachmanide, interpreta de modo paradigmático os acontecimentos da vida de Abraão, por ocasião de sua permanência no Egito. Certamente era reconfortante para Israel reconhecer a própria história nos relatos de seu antepassado, e isto por um motivo simples: trata-se de um modo de conferir novo significado às experiências posteriores. Os acontecimentos envolvendo Israel no Egito e o êxodo fazem parte de um plano preparado já desde muito tempo. A história de Israel não é mero fruto do acaso, mas de um desígnio rico de sentido. A figura de Abraão tem um valor singular neste quadro, pois ele é o primeiro dentre todos os antepassados. As suas experiências são experiências "fundantes" e têm um significado perene. A permanência no Egito, os perigos enfrentados em terra estrangeira, a intervenção de Deus, os presentes do faraó e o retorno à terra prometida não são eventos quaisquer. Eles já contêm em germe a promessa da futura libertação da opressão e a certeza de que Deus intervirá em favor do seu povo em outras circunstâncias similares.

Na história de Abraão há muitos outros elementos que antecipam os tempos futuros. Outros eventos, contudo, são contados para exortar Israel a seguir seu exemplo. Abraão, mais do que qualquer outro na história de Israel, estava destinado a tornar-se um "modelo" para os seus descendentes.

A obediência de Abraão, por exemplo, é certamente apresentada como exemplar em duas ocasiões bem conhecidas: a sua vocação (Gn 12,1-3) e o assim chamado "sacrifício de Isaac" (Gn 22,1-19). O chamado de Abraão é um texto-chave, pois faz do patriarca o antepassado de todos aqueles que estiveram no exílio na Mesopotâmia, quando ouviram a voz de Deus, que os chamou para retornar à terra prometida.

Abraão também é o antepassado daqueles que vivem na diáspora egípcia, pois ele desceu ao Egito para ali habitar algum tempo (Gn 12,10-20). Apenas depois de duas longas viagens se estabelece na terra prometida (Gn 13). Além disso, Abraão constrói altares em Siquém e Betel, lugares tradicionalmente ligados à figura de Jacó (cf. Gn 12,6-8; 13,4; 28,18.20-22; 34,18-20;

35,7). Segundo Gn 12 esses lugares de culto remontam, de fato, a Abraão, antes mesmo do que a Jacó.

Abraão é verdadeiramente o pai de todos os filhos de Israel dispersos pelo mundo de então e de todos aqueles que vivem como "viandantes da fé".

Abraão vive a sua fé no Senhor que o chama e o acompanha por toda parte em um tempo que precede a conquista da terra, a monarquia e a construção do Templo de Jerusalém. Por este motivo pode ser o antepassado de todos aqueles que vivem no exílio ou na diáspora, que vivem na terra ou que caminham sobre as vias que conduzem ou reconduzem à terra prometida.

Em Gn 14, Abraão dá a seus descendentes a garantia de que terão sucesso em todas as guerras empreendidas para defender suas famílias e seus bens. Além disso, ele paga o dízimo a Melquisedec, rei e sumo sacerdote de Salém – cidade que deve ser identificada com Jerusalém –, e convida todos os seus descendentes a imitá-lo (Gn 14,18-20).

Gn 15 identifica em Abraão o antepassado dos profetas aos quais Deus fala em visões (Gn 15,1), e o primeiro "crente" de toda a Bíblia (Gn 15,6). Ele também vive em um "êxodo antes do êxodo", pois a fórmula utilizada em Gn 15,7 – "Eu sou o Senhor que te fez sair de Ur dos Caldeus" – é quase idêntica à fórmula do Êxodo: "Eu sou o Senhor, teu Deus, que te fez sair da terra do Egito, da casa da escravidão" (cf. Ex 20,2).

A aliança que Deus firma com Abraão antecipa a aliança do Sinai (cf. Gn 15,17-18; Ex 19,18; 24,8)[9]. Os animais que Abraão prepara para o rito da aliança são todos animais que serão mencionados nos rituais da tenda do encontro no deserto e no culto do templo. Isto explica por que temos uma longa lista dos animais quando, na verdade, geralmente apenas um bastava para o cumprimento do rito[10]. Neste caso, Abraão é o precursor dos sacerdotes do templo.

Em Gn 17 Abraão inaugura o rito da circuncisão, sinal de uma aliança eterna entre Deus e os descendentes do patriarca. O relato de Gn 18,1-15 descreve como Abraão hospeda sem saber o próprio Senhor. Um detalhe revela que Abraão é um fiel observador da Lei quando pede a Sara para preparar pães com "flor de farinha", ou seja, com a farinha reservada ao

---

9 Contudo, a aliança com Abraão é incondicional e unilateral, ao contrário daquela do Sinai, que pressupõe a obediência de Israel à Lei.

10 Isto vale especialmente para o pombo e a rola que não são partidos ao meio e, portanto, não servem ao ritual da aliança, durante o qual os contratantes passavam entre os animais divididos (cf. Gn 15,17; Jr 34,18, que menciona apenas o bezerro).

culto (Gn 18,5). A intenção de Abraão em Gn 18,16-33 lhe permite gozar o primeiro lugar entre os grandes devotos de Israel.

O relato de Gn 22 descreve novamente a obediência de Abraão, o primeiro "temente a Deus" dentre os israelitas piedosos, que por primeiro enfrentou uma "prova" terrível (Gn 22,1) que pôs em risco o seu futuro, uma experiência vivida repetidas vezes por Israel durante sua história. O sacrifício de um carneiro "sobre a montanha onde o Senhor se mostra" (Gn 22,14) é o primeiro sacrifício oferecido sobre o Monte Moriá, identificado mais tarde com o nome de Sião, o monte do Templo de Jerusalém (cf. 2Cr 3,1). Além disso, o segundo oráculo do anjo do Senhor em Gn 22,15-18 acrescenta um aspecto essencial a tudo aquilo que fora dito até então: por causa da obediência de Abraão, Deus cumprirá as suas promessas. O ato de Abraão é, consequentemente, a pedra angular da experiência de Israel.

A compra de uma tumba para sepultar Sara em Gn 23 também tem um valor fundamental, pois é a primeira porção da terra prometida da qual Abraão se torna proprietário. O gesto é altamente simbólico, mas tem também um valor muito concreto, pois significa que Abraão considera para sempre a terra de Canaã como a sua terra: na Antiguidade, um homem sempre fazia-se inumar na própria terra.

Por fim, Abraão dá um exemplo de não menos importância quando pede que seu servo encontre uma mulher para seu filho Isaac, e lhe faz jurar que escolherá esta mulher entre seus parentes e não entre os cananeus (Gn 24,3-5). Abraão observa a Lei antes mesmo que esta seja promulgada por Moisés (cf. Dt 7,3-4).

Paralelo a esses relatos, há alguns textos que retratam Abraão como um hebreu piedoso que observa a Lei e a ensina aos seus filhos, em conformidade com as exigências presentes sobretudo no livro do Deuteronômio e na literatura deuteronomista. Os principais textos são Gn 18,19, onde Deus diz: "Pois eu o escolhi [Abraão] para que ele ordene a seus filhos e à sua casa depois dele que guardem o caminho do Senhor, realizando a justiça e o direito; deste modo o Senhor realizará para Abraão o que lhe prometeu"; Gn 22,18, onde Deus louva Abraão por ter "ouvido sua voz"; enfim, Gn 26,4-5, onde Deus repete a Isaac que a promessa será cumprida por causa da obediência de Abraão: "Eu farei a tua posteridade numerosa como as estrelas do céu; eu lhe darei todas estas terras, e por tua posteridade serão abençoadas todas as nações da terra, [tudo isto] porque Abraão me obedeceu, guardou meus preceitos, meus mandamentos, minhas regras e minhas leis".

Há ainda outros aspectos da vida de Abraão que fazem dele um modelo[11]. Mas os já mencionados são suficientes, penso, para mostrar que o tempo de Abraão é um "tempo paradigmático e fundante" para o povo de Israel e para todos os crentes. O "tempo de Abraão" é uma época na qual Israel relê a sua fé, os seus ideais, as suas experiências, as suas esperanças e os seus comportamentos fundamentais. Um "tempo" no qual encontra a legitimação da sua existência e o fundamento da sua identidade.

Abraão e Ulisses

Se para a Grécia a vocação humana é a de um "retorno" em direção ao eu autêntico, a Bíblia de modo geral e a figura de Abraão em particular propõem uma imagem bastante diferente da condição humana: a da "partida sem retorno". A verdadeira vida está para além do mundo conhecido, e o preço de uma existência autêntica é elevado, pois implica o risco de perder tudo sem saber o que se poderá "encontrar" ao final desta aventura. Ulisses retorna a sua casa e encontra seu pai Laerte; Abraão abandona seu pai e se afasta definitivamente. Ulisses reencontra seu filho Telêmaco; Abraão é convidado a sacrificar seu filho. Ulisses retorna para libertar Penélope dos pretendentes que querem desposá-la; Abraão parte em direção a um destino desconhecido com uma esposa estéril, que não lhe garantiu descendência. À *Odisseia* de Ulisses se contrapõe o "êxodo" de Abraão: "Eu sou o Senhor que te fez sair de Ur dos Caldeus para te dar como propriedade esta terra (Gn 15,7). Ulisses encontra a sua identidade no mundo do "próprio", enquanto Abraão vai procurá-la "em outro lugar", no universo do "outro". Por isto, não é necessário delongar-se ainda mais nesta contraposição. Na verdade, tanto de um lado quanto de outro a aventura humana é um longo itinerário. O importante é pôr-se a caminho. Ulisses e Abraão fizeram esta experiência, cada um a seu modo. Mas o fato de que Abraão parta para não mais voltar permite visualizar com muita concretude a singularidade da fé bíblica, e, portanto, não deve causar estranheza o fato de

---

11 Os episódios nos quais Abraão se separa de Ló (Gn 13) ou de Agar e Ismael (Gn 16 e 21), p. ex., têm um valor fundamental, assim como outros relatos e genealogias que estabelecem a natureza da relação entre Israel e seus vizinhos.

que esta singularidade seja apresentada já como uma das principais características do "pai dos crentes".

SKA, J. *Abramo e i suoi ospiti* – O patriarca e i credenti nel Dio unico. Bolonha: EDB, 2003, p. 18-19.

Isaac e o direito à terra

Dentre os três patriarcas, Isaac é a figura menos expressiva. Com frequência os exegetas se perguntam por qual motivo o livro do Gênesis apenas o menciona. Quando aparece no palco da cena com outros personagens, é um personagem passivo e, quando é protagonista, suas histórias nada fazem além de repetir histórias já conhecidas. Em Gn 26, por exemplo, ele se encontra numa situação na qual seu pai Abraão já se encontrara por duas vezes: está em uma terra estrangeira e teme ser morto por causa de uma mulher muito bonita (Gn 26,7-11; 12,10-20; 20,1-18). Os conflitos a propósito dos poços em 26,15-25 são analogias aos problemas de Abraão em 21,22-34 (cf. Gn 26,15), na mesma região de Bersabeia (Gn 21,31-33; 26,23.33), e têm relação com os mesmos personagens, Abimelec, rei de Gerara, e Picol, chefe do seu exército (Gn 21,22.32; 26,26). Por que então dedicar espaço a Isaac e integrá-lo no trio dos nomes que caracterizam o Israel de Deus: Deus de Abraão, Deus de Isaac e Deus de Jacó? (cf. Ex 3,6.15-16). Dentre as várias possíveis razões que se pode mencionar, há uma que tem muita relação com o tema aqui em questão. Isaac, de fato, é o único patriarca que nasce na terra, que vive na terra e que morre na terra. Não a deixa jamais. Quando está em Gerara, YHWH aparece a ele e o proíbe explicitamente de descer ao Egito:

> O Senhor apareceu a ele e disse: "Não desças ao Egito; fica na terra que eu te disser. Habita nessa terra, eu estarei contigo e te abençoarei. Porque é a ti e à tua descendência que eu darei todas estas terras e manterei o juramento que fiz a teu pai, Abraão" (Gn 26,2-3).

Vale notar que Deus promete a Isaac a terra dos filisteus, não exatamente uma "terra estrangeira". Portanto, Isaac "fundamenta" o direito à posse da terra de um modo único. Nem Abraão e tampouco Jacó viveram toda a sua vida na terra prometida. Por isto poder-se-ia contestar aos seus descendentes o direito real de posse da terra, pelo fato de serem os herdeiros de imigrantes, ou migrantes. Isaac permite responder a estas objeções, e isto justifica de modo consistente sua presença entre os patriarcas.

Jacó, o Ulisses da Bíblia

Jacó, ao contrário de seu pai Isaac, é um personagem de outra reputação e seguramente mais importante e mais complexo. Tem um caráter mais consistente e uma personalidade mais forte que com maior frequência incide ativamente sobre os acontecimentos. Mas qual é a contribuição do "tempo de Jacó" para a reflexão de Israel sobre sua própria história? Sem se debruçar sobre particularidades se pode dizer que ele representa os antepassados dos "hebreus errantes" e daqueles que retornam a sua terra.

O texto fundamental neste sentido é o oráculo de Deus durante a famosa "visão de Betel" (Gn 28,10-22). O *midrash* já identificava nestes versículos de Gn 28 "uma premonição do exílio de Israel". Neste episódio, Jacó sonha com o Senhor que, dentre outras coisas, lhe diz em visão:

> E eu estou contigo e te guardarei em todo lugar aonde fores, e te reconduzirei a esta terra, porque não te abandonarei enquanto não tiver realizado o que te prometi (28,15).

Este versículo tem mais de uma função. No que tange o caráter etiológico ou paradigmático da figura de Jacó, o versículo faz de Jacó o Ulisses da Bíblia que viverá vinte anos no exílio com seu tio Labão antes de retornar à sua terra. Jacó parte para "o exílio", mas vai acompanhado por Deus, e retorna à terra prometida. Os membros do povo de Israel que leem estes relatos encontram neles conforto e esperança: o exílio não é uma situação irreversível, Deus não abandona os exilados à sua triste sorte, e, além disso, promete fazer retornar à sua terra aqueles que tiveram de deixar seu próprio país. O cumprimento pontual da promessa divina em relação a Jacó, antepassado de Israel, é uma garantia da fidelidade de Deus em relação a todos os seus descendentes. A história de Jacó é garantia sobre o futuro de Israel.

O final da vida de Jacó que desce ao Egito já com cento e trinta anos (Gn 47,9) para encontrar seu filho José, e permanece aí dezessete anos e aí morrerá com notórios cento e quarenta anos (Gn 47,8), também tem um valor emblemático para todos os israelitas que vivem no Egito ou na diáspora. Também neste caso Jacó torna-se paradigma para seus descendentes.

José e a vida na diáspora

A história de José é a última das histórias dos relatos patriarcais, e acrescenta dois aspectos importantes a este "tempo fundante". Em primeiro lugar, José é modelo do hebreu sábio e inteligente a serviço de uma potência estrangeira. Seu sucesso na corte do faraó do Egito, que logo em seguida lhe permite salvar toda a sua família durante a longa carestia que flagelava a região, é certamente inspiradora para todos os hebreus que vivem situações similares. Tal qual Daniel e Ester, mas, talvez numa atmosfera menos dramática, José utiliza suas competências a serviço do país que o hospeda e salva sua família. José é, portanto, um modelo em relação ao modo com que se serve de sua inteligência e autoridade longe da terra de seus antepassados.

Em segundo lugar, José demonstra como Israel pode viver de modo decente em uma terra estrangeira. Vive-se bem no Egito; aliás, vive-se muito melhor do que em Israel, onde impera a carestia. Somente nos últimos versículos de Gn 50 reaparece a lembrança da terra prometida e a vontade de ser nela sepultado (Gn 50,24-25). O "tempo de José" fundamenta e justifica a existência de uma numerosa comunidade judaica na diáspora. Também isto fornece um modelo de comportamento em circunstâncias parecidas.

A conclusão do relato permanece aberta. Após a inumação de Jacó, seus filhos temem a vingança de José e vão a seu encontro para lhe pedir perdão e para se declararem seus escravos (Gn 50,15-18). José os acolhe bem, sutilmente os repreende por terem feito mau juízo dele e propõe uma leitura da história que desemboca numa proposta:

> "Não temais! Acaso estou no lugar de Deus? O mal que tínheis intenção de fazer, o desígnio de Deus o mudou em bem, a fim de cumprir o que se realiza hoje: salvará a vida a um povo numeroso. Agora não temais: eu vos sustentarei, bem como a vossos filhos". Ele os consolou e lhes falou afetuosamente (Gn 50,19-21).

Na leitura que faz dos acontecimentos, José não busca uma oportunidade para se vingar, mas – diríamos hoje – uma ocasião providencial para ajudar e salvar sua família da fome. Por outro lado, o texto nada fala sobre a possível resposta dos irmãos. Certamente eles tinham boas razões para aceitar a proposta de José. Tudo leva a crer que tenham aceitado, do contrário seria difícil compreender como possam ter sobrevivido no Egito durante aqueles anos. O texto, contudo, nada menciona, e por isso fica sob a responsabilidade do leitor a tarefa de escrever o final.

Deste modo, o leitor é colocado no lugar dos irmãos e deve imaginar a cena; em particular, deve imaginar a resposta que os irmãos dão a José. A estratégia do narrador, neste caso, é sutil e ao mesmo tempo eficaz. O leitor, ao final do livro do Gênesis, recebe a tarefa de construir uma fraternidade então em perigo, já que não há mais a figura do pai. O futuro de Israel depende da resposta que os leitores do Gênesis dão ao questionamento de José.

////////////////////////// **PARA APROFUNDAR** //////////////////////////

Abraão

DAL FERRO, G. *Nel segno di Abramo* – Ebraismo e Islam a confronto con il cristianesimo. Pádua: Messaggero, 2002.

KUSCHEL, K.-J. *La controversia su Abramo* – Ciò che divide, e ciò che unisce ebrei, cristiani e musulmani. Bréscia: Queriniana, 1996 [Giornale di Teologia, 245].

LEVENSON, J.D. *Inheriting Abraham*: The legacy of the Patriarch in Judaism, Christianity, and Islam. Princeton (NJ): Princeton University Press, 2012.

MARTINI, C.M. *Abramo nostro padre nella fede* – Meditazioni. Roma: Centrum Ignatianum Spiritualitatis, 1981.

RÖMER, T. (org.). *Abraham* – Nouvelle jeunesse d'un ancêtre. Genebra: Labor et Fides, 1997 [Essais Bibliques, 28].

SAPORETTI, C. (org.). *Incontro Ecumenico promosso dai Comitati Interpaese Italiani* – La figura di Abramo nelle grandi religioni monoteiste. Roma: Emmeffe Editoriale Charta, 1999.

SKA, J.-L. *Abramo e i suoi ospiti* – Il patriarca e i credenti nel Dio unico. Bolonha: EDB, 2002 [Ed. bras.: *Abraão e seus hóspedes* – O patriarca e aqueles que creem no Deus único. São Paulo: Loyola, 2009].

VOGELS, W.A. *Abraham* – L'inizio della fede: Genesi 12,1–25,11. Cinisello Balsamo, MI: San Paolo, 1999 [Fame e sete della parola] [Ed. bras.: *Abraão e sua lenda*: Gn 12,1–25,11. São Paulo: Loyola, 2000].

Jacó

FOKKELMAN, J.P. *Narrative Art in Genesis* – Specimens on Stylistic and Structural Analysis. Assen, Amsterdam: Van Gorcum, 1975 [Studia Semitica Neerlandica, 17] [Sheffield: Academic Press, 1991. • Eugene, OR: Wipf & Stock, 2004].

GALVAGNO, G. *Sulle vestigia di Giacobbe* – Le riletture sacerdotali e post-sacerdotali dell'itinerario del patriarca. Roma: Pontificio Istituto Biblico, 2009 [AnBib, 178].

GIUNTOLI, F. *L'officina della tradizione* – Studio di alcuni interventi redazionali post-sacerdotali e del loro contesto nel ciclo di Giacobe (Gn 25,19–50,26). Roma: Pontificio Istituto Biblico, 2003 [AnBib 154].

SICRE, J.L. Las Tradiciones de Jacob – Búsqueda y rechazo de la propra identidade. In: *EstBíb*, 60, 2002, p. 443-478.

ZAKOVITH, Y. *Jacob*: Unexpected Patriarch. New Haven, CT: Yale University Press, 2012.

José

CATASTINI, A. *L'itinerario di Giuseppe*: Studio sulla tradizione di Genesi 37–50. Roma: Università degli Studi di Roma La Sapienza, 1995 [Studi Semitici; Nuova Serie, 13].

DA SILVA, A. *Joseph face à ses frères*. Montréal: Médiaspaul, 1996 [Parole d'Actualitè, 6].

HUMPHREYS, W.L. *Joseph and His Family* – A Literary Study. Colúmbia, SC: University of South Carolina Press, 1988 [Studies on Personalities of the Old Testament].

WÉNIN, A. *Giuseppe o l'invenzione della fratellanza* – Lettura narrativa o antropologica della Genesi (Testi commenti). Bolonha: EDB, 2007 [Ed. bras.: *José ou a invenção da fraternidade*. São Paulo: Loyola, 2011].

WESTERMANN, C. *Joseph* – Studies of the Joseph Stories in Genesis. Edimburgo: T&T Clark, 1996.

3
NOÉ E O DILÚVIO

O arco-íris, símbolo do movimento ecológico é, na verdade, um símbolo bíblico. Ao final do dilúvio Deus firma com Noé e sua família uma aliança e promete não mais destruir o universo. O "sinal" desta aliança é o arco-íris, que Deus "coloca nas nuvens", ou seja, que faz aparecer atrás das nuvens. Toda vez que este sinal aparecer no céu, Deus se lembrará de sua aliança com Noé e de sua promessa de não mais mandar um dilúvio sobre a terra. Assim se compreende por que os ecologistas tenham escolhido este símbolo: o arco-íris recorda a promessa divina de respeitar a natureza e contém um apelo implícito dirigido a todos os homens de não mais provocarem catástrofes como o dilúvio.

Neste capítulo queremos analisar mais concretamente qual o ensinamento bíblico contido no relato do dilúvio sobre o respeito à natureza. Para fazer isto será necessário resolver alguns problemas literários, pois o relato do dilúvio em Gn 6–9 contém muitas "duplicações", ou seja, episódios ou cenas narradas duas vezes de modos diferentes. Será, pois, necessário estudar separadamente estas duas "opiniões". Enfim, será possível retomar o texto completo, aquele que encontramos na Bíblia em língua moderna, para explicar seu conteúdo.

O relato bíblico

Mesmo para quem lê a narrativa do dilúvio em uma versão moderna da Bíblia, alguns fatos não podem deixar de impressionar. O texto usa, por exemplo, dois termos diferentes para referir-se à divindade. Em alguns versículos fala-se simplesmente de "Deus"; em outros, ao contrário, de "Senhor"[12]. Em 7,16 o texto usa os dois nomes, um após o outro:

---

12 Para "Deus", cf. Gn 6,11-13.22; 7,9.16a; 8,1.15; 9,1.8.12.17. Para "Senhor", cf. 6,5-6; 7,1.5.16b; 8,20-21.

E os que vieram, macho e fêmea de todo ser vivo, entraram [na arca] conforme *Deus* havia ordenado [a Noé]; e o *Senhor* fechou a porta por fora.

Um outro detalhe surpreende o leitor atento: Deus dá ordens diferentes a Noé a propósito dos animais que deve tomar consigo na arca. Em 6,19-20, Deus ordena que seja tomado um casal de toda espécie animal. Em 7,15-16, Noé executa esta ordem. Em outro lugar, em 7,2-3, o Senhor (não Deus) pede ao mesmo Noé que tome consigo sete pares de animais puros e apenas um casal de animais impuros.

Com relação a duração do dilúvio também encontramos dados contrastantes. Em 7,4.12.17 a duração é de quarenta dias. Em 7,24 e 8,3, ao contrário, as águas "prevaleceram" sobre a terra por cento e cinquenta dias.

Também sobre a natureza do dilúvio há diferenças importantes. Em 7,4-12 e 8,2b o dilúvio foi provocado por uma chuva que durou quarenta dias. Em 7,11 e 8,2a, ao contrário, foram abertas as fontes do abismo e as comportas do céu. Enquanto no primeiro caso a causa é natural, no segundo trata-se de um fenômeno cósmico.

Estas diferenças são difíceis de explicar. A solução mais simples e mais satisfatória é a de que estamos diante de um texto composto. Em palavras mais concretas, existiam duas versões do dilúvio. Um ou mais redatores decidiram unir ou combinar estas duas versões em um só relato, tal como temos hoje. Diante disso é possível, portanto, identificar dois relatos paralelos, quase completos: o relato no qual a divindade é "Deus", o mesmo no qual Noé deve tomar consigo um casal de cada espécie animal, e no qual o dilúvio foi provocado pela abertura das fontes do abismo e das comportas do céu e durou cento e cinquenta dias. No segundo relato, o Senhor pede a Noé que tome sete pares de animais puros e apenas um casal de animais impuros, o dilúvio dura quarenta dias e foi provocado por uma forte chuva.

Apresentamos estas duas versões na tabela abaixo:

A corrupção da humanidade:	6,5	6,11-12
A sentença da divindade:	6,7	6,13
O anúncio do dilúvio:	7,4	6,17
A ordem de entrar na arca:	7,1	6,18
A ordem de tomar consigo os animais:	7,2-3	6,19-20
A entrada na arca:	7,7-9	7,13-16
O início do dilúvio:	7,10	7,11
A subida das águas:	7,17	7,18

A destruição de todos os seres vivos:	7,22-23	7,20-21
O final do dilúvio:	8,2b	8,2a
A descida das águas:	8,3a	8,3b.5
A promessa divina de não haver mais dilúvios:	8,21-22	9,8-17

Na coluna à esquerda está a versão que utiliza o nome divino "o Senhor", à direita a que emprega o nome "Deus". O primeiro relato chama-se "javista", pois utiliza o nome "Senhor"; a sigla para este relato é "J" (do alemão *Jahwist*"). O segundo relato chama-se "sacerdotal", pois em seguida se ocupará muito do sacerdócio e do culto; sua sigla é "P" (do alemão *Priesterschrift*", ou "escrito dos padres"). O relato javista relaciona-se com outros textos bastante conhecidos, como Gn 2,4b–3,24 e o relato sacerdotal com o relato da criação em sete dias, Gn 1,1–2,4a. O relato javista seria o mais antigo, segundo a opinião mais comum entre os exegetas, e, portanto, remontaria inclusive à época de Davi/Salomão, no século X a.C. O relato sacerdotal é mais recente, teria sido escrito no final do exílio (530 a.C.), ou durante os primeiros anos após o retorno, isto é, 530 a.C.

À primeira vista, esta explicação parece satisfatória. Todavia, uma investigação mais atenta permite perceber algumas dificuldades que revelam a fragilidade desta solução. Os problemas mais importantes são dois: primeiro, no relato javista, faltam dois elementos essenciais: a construção da arca (6,14-16) e a saída da arca, presentes apenas na versão "sacerdotal". Por que há duas versões paralelas da entrada na arca, mas não da saída? De qualquer modo, é difícil afirmar que existam duas versões completas do dilúvio.

O segundo problema diz respeito à entrada na arca: 7,7-9 e 7,13-15. O leitor esperaria encontrar duas versões, uma que corresponda à ordem divina do texto javista (7,2-3) e outra que corresponda ao texto paralelo do relato sacerdotal (6,18-20). Ora, se no relato sacerdotal a ordem e a execução se sucedem (6,18-20 e 7,13-15), o mesmo não acontece no relato javista, pois em nenhum lugar se diz que Noé tenha feito entrar na arca sete pares de animais puros e um casal de animais impuros, como ordenado em 7,2. Gn 7,8-9, a outra versão da entrada na arca, não pode ser javista e com frequência é atribuído a uma terceira mão, talvez de um redator posterior. Mas por que um redator teria composto um texto tão enigmático?

A estas primeiras dificuldades a respeito do enredo do relato poderia se acrescentar outras a propósito do vocabulário. Esta parte do estudo é mais técnica e requer um bom conhecimento do hebraico. De qualquer modo, estas dificuldades também podem ser vistas em uma versão moderna. Qualquer exemplo significativo bastaria para comprovar isto. Em Gn 6,5 e 8,21 o assim chamado relato javista usa uma expressão rara para descrever a origem da maldade humana: "todo desígnio de seu coração não era dirigido a outro que ao mau"[13]. Por sua vez, a expressão "desígnio do coração" encontra-se apenas em alguns textos tardios como 1Cr 28,9; 29,18. A palavra "desígnio" aparece isoladamente apenas em textos tardios, como Dt 31,21; Is 26,3; Sl 103,14. A temática do "mau desígnio" do coração humano se tornará importante na literatura rabínica. Estamos, portanto, distantes da época de Davi e Salomão.

Em Gn 6,7, um texto "javista", o Senhor diz: "farei desaparecer da face da terra os homens que criei"[14]. O verbo "criar" é característico do relato sacerdotal (cf. Gn 1,1.21.27; 2,3.4a; 5,1). O relato javista, ao contrário, utiliza outros verbos, tais como "fazer" ou "plasmar" (para o verbo "fazer", cf. Gn 2,4b, em contraste com 2,4a, texto sacerdotal que utiliza o verbo "criar"; para o verbo "formar", "plasmar", cf. 2,7.19).

Se o relato da criação de Gn 2,4-24 e a versão mais antiga do relato do dilúvio pertencem à mesma fonte javista, seria normal encontrar em ambos os textos o mesmo vocabulário, até mesmo para falar dos animais, como por exemplo em Gn 2,19-20. Contudo, não é o que acontece. Na verdade, as listas dos animais da narrativa do dilúvio, atribuídas ao revisor javista, assim como os textos de 6,7 e 7,23, utilizam um vocabulário análogo ao do relato sacerdotal em 6,20 e 8,17; cf. 7,14.21; 8,18; 9,2. Além disso, encontra-se em 6,7 e 7,23 uma palavra típica do vocabulário sacerdotal, isto é, "répteis" ou, mais literalmente, "animais que rastejam sobre a terra" (cf. 1,24-25.28).

Ainda a propósito dos animais, a distinção entre animais puros e impuros em Gn 7,1-3 surpreende em um relato que não parece muito interessado nestas distinções de tipo cultual, ao contrário do que acontece em textos tardios como as prescrições alimentares de Dt 14 e Lv 11.

O sacrifício de Noé é um elemento encontrado tão somente no relato javista (8,20), e, no relato sacerdotal, corresponde à "aliança" entre Deus e

---

13 A tradução do texto apresentada pelo autor é de TESTA, E. Genesi: introduzione – Storia primitiva. In: *La Sacra Bibbia*. Turim, 1969, p. 103-104. Testa propõe a tradução: "Ogni divisamento concepito dal suo cuore non era rivolto ad altro che al male" [N.T.].

14 Mais uma vez o autor lança mão da tradução de TESTA, E. *Genesi: Introduzione* – Storia primitiva. Op. cit., p. 104-105, que propõe o texto: "voglio cancellare dalla faccia della terra l'uomo che ho creato" [N.T.].

Noé. No mesmo relato javista, em Gn 4, Caim e Abel já haviam oferecido sacrifícios (4,3-5). Todavia, estes dois textos que deveriam ser provenientes do mesmo redator não utilizam o mesmo vocabulário. Gn 8,20, dentre outros, fala de "holocausto" enquanto 8,21 fala de "agradável odor" do sacrifício, expressões ausentes no relato de Gn 4. No momento do sacrifício, em Gn 8,20-21, se compreende por que Noé teve que tomar consigo sete pares de animais puros: ao final do dilúvio ele precisará oferecer alguns animais em sacrifício. De qualquer modo, esta preocupação com a pureza ritual continua sendo completamente isolada no relato javista. Em outras palavras, nenhum outro texto javista faz menção a este problema, o que, ao contrário, é uma preocupação presente em muitos textos sacerdotais tardios.

Por fim, deve-se reconhecer que a teoria clássica não é suficientemente satisfatória. Por que o relato javista, mais antigo, seria incompleto? Por que o seu vocabulário e as suas temáticas são tão vizinhos aos dos textos sacerdotais e a outros textos tardios pós-exílicos?

A datação clássica das fontes é bastante recente. Somente a partir da segunda metade de 1900 os exegetas consideraram o relato javista (J) mais antigo do que o relato sacerdotal (P). Antes de Reuss, Kuenen, Graf e Wellhausen, pensava-se o contrário: o relato sacerdotal era considerado mais antigo do que o relato javista. Em seguida apurou-se que grande parte dos textos "javistas" eram mais antigos do que os textos sacerdotais. Contudo, em alguns casos, vale a pena rever as teorias atuais, pois as teorias anteriores talvez fossem melhores. O relato do dilúvio é um bom exemplo.

Uma investigação crítica dos dados e textos permite rever a hipótese clássica em três pontos:

1) A hipótese clássica pretende explicar o texto atual como sendo fruto de um trabalho redacional que intentou combinar dois relatos completos e anteriormente independentes. Para individuar estes dois relatos, ocorre encontrar para cada elemento de um relato o elemento correspondente do outro. Contudo, esta iniciativa enfrenta dificuldades insuperáveis. Já vimos que falta um relato javista da construção da arca e da saída da mesma. Além disso, revela-se muito difícil a tarefa de pontuar com certeza um relato javista da entrada na arca (7,7-9), do dilúvio (7,17-18), do final do dilúvio (8,2-39) e do baixar das águas após o dilúvio (8,13-14). Em todos estes trechos os critérios de divisão são pouco claros e há o risco de destruir um relato estilisticamente muito bem-organizado à custa da busca para encontrar duas fontes. A teoria torna-se, pouco a pouco, o objetivo da análise e não mais a

explicação do texto. Uma análise atenta das operações estilísticas e narrativas do relato sacerdotal leva a concluir que algumas repetições, como, por exemplo, o duplo ingresso na arca, 7,7-9 e 7,13-16a, não são, de modo algum, sinais da presença de duas versões, mas uma característica desta fonte. Quando o autor sacerdotal narra um evento importante, ele o descreve duas vezes. Há quatro exemplos evidentes que demonstram esta técnica narrativa: o repouso divino no sétimo dia da criação (Gn 2,2-3); a aliança entre Deus e Abraão (Gn 17,23-27; este exemplo é o mais próximo ao texto de Gn 7); a sepultura de Sara na gruta de Macpela (Gn 23,9.11); a conclusão do relato da construção da tenda (Ex 30,32.42-43). Gn 7,8 não oferece dificuldades! O vocabulário deste versículo que fala dos animais puros e impuros pareceria referir-se, numa primeira análise, à ordem divina de 7,2, que certamente pertence ao relato "javista". Mas este versículo, na verdade, diz o contrário. Em 7,2, de fato, Deus ordena a Noé que tome sete pares de animais puros e um par de animais impuros, enquanto em 7,8 o texto não apresenta alusão alguma a estes "números", diz somente que Noé fez entrar na arca animais puros e impuros. Não se estabelece diferença alguma, ou seja, exatamente o oposto do que se diz em 7,2. E os exemplos deste tipo são vários. Os já apresentados são suficientes para comprovar a dificuldade de aceitar a teoria clássica sem retoques importantes. O relato "javista" certamente não é completo, é mais fragmentado do que se gostaria de admitir.

2) Se o assim chamado relato javista do dilúvio não é completo, dificilmente pode ser considerado uma fonte independente. Trata-se, ao contrário, de uma série de fragmentos redacionais.

3) Se, como se disse anteriormente, o vocabulário do assim chamado relato javista de Gn 6–9 é, por um lado, diferente do vocabulário utilizado por esta fonte em outros textos similares e se, por outro lado, o seu vocabulário se parece com o de textos sacerdotais tardios, a hipótese mais simples seria a de considerar estas partes, tradicionalmente atribuídas ao J, como redações mais tardias do relato sacerdotal.

Esta explicação é mais simples, pois não obriga a recorrer a um "redator" que teria atuado em pontos específicos do texto para introduzir frases ou expressões de estilo sacerdotal em um texto javista, como por exemplo em Gn 7,3a.6-9. O texto atribuído ao javista pela teoria documental clássica e estes acréscimos tardios provêm da mesma mão de um redator pós-sacerdotal.

Esta nova hipótese obriga a passar em revista alguns pontos essenciais do modo de compreender a origem desses relatos. A primeira narrativa completa do dilúvio é, portanto, o relato sacerdotal. Em outras palavras, significa dizer que antes do exílio não se falava em "dilúvio". Noé era, provavelmente, um personagem conhecido, e talvez houvesse, nas tradições bíblicas, traços de um evento similar ao dilúvio. Não seria demasiado surpreendente admitir que Israel tenha herdado e transformado este relato dos babilônios durante o exílio. De fato, a Mesopotâmia conhece muitas versões desta narrativa. Particularmente, é interessante o estreito paralelismo de ao menos três elementos do relato bíblico com o relato mesopotâmico: o fechamento da arca, o envio de pássaros e o sacrifício. Ora, estes elementos estão presentes somente na fonte "javista". Além disso, o envio dos pássaros encontra-se tão somente na narrativa mesopotâmica de Gilgamesh (XI,145-154), um texto que, na sua versão escrita, remonta ao século VII a.C. Também nesse caso estamos distantes da época de Davi e Salomão. Este detalhe confirma a hipótese de uma origem tardia do relato bíblico. Mas qual o motivo de narrar esta história?

A intenção do relato sacerdotal

Para melhor compreender a intenção do relato sacerdotal deve-se ter em mente algumas particularidades. O autor sacerdotal conta a história de Israel e de suas origens com um objetivo muito preciso: seus relatos são paradigmáticos, isto é, contêm uma mensagem para o presente de seus destinatários. Isto fica claro em três pontos importantes do relato: a maldade humana, o simbolismo das águas e a aliança entre Deus e Noé.

Para descrever a maldade humana, o relato sacerdotal utiliza um conceito preciso, com uma forte carga teológica: "violência". Para o relato sacerdotal, a causa do dilúvio é a "violência", reinante entre todos os seres vivos, seres humanos e animais. No entanto, quando Deus criou o universo, segundo o relato sacerdotal de Gn 1,1–2,4a, Ele fez de tudo para eliminar qualquer causa de desarmonia ou de conflito entre os seres vivos. Por exemplo, cada tipo de animal recebeu como "espaço vital" uma parte do universo: os pássaros vivem no céu, os peixes na água, os animais e os seres humanos sobre a terra (Gn 1,20.24. 26). Além disso, os seres humanos dominam sobre todos os outros seres vivos (1,26.28) e, para impedir qualquer concorrência entre seres humanos e animais, Deus abençoou somente o primeiro casal de seres humanos, e não os animais (1,28). Apenas os seres humanos podem ser fecundos e multiplicarem-se sobre a terra, como os pássaros no céu e os peixes nas águas (1,22). No que tange à alimentação, todos os seres vivos são vegetarianos (1,29-30). E ainda mais, animais e seres humanos não se alimentam das mesmas plantas, uma vez que a verdura das plantas como tal é reservada aos animais, ao passo que as plantas com sementes e as árvores frutíferas são o alimento dos seres humanos. Não há, portanto, qualquer ocasião de conflito entre estes seres vivos. Ao menos era este o desígnio para evitar todo tipo de violência. O universo do relato sacerdotal da criação é um universo harmonioso e pacífico.

Em Gn 6, contudo, aparece a "violência" (6,11.13). Não é dada qualquer explicação específica sobre como ela aparece no universo e tampouco de qual tipo de violência se trata. Uma só coisa é clara: o mundo não vive mais em paz e a situação de Gn 1,29-30 mudou completamente. Esta violência reina entre todos os seres vivos, isto é, entre seres humanos e animais, e entre os próprios animais. Seres humanos e animais estão envolvidos em todos os momentos do dilúvio: na sentença de condenação em Gn 6,17 não se estabelece qualquer diferença entre uns e outros; mais tarde, todos os seres vivos morrerão no dilúvio, pois são todos culpados (7,21); por fim, depois do dilúvio, Deus firma uma aliança com Noé, sua família e todos os seres vivos do universo, salvos pela arca (9,8-17). Isto demonstra que seres humanos e animais são protagonistas do dilúvio do início ao fim. Portanto, a violência de Gn 6 é uma violência universal. Mas do que se trata exatamente?

Na Bíblia, a palavra "violência" tem uma conotação social muito forte. Em alguns contextos equivale a "derramar sangue" (Gn 49,5-6; Jz 9,24; Is 59,6; Jr 51,35; Ez 7,23; Gl 4,19). Ora, segundo a pregação dos profetas, esta violência foi a principal causa da destruição da Samaria e de Jerusalém. O Profeta Amós acusou o Reino do Norte de "violência" (3,10; 6,1-3). Para o Reino do Sul, o Profeta Ezequiel é ainda mais explícito. Ele acusa Jerusalém deste pecado em 7,23 e 8,17 (cf. tb. Mq 6,12; Sf 1,9). Em Ez 28,16 o profeta vocifera contra o rei de Tiro, também este acusado de "violência". O relato sacerdotal retoma esta palavra para aplicá-la à primeira catástrofe cósmica, o dilúvio. Em outras palavras, para a tradição sacerdotal, aquela mesma "violência" provocou o dilúvio, nas origens, e, na história, o fim do Reino do Norte e a destruição de Jerusalém. Além disso, alguns profetas, como Oseias, Jeremias e Sofonias, compararam o exílio a uma espécie de "dilúvio", destruição da criação, ou retorno ao caos primitivo (cf. Os 4,1-3; Jr 4,23-26; Sf 1,2-3).

A "violência" é o primeiro pecado mencionado no relato sacerdotal. Trata-se, portanto, de um conceito-chave, pois descreve um "pecado original". Em outras palavras, para o relato sacerdotal, o "mal" que ameaça a existência do universo e provoca as grandes catástrofes cósmicas é, antes de mais nada, um pecado social, isto é, a violência. Evidentemente, não se desconsidera a existência de outros pecados ou de outras fontes de pecado. Todavia, nesta fonte do Pentateuco, a raiz de todos os males do universo e da humanidade é a violência que destrói a ordem cósmica pretendida por Deus no momento da criação (Gn 1).

O simbolismo das águas

O dilúvio como tal é um fenômeno pleno de simbolismo. Para compreendê-lo melhor deve-se, mais uma vez, reler a narrativa sacerdotal da criação (Gn 1,1–2,4a). Segundo este relato e de acordo com a concepção de então, o mundo era dividido em três partes: o céu, a terra e as águas. No que se refere às águas, deve-se estabelecer uma distinção entre o oceano que circunda a terra, o subterrâneo do qual provêm as águas das nascentes e o oceano celeste, acima da abóboda celeste, do qual provêm as águas das chuvas e o orvalho. Segundo Gn 1,1-2, no início o universo era completamente coberto pelas águas. Por isso a vida era impossível. Este oceano primordial, que cobria tudo, era chamado "abismo". Fazia-se necessário transformar a situação para criar as condições necessárias ao desenvolvimento da vida. Por isso, quando Deus criou o universo, no segundo dia da criação Ele separou as "águas de cima" das "águas de baixo" (Gn 1,6-8). Em seguida, no terceiro dia, Deus fez aparecer a "terra firme", e a separou das águas (1,9-10). Sobre esta "terra firme" Deus fez crescer a vegetação destinada a nutrir os animais e os seres humanos. Por fim, a terra firme foi povoada pelos animais e seres humanos (1,24-27), contudo, o domínio sobre a terra foi reservado unicamente aos seres humanos (1,26-28).

Quando chegamos a Gn 6, a terra estava "cheia de violência" (6,11). Mais uma vez, o contraste com Gn 1 é evidente. Quando Deus abençoou o homem e a mulher, Ele disse: "sejais fecundos e enchei a terra" (1,28). Ora, a terra não se encontra cheia de vida, mas de violência (6,11). Outra referência a Gn 1 encontra-se em Gn 6,12: "Deus viu a terra, e eis que estava corrompida". Esta frase faz eco a Gn 1,31, onde se diz que "Deus viu tudo o que havia feito, e eis que tudo era muito bom". Mais uma vez o texto mostra que a situação do universo no momento do dilúvio era exatamente oposta àquela que Deus quisera no início.

Para reparar esta situação Deus decide dar um passo atrás, isto é, retornar às origens, ao menos parcialmente. No relato sacerdotal, o dilúvio é um fenômeno cósmico. As águas retornam ao lugar que ocupavam em Gn 1,2. De fato, segundo Gn 7,11, as nascentes do abismo e as comportas do céu se abrem, o que significa que o oceano primordial retoma todo o espaço que ocupava antes da criação. As "águas de cima" (1,7) se derramam sobre a terra pelas "comportas do céu", e as "águas de baixo" emergem do abismo. Quando as águas recobriram todo o universo (7,18-19.24), este retornou ao caos primitivo de Gn 1,2. Neste momento a terra está novamente "vazia e deserta" (1,2), já que todos os seres vivos morreram, à exceção de Noé, sua família e os animais da arca (7,21). Todos os seres violentos desapareceram nas águas. Apenas Noé, "justo e íntegro" (6,9), sobreviveu, e com ele todos os passageiros da arca.

Este processo é a primeira etapa do plano divino. Ora, uma vez que tenhamos retornado às origens, é possível "recomeçar do início", isto é, reiniciar um processo de criação. Em 8,1 Deus se lembra de Noé e manda um forte vento para fazer baixar as águas. Esse momento recorda o terceiro dia da criação, quando a terra firme apareceu pela primeira vez. Em 8,13 as águas "secam" sobre a terra e, em 8,14, a terra estava novamente "seca". Sobre esta "terra firme" a vida pode retomar seu curso. À bênção de Gn 1,28 corresponde, agora, à de 8,17b e de 9,1: "Sede fecundos e multiplicai-vos". Depois da purificação do universo, Deus dá um novo início à criação a partir de Noé, o homem justo e íntegro.

O relato sacerdotal descreverá um processo análogo em Ex 14, no relato da passagem pelo mar. Nele, os egípcios ocupam o lugar da geração corrompida do dilúvio. Seu pecado não é propriamente a violência, mas mais precisamente a brutalidade com que tratam os escravos hebreus (Ex 1,13-14). Quando os israelitas foram alcançados pelos egípcios às margens do mar (Ex 14,8-10), Deus ordenou a Moisés que estendesse a mão com o bastão sobre o mar, ao que as águas se dividiram e Israel pôde passar sobre a "terra firme" (14,16). Outra vez reaparece o vocabulário de Gn 1,9 e 8,14. Os israelitas atravessaram o mar sobre a "terra firme" (14,22.29), enquanto os egípcios desapareceram nas águas do mar (14,28). Como no dilúvio, mar e terra firme têm significados opostos. Os violentos e os opressores findam no mundo ao qual pertencem, isto é, as águas do caos. A "terra firme", ao contrário, pertence a Noé, o justo, e ao povo de Israel. Somente Deus, criador do mundo, pode ordenar às águas, fazer aparecer e desaparecer a terra firme. Em cada um desses relatos, o dilúvio e a passagem pelo mar, opera-se um julgamento que significa morte para uns e vida para outros. O simbolismo bíblico das águas e da terra firme é bastante claro: as águas do mar são as águas do caos primitivo e da morte; a terra firme foi criada para que nela se desenvolvesse a vida segundo o ideal do desígnio divino, isto é, um ideal de harmonia pacífica e de justiça, e não de violência e brutalidade.

A aliança e o arco-íris

Não podemos desenvolver aqui todo o simbolismo da arca que se assemelha mais a um templo do que propriamente a uma nau. Como um templo, a arca é um microcosmo, uma *imago mundi*, uma imagem do mundo, e contém, portanto, o núcleo de um novo universo. A arca repousa sobre uma alta montanha, outro símbolo cósmico, e desse lugar descem os seres vivos para "encher a terra" (9,1).

Contudo, a ordem do universo terá de ser mudada. Se em Gn 1 o universo era pacífico e vegetariano, agora isto não é mais possível. Por isto, Deus muda a "dieta" dos seres humanos: passamos de um mundo totalmente vegetariano para um mundo onde se come carne. Deste modo, a violência é "canalizada" e regulada. Além disso, Deus estabelece que a violência não deve fazer parte dos relacionamentos humanos (9,1-3). Estas normas explicam por que os seres humanos matam os animais para se alimentarem. Uma certa "violência" faz parte do mundo imperfeito do pós-dilúvio.

Deus firma também uma aliança com Noé (9,8-17) e promete não destruir o universo. No relato sacerdotal, há duas "alianças", uma com Noé (Gn 9) e outra com Abraão (Gn 17). Isto pode surpreender, pois a aliança mais importante do Antigo Testamento é a do Sinai, mas o relato sacerdotal, na sua versão da teofania do Sinai (Ex 19–31) evita, com grande cuidado, falar de "aliança". A sua narrativa descreve, na verdade, a instituição do culto oficial de Israel (Ex 24–31; 35–40). Por qual motivo? A explicação deve ser buscada na época da redação desse escrito e na sua intenção. O relato sacerdotal remonta à época do primeiro retorno do exílio (após 530 a.C.). Para Israel, o exílio foi causado pela infidelidade à Lei de seu Deus. Segundo a concepção do Deuteronômio, a aliança entre Deus e seu povo era condicional. A bênção era condicionada à fidelidade de Israel a seu Deus. Ora, Israel foi infiel e, por isso, foi castigado. Depois do exílio propõe-se o problema da reconstrução de Israel. Sobre quais fundamentos será possível reconstruí-lo? Não mais sobre a fidelidade de Israel, uma vez que essa se mostrou muito frágil. Faz-se necessário, então, "escavar" mais profundamente e encontrar um fundamento mais sólido. O relato sacerdotal o encontra na aliança com Abraão, pois esta aliança é unilateral e incondicional. Em juramento, Deus promete dar a Abraão uma terra, uma descendência numerosa e se propõe ser seu Deus, mas não lhe pede nada em troca. Uma vez que esta aliança não depende da fidelidade de Abraão, ela é indestrutível e irrevogável. Sobre esta base e tão somente sobre ela, o Israel pós-exílico pode construir sem temor o seu futuro, pois o constrói sobre a fidelidade de Deus e não sobre a fraqueza humana.

No relato sacerdotal, a aliança de Deus com Abraão (Gn 17) é a pedra angular da história de Israel. O seu correspondente na história do universo é a aliança com Noé. Há muitas semelhanças entre estas duas alianças. Ambas são unilaterais e incondicionais. São acompanhadas de um "sinal": o arco-íris, no caso da aliança com Noé (Gn 9,12-17), e a circuncisão, no caso da aliança com Abraão (Gn 17,9-14). Se a aliança com Noé é firmada depois do dilúvio, a aliança com Abraão responde às perguntas do povo de Israel depois do exílio.

O "sinal" da aliança com Noé é o arco-íris (9,17). Qual o significado deste símbolo? Os exegetas deram diversas respostas. (1) O dilúvio é uma grande batalha cósmica. Depois do dilúvio, Deus renuncia a destruir o universo e, portanto, coloca seu arco nas nuvens, pois decidiu não mais combater, ou seja, destruir. O arco pode ser o instrumento da ira divina, como em Dt 32,23.42; Hab 3,9-11; Sl 18,15. (2) O arco-íris não tem ligação alguma com a mitologia. Trata-se apenas de um sinal da benevolência divina, da graça e da reconciliação que se manifestam depois do dilúvio para serenar os seres humanos e os animais, ainda amedrontados por tudo que acabara de acontecer. (3) O arco-íris aparece depois da chuva, e o relato sacerdotal identifica neste fenômeno a prova de uma mudança no comportamento divino: Deus decidiu pôr fim ao dilúvio e não mais destruir o universo. (4) O arco na Bíblia, assim como no Oriente Médio antigo, não é símbolo da paz, mas da guerra. Todavia, em Gn 9 não se trata mais da guerra contra o universo, mas da luta sem tréguas de Deus contra todas as forças que ameaçam a existência do universo. Deus não luta contra, mas a favor do universo. (5) Na história das religiões, o arco-íris é frequentemente visto como uma ponte que une céu e terra. Em Gn 9 seria, portanto, símbolo da reconciliação entre Deus e o universo, uma vez que novamente podem "comunicar": outra vez, existe uma "ponte" entre céu e terra. Escolher entre estas diversas interpretações não é tarefa fácil. No entanto, pode-se pensar que o arco-íris não exprima necessariamente o conteúdo da aliança. Em Gn 17, por exemplo, a circuncisão é o "sinal" da aliança com Abraão, mas certamente não exprime seu conteúdo. A circuncisão significa apenas que alguém aceita ou decide pertencer ao povo da aliança. Ao mesmo tempo, o arco-íris significa apenas que Deus decidiu não mais destruir o universo. Em palavras mais técnicas, o relacionamento de aliança não é metafórico, mas metonímico. Uma metáfora apoia-se sobre a *analogia* entre duas realidades ou dois conceitos, enquanto a metonímia apoia-se sobre a contiguidade da realidade ou conceitos. Para dar algum exemplo, "a raiz do mal", "a fonte dos ais", "o cavalo de batalha", "esta pessoa é nosso anjo da guarda", estas são metáforas. Para explicá-las basta colocar na frase a conjunção "como": o mau possui uma raiz *como* uma planta; os "ais!" têm uma fonte *como* um rio tem uma nascente; servir-se de um argumento principal *como* um combatente se serve de seu melhor cavalo ou do seu cavalo predileto; esta pessoa é para nós *como* um anjo da guarda etc. As metonímias, por sua vez, também são de uso frequente na linguagem comum: "beber um copo", "causar desordem no bairro", "perder a cabeça", "o estádio inflamou-se", "a Casa Branca declarou...", "a Igreja ensina..." Nesses casos, a relação é de contiguidade, isto é, causa/efeito, recipiente/conteúdo, sinal/realidade significada, ou simplesmente local: beber *o conteúdo* de um copo; causar desordem *entre as pessoas* do bairro; perder a razão *que está na cabeça*; as pessoas *que estão no estádio* se inflamam; *o presidente dos Estados Unidos que mora* na Casa Branca declarou...; as pessoas *a quem foi confiado o magistério da Igreja* ensinam...

No caso do arco-íris, a relação com a aliança é desta mesma ordem. O arco-íris aparece ao final do dilúvio, como aparece ao final de um temporal, ou de uma forte chuva, e coincide com o final do mau tempo. Do mesmo modo, o arco-íris de Gn 9 "coincide" com a decisão divina de não mais destruir o universo. Este é também o significado do arco-íris no único relato bíblico onde este reaparece, ou seja, Ez 1,18.

Por fim, para o relato sacerdotal, o universo atual deve a sua existência a duas realidades: (a) à "justiça e a integridade de Noé" (6,9); (b) à "graça de Deus" que salvou Noé e os seus e firmou a aliança incondicional com Noé.

O sacrifício

Os fragmentos redacionais que foram acrescidos ao relato sacerdotal têm como tema principal o sacrifício de Gn 8,20-22. As ordens divinas de 7,1-4 têm como escopo permitir este sacrifício. Assim se compreende por que Noé tomou consigo sete pares de animais puros e apenas um par de animais impuros. Em 8,20-22 Deus decide não mais mandar um dilúvio sobre a terra, *depois* do sacrifício de Noé. Deste modo, a existência do universo depois do dilúvio deve-se ao sacrifício de Noé, que adquire uma importância cósmica incomparável. Este sacrifício cumpre o papel da aliança de Gn 9 no relato sacerdotal. Este fato tem algumas consequências para a interpretação do dilúvio.

Um primeiro ponto é o culto. Depois do exílio o povo de Israel se reconstitui basicamente ao redor do Templo de Jerusalém e da Lei. Os livros de Esdras e Neemias confirmam esta ideia. Uma vez que o povo perdera sua independência política, precisava reencontrar sua identidade de outro modo. A religião, especialmente o culto no templo e a observância da Lei, foi o eixo desta nova identidade e da nova existência de Israel. Ora, na mentalidade antiga, um modo comum de justificar a existência de uma instituição era demonstrar sua antiguidade. Em Gn 8,20-22 a oferta dos sacrifícios remonta ao tempo de Noé, ou seja, a uma época muito antiga. Ademais, a este sacrifício se seguiu uma decisão muito importante da parte de Deus: não mais perturbar a ordem do universo, malgrado a maldade sempre presente no coração dos seres humanos (8,21-22). Deste modo, o texto justifica o culto e explica sua razão: se a existência do universo depois do dilúvio se deve ao sacrifício de Noé, a existência e a sobrevivência de Israel depois do exílio dependerão do culto no templo.

Este trecho permite antecipar e compreender melhor as instruções divinas do relato sacerdotal. Este, aliás, não fala sobre sacrifício, pois o culto em Israel não pode iniciar antes do Sinai. Para os redatores posteriores esta preocupação não mais existia. Além disso, pretendiam mostrar que todo sacrifício de animais devia ser ritual. Assim, as instruções de Deus em 9,2 sobre a possibilidade de sacrificar animais e de comer carne recebem uma nova interpretação: tudo passará a ser feito dentro do culto. Toda morte de animais deve ser um sacrifício, isto é, um ato cultual no qual rende-se homenagem ao criador do universo. O sangue, que na Bíblia é sempre sagrado, será derramado sobre o altar; deste modo se reconhecerá sua origem divina e sua natureza sacra.

Este trecho prepara a aliança entre Deus e Noé. No relato sacerdotal em Gn 9, quando Deus decide firmar uma aliança incondicional com Noé, este já havia oferecido um sacrifício que mudou o comportamento de Deus em relação ao mundo (8,21-22). É verdade que a aliança é pura graça, todavia pode-se dizer que Deus foi "bem-disposto" pelo sacrifício de Noé a fazer este gesto de gratuidade.

Um ulterior significado do sacrifício pode ser encontrado no contexto do dilúvio. A causa dessa catástrofe cósmica, para esses acréscimos tardios, é a maldade que nasce do coração humano (6,5; 8,21), enquanto para o relato sacerdotal era a violência (6,11). Ora, esta força precisa ser domada, embora não possa ser cancelada. A solução é uma espécie de acordo: as forças de destruição poderão agir sobre os animais, e tão somente sobre eles, mas dentro de um ritual bem regrado, isto é, os sacrifícios. O efeito destas normas é, portanto, o de canalizar as forças de destruição do coração humano e de transformar completamente o seu movimento. A maldade do coração humano provocou o dilúvio. Agora, nos sacrifícios, essas forças tomam uma direção oposta, pois servem ao culto a Deus que assegura a sobrevivência do universo.

O relato do dilúvio, na sua composição final, justapõe os vários aspectos analisados nos parágrafos precedentes. A violência e a maldade, escondidas nos lugares mais recônditos do coração humano, são as causas que provocaram o dilúvio. Portanto, a existência do universo pode ser ameaçada pelo comportamento errado do ser humano. Se o universo sobreviveu a esta catástrofe e continua a existir, deve-se a vários motivos: a aliança com Noé e o culto; a justiça de Noé e a salvação que vem de Deus. Em outras palavras, encontramos neste relato uma dialética entre iniciativa gratuita de Deus e a colaboração humana. Sem Deus o universo não pode existir e tampouco subsistir, mas não pode sobreviver nem sequer sem a contribuição contínua do ser humano "sob o sinal do arco-íris".

////////////////////////////**PARA APROFUNDAR**////////////////////////////

BLENKINSOPP, J. *Creation, Un-creation, Re-creation*: A Discursive Commentary on Genesis 1–11. Londres/Nova York: T&T Clark International, 2011 [Ed. ital.: *Creazione, de-creazione, nuova-creazione* – Introduzione e commento a Genesi 1–11. Bolonha: EDB, 2013].

GIRARD, R. *Le bouc émissaire*. Paris: Poche, 1982.

_____. *La violenza e il sacro*. 2. ed. Milão: Adelphi, 1980 [Ed. bras.: *A violência e o sagrado*. São Paulo: Paz e Terra, 2008].

GIUNTOLI, F. *Genesi 1–11* – Introduzione, traduzione, commento. Cinisello Balsamo, MI: San Paolo, 2013 [Nuova versione della Bibbia dai Testi Antichi].

LAMBERT, W.G. *Babylonian Creation Myths*. Winona Lake, IN: Eisenbrauns, 2014 [Mesopotamian Civilizations, 16].

MANICARDI, E. & MAZZINGHI, L. (org.). Genesi 1–11 e le sue interpretazioni canoniche: un caso di teologia biblica – XLI Settimana Biblica Nazionale, 6 a 10 de setembro de 2010, Roma. In: *Ricerche Storico Bibliche*, 24, 2012.

SAPORETTI, C. *Il diluvio*. Palermo: Sellerio, 1982.

WÉNIN, A. *D'Adam à Abraham ou les errances de l'humain*: Lectures de Genèse 1,1–12,4. Paris: Le Cerf, 2007 (Lire la Bible) [Ed. ital.: *Da Adamo ad Abramo o l'errare dell'uomo:* Lettura narrativa e antropologica della Genesi – I: Genesi 1,1–12,4. 4. ed. Bolonha: EDB, 2015].

4
AS GENEALOGIAS

Em alguns livros da Bíblia as genealogias são numerosas, especialmente nos livros do Gênesis e no Primeiro Livro das Crônicas (cap. 1-8). Naturalmente, isto significa que nesses livros sentiu-se maior necessidade de estabelecer pontes com o passado. De onde vem esta necessidade? O grande historiador italiano de origem hebraica Arnaldo Momigliano dizia, comparando a história grega com a história bíblica, que os grandes historiadores gregos sempre escreveram relatos sobre eventos particulares, enquanto a Bíblia procurou escrever uma história do universo que inicia com a criação do mundo. Certamente, toda e qualquer antítese deste gênero não pode ser rigorosamente aceita, uma vez que também na Mesopotâmia existem mitos antigos sobre a origem do universo, tal como o famoso relato de *Enuma Elish*, assim como há longas listas de dinastias que têm sua raiz na época pré-diluviana, como a *Lista real sumérica*. Mais tarde, na época helênica, Berossos na Babilônia e Manetone no Egito devotam-se a escrever crônicas acuradas sobre a história de suas nações, desde as origens até seus dias. Portanto, as "histórias universais" eram comuns no antigo Oriente Médio, especialmente em épocas tardias. Entretanto, deve-se admitir que a ideia de inaugurar a própria história com a criação do mundo não é um fenômeno tão comum.

A criação dos deuses, do mundo e da humanidade no épico *Enuma Elish* (séc. XVII/XVI a.C.)

Quando ainda nada havia sobre o céu e sob a terra nada fora feito, havia Apsu, o primeiro, que os formou, e a criadora Tiamat, que a todos gerou. As suas águas foram misturadas umas com as outras antes mesmo que se formasse o campo e não se via nenhum pântano – quando nenhum dos deuses havia sido chamado à existência, e os destinos ainda não tinham sido decididos, então foram criados os deuses [...]. Entre as constelações organizou tudo segundo a sua posição, as estrelas. [...]. Quando Tiamat os ouviu, aprouve-lhe este discurso [...]. Façamos os monstros, [...] os deuses nas suas habitações. [...]. Combatamos os outros deuses [...]. Quando seus lábios se movem, cospe fogo. Quando se levanta, supera em altura todos os deuses, com suas habilidades supera todos em grandeza [...]. Entrementes os deuses da batalha começaram a preparar suas armas. Então chegaram juntos Tiamat e Marduk, o mais sábio dentre os deuses, avançaram um contra outro e deram-se em batalha. Ele, o senhor, pôs seus pés sobre as costas de Tiamat, e com seu punhal quebrou seu crânio sem misericórdia, cortou suas veias e o vento do Norte carregou seu sangue para longe. Foi Kingu quem suscitara a guerra e quem excitara Tiamat à revolta que deu início à batalha. Depois que ela o prendeu, levaram-no à Ea. Deixaram-no suportar toda a sua punição e lhe cortaram as veias. De seu sangue foi criada a humanidade. [...]. Quando Marduk ouviu o discurso dos deuses, desejou criar coisas artísticas. Abriu sua boca para falar com Ea, para dizer o que pensara em seu coração. Eu quero unir o sangue e formar os ossos, eu quero chamar à vida o lullu ["homem" em sumério]. O seu nome deve ser homem. Eu quero criar o lullu, deverá fatigar-se em favor dos deuses, de modo que estes tenham tranquilidade. Eu quero mudar a organização das divindades.

L'Antico Testamento e le culture del tempo – Textos seletos. Roma: Borla, 1990 [Trad. de C. Valentino].

Exílio e retorno

No que se refere a Israel, o rio da história correu mais de uma vez escavando profundos sulcos entre o "antes" e o "depois". De imediato se recorda a experiência do exílio na Babilônia, as duas principais deportações, uma em 596, outra em 586 a.C., que terminaram somente em 538 a.C. com a tomada da Babilônia por Ciro, rei dos medos e dos persas. Todavia, não se pode esquecer que o exílio babilônico é o mais traumático de uma extensa série de eventos similares. Recordamos aqui ao menos a queda de Samaria em 721 a.C. e o assédio a Jerusalém por Senaquerib em 701 a.C.

O fim do Reino do Norte, e mais tarde também do Reino do Sul, foram percebidos como o fim de um mundo, como a "morte de Israel", mesmo que devamos ser prudentes no emprego do nome "Israel" que adquire nuanças diferentes de acordo com os períodos e os escritos que o utilizam. Muitos textos descrevem esta experiência de fim do mundo em termos poéticos e com coloridos mitológicos. Um texto emblemático de Jeremias prefere descrever o desespero e completa desorientação que tomou os habitantes de Jerusalém naquele momento como uma experiência de revés da criação, ou, vale dizer, como um desfalecimento de toda a criação (Jr 4,23-26):

> Eu olhei a terra: eis que era vazia e disforme; os céus: mas sua luz não existia. Olhei as montanhas: eis que elas tremiam e todas as colinas se abalavam. Olhei, e eis que não havia mais homens; e todos os pássaros do céu tinham fugido! Olhei, e eis que o Carmelo era deserto, e todas as suas cidades tinham sido destruídas diante do Senhor, por causa do ardor de sua ira.

Quem lê o texto em hebraico não poderá deixar de notar algumas evidências semelhantes ao relato de Gn 1. A terra "vazia e disforme" recorda a descrição do universo antes da criação, e as palavras *tohû wabohû* são exatamente as mesmas empregadas em Gn 1,2. O restante da descrição de Jeremias contém outras analogias com o texto de Gn 1, mesmo que com algumas variações importantes. Gn 1, por exemplo, não fala nem de montes e tampouco do Carmelo (*karmel*), ou das cidades, mas apresenta uma lista ainda mais completa das obras da criação. Contudo, o ponto importante não é a questão da possível relação de dependência entre o texto de Jeremias e o de Gênesis, mas a intenção do profeta de descrever a sua experiência literalmente como o fim do mundo. Não se fala do fim de uma dinastia, da destruição de uma cidade, da profanação do templo ou da perda da independência nacional. Fala-se, ao contrário, do retorno ao caos primordial, ao *tohû wabohû* que precede a primeira manhã do mundo. Desaparece a luz, tremem os montes, a terra é abandonada por seus habitantes e os céus pelos pássaros, a terra fértil transforma-se em deserto e as cidades são todas destruídas. Em palavras mais simples, nada resta e o profeta encontra-se frente ao vazio.

A esta visão, uma das mais sórdidas do Antigo Testamento, correspondem os oráculos do Segundo Isaías que descrevem o retorno a Jerusalém como uma nova criação. Também nesse caso é difícil estabelecer uma ligação estreita entre o texto de Jeremias e os oráculos do Segundo Isaías. Mais do que de uma real dependência, trata-se de uma resposta adequada a um problema que certamente atormentou as consciências durante o exílio babilônico, tanto entre os que permaneceram na terra quanto entre os exilados. De qualquer modo, é muito significativo que à descrição da descriação[15] narrada por Jeremias corresponda uma descrição do retorno como nova criação, ou recriação. Os textos mais claros neste sentido são Is 41,18-20; 43,15-19; 48,7; cf. Jr 31,22. Is 41,18-20 é talvez o mais claro:

> Farei jorrar rios por entre montes desnudos, e fontes por entre os vales. Transformarei o deserto em lago e a terra árida em nascentes de água. No deserto plantarei o cedro, a acácia, o mirto e a oliveira; na estepe colocarei o zimbro, o cipreste e o plátano, a fim de que vejam e saibam, a fim de que prestem atenção e compreendam que a mão de YHWH fez isto e o santo de Israel o criou.

Alguns textos de Isaías também empregam um vocabulário presente em Gn 1, como por exemplo a palavra *tohû* (Is 44,9; 45,18-19; cf. Is 34,11). O uso do verbo *br'*, "criar", é bastante característico no Segundo Isaías.

Desta leitura é possível chegar a uma primeira conclusão: Israel – e com "Israel" entendo apenas a comunidade pós-exílica que se autodefine nos textos à nossa disposição – descobre a teologia da criação de um modo completamente novo na experiência do exílio e do retorno. Jerusalém e Judá compreendem que poderiam ter sido cancelados da face do mundo. Mas sobreviveram, e conseguiram perceber nesta sobrevivência um ato de "criação", ou de "nova criação". Nesta situação particular, a abundância de genealogias pode ser compreendida como uma tentativa de reatar os laços com as origens. Há, contudo, outros aspectos importantes que devemos inquirir antes de chegar a uma explicação mais complexa.

A "tábua das nações"

Junto à experiência de descrição e recriação, Israel fez outra experiência fundamental sobre a qual devemos falar para compreender melhor a função das genealogias no livro de Gênesis. Trata-se da experiência da universalidade: Israel vive, então, em meio às nações e não pode mais definir-se senão na relação com essas, em particular porque faz parte de um grande império: primeiro o Império Babilônico e em seguida o Persa, ainda mais extenso. A criação será, portanto, criação do mundo e do universo, e o Deus criador será também o Senhor de todas as nações. Ocorre, portanto, definir

---

15 No texto português optou-se por "descriação" para traduzir a ideia de "*di-creazione*" apresentada pelo autor. Trata-se, contudo, de um neologismo que remete à ideia de "revés da criação", um conceito antitético ao de "criação" [N.T.].

sobre novas bases a relação entre Israel e Deus, que é também o criador do mundo, e a relação entre Israel e as outras nações.

As genealogias têm como escopo estabelecer relação entre o presente e o passado, mas também entre povos e tribos vizinhas. Portanto, são o meio ideal para responder às perguntas que Israel se coloca neste contexto. Nisto encontramos algumas das razões mais importantes para explicar a presença de numerosas genealogias no livro de Gênesis: Israel deve reencontrar seu lugar em meio ao criado e em meio às nações.

Quem se aproxima destas genealogias não pode deixar de notar um fato surpreendente – dentre tantos outros –, a saber, que os antepassados do povo de Israel aparecem muito tarde na história do universo. Dificilmente Adão pode ser determinado como o antepassado unicamente de Israel, assim como Noé, pois necessariamente devem ser os antepassados, o primeiro da humanidade pré-dilúvio e o segundo da humanidade pós-dilúvio. As genealogias, entretanto, poderiam tranquilamente mencionar os antepassados de Israel antes de Gn 11, uma vez que os antepassados de outras nações aparecem elencados muito antes. Canaã (Gn 9,18), o odiado Canaã, precede com muita antecedência o nascimento de Abraão. Qualquer um em Israel teria procurado lançar mão de algum meio para inverter esta ordem. Isto não aconteceu e há motivos fortes para dar a Canaã a precedência sobre Abraão e os hebreus. Outros nomes de cidades e de povos, alguns dentre os que oprimiram e conquistaram Israel, são apresentados na assim chamada "Tábua das nações" (Gn 10), tais como os medos (10,1); o Egito (10,6.13), Babel (10,10), Assur, o construtor de Nínive (10,11), e os filisteus (10,14). Canaã é mencionada outras vezes (10,6.15) com Sídon e outros povos cananeus (10,15-19). Dentre os descendentes de Sem, temos Aram (10,22). Em poucas palavras, a "Tábua das nações" menciona muitos povos que intervirão na história de Israel, especialmente durante o período da monarquia. Israel, contudo, não compõe essa lista: isto significa que os redatores de Gn 10 consideram Israel como um povo mais recente, e, portanto, menos importante. Israel é um povo "jovem", um *latecomer* que entra no palco da história da humanidade somente mais tarde. É provável que neste texto se reflita a consciência de uma situação de subordinação ou de inferioridade em relação às outras nações poderosas (cf. Dt 7,7).

O texto da "Tábua das nações" apresenta mais do que um problema aos exegetas. Para o escopo deste trabalho, basta recordar que o texto organiza o mundo em três círculos concêntricos ao redor da terra de Canaã. No primeiro, encontramos os povos mais distantes, ou seja, os filhos de Jafé, que, ao que se sabe, habitam as regiões ao norte e oeste de Israel, ou seja, a Ilha de Chipre, a Grécia e a atual Turquia (Gn 10,1-5). No segundo círculo são colocados os filhos de Cam, muito mais importantes para a história de Israel, como, por exemplo, os egípcios, os babilônios, os filisteus e os cananeus. A maioria desses povos vive ao leste e ao sul (10,6-20). Por fim, aparecem os filhos de Sem, de quem Israel será um descendente distante (10,21-31). Entre esses povos encontramos nações muito vizinhas, e, portanto, com certo grau de parentesco com o futuro Israel, entretanto não necessariamente com laços de amizade. Encontramos, por exemplo, Aram, Assur e Elam, povos vizinhos ao leste de Israel. Seguramente, Aram e Assur não constam entre os povos bem-dispostos em relação a Israel, como testemunha a própria história da Bíblia.

Ao que parece, o critério é geográfico, ao menos no seu conjunto. No entanto, outros elementos devem ser considerados, em particular o juízo moral, a simpatia e o interesse, como por exemplo a propósito de Cam, o antepassado dos povos hostis a Israel, sobretudo os cananeus, os filisteus e os povos que viviam na Mesopotâmia.

A opinião de quase todos os comentaristas desde o tempo de Wellhausen é que o texto seja fruto de um trabalho redacional que combinou duas fontes, J (javista) e P (sacerdotal). O texto P é mais fácil de identificar, pois é composto por fórmulas conhecidas que, além disso, estruturam o conjunto do texto e, particularmente, a sua subdivisão em três partes principais. Os exegetas concordam, portanto, em atribuir à P 10,1a.2-7.20.22-23.31-32. O restante é geralmente atribuído à J, ou seja, 10,1b.8-19.21.24-30.

O texto sacerdotal transcorre bem e não apresenta qualquer problema peculiar. Basta uma simples leitura, até mesmo de uma tradução, para convencer-se disso:

> Esta é a descendência dos filhos de Noé: Sem, Cam e Jafé [...].
> Os filhos de Jafé foram: Gomer, Magog, Madai, Javã, Tubal, Mosoc, Tiras.
> Os filhos de Gomer foram: Asquenez, Rifat, Togorma.
> Os filhos de Javã foram: Elisa, Társis, os Cetim, os Dodanim.
> Destes descendem os povos dispersos nas ilhas das nações, nas suas diversas terras, cada qual segundo sua língua, segundo suas famílias e segundo suas nações.
> Os filhos de Cam foram: Cuch, Misraim, Put, Canaã.
> Os filhos de Cuch foram: Seba, Avila, Sabta, Raamá, Sabteca.
> Os filhos de Raamá foram: Seba e Dedã.

> Estes são os filhos de Cam, segundo suas famílias e segundo suas línguas, em suas terras e em suas nações.
> Os filhos de Sem foram: Elam, Assur, Arpaxad, Lud e Aram.
> Os filhos de Aram foram: Huz, Hul, Geter e Mas.
> Estes são os filhos de Sem, segundo suas famílias e segundo suas línguas, em suas terras e em suas nações.
> Estas são as famílias dos filhos de Noé, segundo suas linhagens, e segundo suas nações. Deles descendem as nações que se espalharam sobre a terra depois do dilúvio.

O emprego de fórmulas características, a simetria nas construções e o ritmo regular das repetições são sinais que indicam a presença da mão do autor sacerdotal. O trecho subdivide-se nitidamente em três partes, com introdução e conclusão próprias, que descrevem respectivamente a descendência dos três filhos de Noé. O conjunto é emoldurado por uma fórmula introdutiva (10,1a) e outra conclusiva (10,32).

Por sua vez, os versículos atribuídos à J são mais problemáticos. Neste caso, uma leitura do texto torna evidente a falta de homogeneidade e, sobretudo, a incompletude deste trecho:

> [...] aos quais nasceram filhos depois do dilúvio.
> Cuch gerou Nimrod, que começou a ser poderoso sobre a terra. Ele foi um potente caçador diante de YHWH, e é por isto que se diz: "como Nimrod, valente caçador diante de YHWH". O fundamento do seu reino foi Babel, Erec, Acad e Calne, nas terras de Sinear. Desta terra saiu Assur, que construiu Nínive, Reobot-Ir e Cala; e entre Nínive e Cala, Resen, a grande cidade. Misraim gerou os ludim, os anamim, os leabim, os naftuim, os patrusim, os casluim (de quem descendem os filisteus) e os caftorim.
> Canaã gerou Sídon, seu primogênito, depois Het, e os jebuseus, os amorreus, os gergeseus, os heveus, os araceus, os sineus, os arvadeus, os semareus, os emateus.
> Depois, as famílias dos cananeus se espalharam. As fronteiras dos cananeus estendiam-se de Sidônia em direção de Gerara, até Gaza e em direção de Sodoma, Gomorra, Adama e Seboim, até Lesa.
> Também a Sem, pai de todos os filhos de Héber e irmão mais velho de Jafé, nasceram filhos.
> Arfaxad gerou Salé, e Salé gerou Héber. A Héber nasceram dois filhos; o primeiro chamava-se Faleg, pois em seus dias a terra foi dividida; e seu irmão chamava-se Jectã. Jectã gerou Elmodad, Salef, Asarmot, Jaré, Aduram, Uzal, Decla, Ebal, Abimael, Sabá, Ofir, Hévila, Jobab. Todos estes são filhos de Jectã. Eles habitavam sobre a montanha oriental, a partir de Mesa, em direção a Sefar.

São inúmeras as dificuldades. O vers. 10,1b não pode ser a introdução de uma genealogia, pois o pronome "aos quais" remete a personagens mencionados na primeira parte do versículo, ou seja, os três filhos de Noé. É bastante provável que neste caso, como em tantos outros, a crítica literária tenha pretendido, a qualquer custo, encontrar um texto J paralelo ao texto P. Contudo, o suposto paralelo poderia ser apenas um outro exemplo do estilo redundante típico do autor sacerdotal que diz duas vezes a mesma coisa em termos quase idênticos, em particular para acentuar um fato de especial importância. Neste caso, trata-se da repovoação do universo após o dilúvio, em harmonia com a bênção renovada em Gn 9,1. Além disso, notamos que a expressão "depois do dilúvio" reaparece exatamente ao final do trecho, em 10,32 (P), a modo de inclusão. Há, pois, boas razões para atribuir o vers. 1b ao mesmo autor sacerdotal. O início do texto sacerdotal de Gn 10, portanto, afirma:

> Esta é a descendência dos filhos de Noé, Cam e Jafé;
> aos quais nasceram filhos depois do dilúvio.

Vale notar o caráter heterogêneo do material recolhido nos versículos não sacerdotais. Encontramos uma longa explicação sobre Nimrod, filho de Cuch (10,8-12). Em seguida, nos vers. 13-18 nos encontramos frente a uma série de informações sobre a descendência de Cam, em particular sobre Misraim, antepassado dos filisteus, dentre outros, e depois sobre a descendência de Canaã. Neste último caso não nos é informado qualquer detalhe. O vers. 21 é uma duplicação do vers. 22, que insiste sobre dois aspectos: Sem é o primogênito dos três filhos de Noé e Héber é seu descendente direto. Os vers. 24-30, por fim, apresentam detalhes e precisam informações sobre a descendência de Sem, a qual vivia nas "montanhas orientais" (10,30) e que, com toda a probabilidade, forma os antepassados das populações árabes.

Westermann faz duas observações importantes a respeito desses trechos de J. Primeiro, o redator responsável pela compilação final do texto inseriu dois grandes blocos antes da fórmula de conclusão sacerdotal: "Estes são os filhos de Cam (ou de Sem)" (10,20.31). O primeiro caso trata-se da inserção dos detalhes sobre Nimrod e seus filhos Cam (10,8-19), antes de 10,20, e o segundo, quando se trata da introdução de detalhes sobre os filhos de Sem (10,24-30), antes de 10,31. Segundo, as inserções são mais longas do que o texto sacerdotal e contêm mais nomes. Tudo isto sugere que os trechos J sejam expansões de um texto sacerdotal mais antigo, e não um texto completo e independente.

Outra observação importante é a de que falta uma inserção J correspondente no texto concernente a Jafé (10,2-5). O texto javista é, portanto, incompleto também sob este aspecto e trata apenas dos dois personagens mais importantes para a história de Israel: Cam e Sem.

Uma última série de observações permite, por fim, identificar a natureza e a origem dos versículos geralmente atribuídos à J. Antes de mais nada, parece claro que estes trechos provenham de um redator e não de uma fonte completa. A técnica redacional empregada é bastante conhecida: o redator retoma um elemento da sua *Vorlage*[16] para depois desenvolvê-lo. No nosso caso, ele retoma a cada vez um nome da lista e relaciona a este as suas anotações complementares. Por exemplo, retoma da lista sacerdotal dos filhos de Cam, em 10,6, três nomes, Cuch, Misraim e Canaã, os quais encontramos no início de suas adições em 10,8.13.15 em uma expressão idêntica: "e *x* gerou..." A mesma técnica é utilizada em 10,24-30, onde se cita da lista sacerdotal de 10,22 o nome de Arpaxad, para, em seguida, elencar todos os seus descendentes com alguns esclarecimentos geográficos (10,30).

Outra técnica redacional é a que se nota nos vers. 9.12b, técnica esta que consiste em introduzir uma explicação com um pronome pessoal (*hû'* ou *hî'*) que remete a um substantivo precedente. A longa explicação sobre Nimrod é introduzida desta maneira (vers. 9-10) tal como a breve observação sobre a cidade de Cala, "a grande cidade" (12b)[17]. O vers. 11 é redigido de modo parecido: relaciona a sua explicação ao nome de Sinear (10b) com uma relativa: "desta terra saiu Assur [...]". O trecho é redigido em estilo típico das glosas redacionais.

O vers. 21 é, por sua vez, uma clara duplicação de 10,22, que coloca em destaque Héber, introduzido em 24b, onde o leitor poderia não perceber sua presença, ao passo que em 10,21 ele é apresentado como um personagem importante dessa genealogia, ou seja, o antepassado dos hebreus. Além disso, o versículo insiste sobre a primogenitura de Sem, que também poderia passar despercebida ao leitor distraído, já que o patriarca é mencionado em terceiro lugar, depois de Jafé e Cam.

---

16 *Vorlage* é uma palavra alemã que remete à ideia de cópia, modelo. É um termo técnico empregado na exegese para designar um documento usado como fonte por outro documento. No contexto do Novo Testamento, p. ex., o Evangelho de Marcos é considerado *Vorlage* do Evangelho de Lucas [N.T.].

17 Cf. SKA, J.-L. *Introduzione alla lettura del Pentateuco* – Chiavi per l'interpretazione dei primi cinque libri della Bibbia. Bolonha: EDB, 2000, p. 101-103.

Todas estas observações permitem dizer que o autor dos trechos identificados como de J opera como compilador douto, que pretende acrescentar notas explicativas à genealogia mais essencial e *ad rem* de P.

Os acréscimos pós-sacerdotais são certamente tardios se se considera que grande parte dos nomes e das particularidades do texto suponham que seu autor conheça bem o seu ambiente, particularmente a Mesopotâmia (10,9-12). O conjunto da obra permite dizer que a "Tábua das nações", na sua apresentação atual, remonta à época persa. Poder-se-ia objetar que, neste caso, o texto deveria mencionar explicitamente os persas. No entanto, a isto se pode replicar com o fato de que os medos sejam mencionados (10,2) e que, segundo o uso difuso nesta época na Bíblia e na Grécia, o nome "medos" é comumente empregado para referir-se aos medos e aos persas. Na Bíblia, por exemplo, é o caso de Is 13,17; 21,2; Jr 25,25; 51,11.28; cf. 2Rs 17,6; 18,11; Dn 9,1. Na literatura grega este emprego é adotado por Ésquilo (*Os persas,* 236, 765, 791), em Heródoto (1, 103. 110. 185 etc.) e Tucídides (1,14.90.95 etc.). Basta recordar que se fala sempre em *guerras médicas,* quando os adversários dos gregos eram, na verdade, os reis aquemênidas da Pérsia.

Witte sugere uma data mais precisa para estes acréscimos baseando-se na presença de alguns povos árabes em 10,26-29. Ele identifica esses povos com os nabateus, chegados em época exílica e pós-exílica nas regiões ao sul e ao sudoeste da província persa da Judeia anteriormente ocupadas pelos edomitas. Por esta razão ele tende a situar os acréscimos no século IV a.C. É um tanto quanto difícil ser tão preciso, uma vez que esta hipótese se apoia sobre ao menos duas conjecturas difíceis de demonstrar: (1) os descendentes de Jectã em Gn 10,26-30 são populações nabateias ou parentes dos nabateus; (2) a genealogia supõe que essas populações nabateias tenham se estabelecido ao sul da Província da Judeia no século IV a.C. Tal não é impossível, mas há escassas informações a respeito. Podemos apenas estabelecer com maior certeza o prazo depois do qual estes acréscimos foram redigidos, ou seja, o período posterior à redação do relato sacerdotal. Este último foi redigido durante o período do primeiro retorno (depois de 538 a.C.) e, portanto, acréscimos pós-sacerdotais remontam no máximo ao segundo retorno que começou com Dario (525-486 a.C.). Com efeito, o livro de Neemias recorda a presença de árabes hostis à reconstrução dos muros de Jerusalém (Ne 2,19; 4,1; 6,1). Além disso, o Segundo Livro das Crônicas projeta no passado contatos mais ou menos amigáveis entre Judá e as populações árabes (2Cr 9,14; 17,11; 21,16; 22,11; 26,7).

Outros comentaristas afirmam que o texto de Gn 10 é, na verdade, único no seu gênero. O antigo Oriente Médio e a Grécia certamente conhecem numerosas listas e genealogias, mas, na opinião desses, nada haveria de realmente equivalente a este texto[18]. Todavia, outro grupo de exegetas tem opinião diversa e insiste sobre a parentela entre Gn 10 e diversos textos extrabíblicos. Eduard Meyer, por exemplo, e em seguida – independentemente – John Van Seters insistiram sobre as analogias entre Gn 10 e o *Catálogo das mulheres* de Hesíodo. Este *Catálogo* organiza e interpreta as relações entre os povos que viviam ao redor do Mediterrâneo segundo o modelo genealógico: gregos, egípcios, bárbaros etc. Por outro lado, as diversas tribos e etnias helênicas têm um antepassado comum, Deucalião, o Noé grego.

Indubitavelmente, há semelhanças entre o esforço do *Catálogo* e o da "Tábua das nações" de oferecer uma espécie de árvore genealógica da humanidade conhecida. Ambos os textos elegem como ponto de partida o período que se segue imediatamente ao dilúvio, e, em ambos os casos, a genealogia é "recheada" de trechos narrativos (cf. Gn 10,10-12).

Contudo, não faltam também diferenças. Um primeiro aspecto essencial distingue os dois documentos. O *Catálogo* contém diversos traços mitológicos totalmente ausentes no texto bíblico. Ele fala, por exemplo, de diversos heróis nascidos depois do dilúvio da união entre uma mulher e um deus, um elemento que não se encontra em Gn 10. O *Catálogo*, além disso, menciona, ao contrário da "Tábua", algumas nações mitológicas. Em segundo lugar, ele oferece diversos sistemas genealógicos paralelos, por vezes demasiadamente complexos e mais desenvolvidos do que as genealogias de Gn 10, mas não integra toda a humanidade conhecida num só sistema, como, ao contrário, faz Gn 10. Pode-se acrescentar que Gn 10 menciona nas suas listas muitos povos distantes e desconhecidos, enquanto o *Catálogo* se satisfaz, por sua vez, em elencar povos que tenham alguma ligação com a Grécia. Em terceiro lugar, Gn 10 não contém nomes de mulheres. Não obstante as semelhanças, é, portanto, legítimo dizer que o texto bíblico tem algumas características próprias. Como explicá-las?

---

18 LIVERANI, M. *Oltre la Bibbia* – Storia antica di Israele. Bari: Laterza, p. 267-268. Sobre as genealogias no mundo grego, cf. MAZZARINO, S. *Il pensiero storico classico*. 3 vols. Bari: Laterza, 2000, vol. I, p. 58-83.

A terra da Bíblia

A região do antigo Oriente Médio que nos interessa faz parte de uma vasta região comumente chamada "Crescente Fértil", isto é, aquela faixa de terra cultivável que se estende da Mesopotâmia ao leste, aos montes da Anatólia ao norte, até o Mar Mediterrâneo a oeste. Ao sul se estende uma região completamente desértica, o grande deserto arábico. Atualmente o Crescente Fértil compreende os países de Iraque, Síria, Líbano, Jordânia, Israel e Palestina. O Israel bíblico se encontra à margem meridional desta vasta área geográfica, mas em posição importante, uma ponte para a outra grande região, o Egito.

A terra que foi palco dos acontecimentos bíblicos já recebeu vários nomes ao longo da história: na origem foi chamada "terra de Canaã", nome encontrado em textos cuneiformes já por volta de fins do III milênio a.C.; no texto de Is 19,18 a língua hebraica é chamada de "língua de Canaã". O nome parece ter relação com a manufatura da púrpura, um dos produtos típicos desta terra. A mesma região, que a Bíblia define simplesmente como "a terra" ou a terra de Israel, foi posteriormente chamada pelos romanos de *Palestina*, após a revolta judaica de 135 d.C. O nome *Palestina* recorda um dos povos que antigamente habitavam a região, os filisteus.

A terra da Bíblia se estende dos montes do Antilíbano, ao norte, até o Deserto do Negueb, ao sul; do Mar Mediterrâneo, ao oeste, até o Deserto Arábico, ao leste. A característica mais surpreendente para quem nunca visitou Israel e o conhece apenas por ter lido nos textos bíblicos é que se trata de uma região relativamente pequena, onde as distâncias nunca são excessivas: são apenas 120 quilômetros de Jerusalém a Nazaré, enquanto a largura – do mar ao Jordão – não ultrapassa os 85 quilômetros. A superfície total do atual Estado de Israel e dos territórios palestinos não é superior à da Bélgica.

MAZZINGHI, L. *Storia d'Israele dalle origini al periodo romano*. 4. ed. Bolonha: EDB, 2007, p. 9-10 [Ed. bras.: *A história de Israel das origens ao período romano*. Petrópolis: Vozes, 2017].

O contexto histórico

Situar a "Tábua das nações" em época persa abre novas perspectivas para a sua interpretação. Estamos na época da redação do Segundo Isaías, do livro de Ezequiel, dos livros de Ageu e do Primeiro Zacarias e vizinhos aos livros de Esdras e Neemias.

Não é necessário demonstrar a relação entre o relato sacerdotal, Ezequiel e o Segundo Isaías. Na "Tábua das nações" percebemos o mesmo clima presente nos primeiros oráculos mais positivos do Segundo Isaías (Is 40–48). O exílio terminou. Ciro, que há pouco conquistara a Babilônia, é acolhido como libertador enviado por YHWH (Is 41,1-7.25; 44,28; 45,1-7), e mais, como "ungido" ou "messias de YHWH" (Is 45,1). No Segundo Isaías aparecem as primeiras formulações claras de monoteísmo, vale dizer, a afirmação da existência de apenas um Deus, criador do mundo e senhor de todas a nações. Estas afirmações nascem da experiência do exílio e sobretudo da interpretação teológica dos acontecimentos a partir da queda de Jerusalém até o final do exílio. Os profetas Jeremias, Ezequiel e o Segundo Isaías, em particular, identificaram um desígnio divino nos diversos eventos que se sucederam no cenário internacional nesses anos. Jeremias e Ezequiel interpretam a queda de Jerusalém e o exílio como um castigo divino à infidelidade do povo, e o Segundo Isaías vê a mão de Deus operando com a chegada de Ciro no ambiente internacional. Para esses profetas, o Deus que dirige o curso da história e comanda as nações é o Deus de Israel. É ainda possível que os exilados tenham identificado um certo paralelismo entre o "deus dos céus" da religião persa e YHWH, o seu Deus nacional. O Segundo Isaías crê, inclusive, na conversão de todas as nações ao Deus de Israel (45,14-25). Israel, segundo esta perspectiva, faz parte de um conjunto de nações que honram o mesmo Deus, o seu Deus.

A "Tábua das nações" nada mais é do que a tradução desta consciência em termos genealógicos. Todas as nações têm relação de parentesco e formam uma só família, já que há apenas um criador e senhor do universo. O monoteísmo tem como consequência lógica uma visão unificada da humanidade, que não nega, contudo, a sua diversidade. Isto vale, sobretudo, para a parte da "Tábua das nações" atribuída ao relato sacerdotal.

Os acréscimos posteriores procuram, por sua vez, ressaltar ainda mais o lugar de Israel em meio às nações. Ainda que não se fale de Israel como tal, se insiste sobre a primogenitura de Sem e a importância de Héber, considerado antepassado de Abraão e, portanto, do povo de Israel (Gn 10,21). A este primeiro aspecto são acrescidas genealogias que elencam povos particularmente relevantes para Israel, antes de mais nada, os cananeus, filhos de Cam, secundogênito (Gn 10,15-19). Enquanto o texto sacerdotal fornece ao leitor genealogias nas quais todos os povos são enumerados de modo bastante monótono para evidenciar sua igualdade, os acréscimos tendem a ressaltar a posição preferencial dos descendentes de Sem em relação aos outros.

O texto à nossa disposição é bastante breve e enxuto: este é o motivo pelo qual não é possível encontrar elementos claros e decisivos para situar a sua composição de modo preciso. A data e o ambiente de origem são, portanto, difíceis de determinar, por isto devemos contentar-nos com conjecturas. Não obstante estas dificuldades, não parece errôneo sugerir que os acréscimos pós-sacerdotais traiam um espírito presente nos livros de Esdras e Neemias, entre outros.

O argumento mais favorável a esta datação vem da genealogia de Canaã (Gn 10,15-19). O texto sacerdotal limitava-se a mencionar Canaã entre diversos outros povos (Gn 10,6). O acréscimo posterior, ao contrário, é bastante desenvolvido e descreve, além das genealogias, o território ocupado pelos cananeus (Gn 10,19). Alguns pontos desta geografia são pouco claros, dentre eles a localização da cidade de Lesa (Gn 10,19b). De qualquer modo, o seu território estendia-se da Sidônia, ao norte, a Gaza, ao sul, até o Mar Morto ao leste, compreendendo, assim, grande parte da terra prometida.

Ademais, era importante para esta genealogia mostrar que Canaã era, desde o início, um povo pertencente a um ramo genealógico diferente daquele ao qual se liga Israel. A ramificação remonta aos três filhos de Noé. Canaã, segundo o espírito destes documentos, é, portanto, um "estrangeiro" desde o dilúvio, vale dizer, desde o início da humanidade à qual Israel pertencerá.

O livro de Esdras contém um trecho muito interessante (Esd 9,1.11). O trecho fala dos matrimônios com mulheres "estrangeiras". Dentre as nações estrangeiras, o texto elenca em primeiro lugar – anacronicamente – os cananeus, em seguida os heteus, os ferezeus, os jebuseus, os amonitas, os moabitas, os egípcios e os amorreus. Os cananeus são colocados em primeiro lugar dentre os povos desqualificados, povos com os quais o conúbio não é permitido. A "Tábua das nações" fornece um argumento suplementar a esta proibição, pois prova que os cananeus pertencem a um ramo muito distante daquele ao qual pertence Israel na família das nações. Não é possível, portanto, estabelecer um laço estreito entre a "Tábua das nações" e o livro de Esdras. Encontramos apenas de ambas as partes um espírito de separação, ainda que não de exclusividade, mas bastante próximo disso.

PARA APROFUNDAR

HESS, R.S. The Genealogies of Genesis 1–11 and Comparative Literature. In: *Bib*, 70, 1989, p. 241-254. Apud HESS, R.S. & TSUMURA, D.T. (org.). *I Studied Inscriptions from before the flood* – Ancient Near Eastern, Literay, and Linguistic Aproches to Genesis 1–11. Winona Lake, IN: Eisenbrauns, 1994 [Sources for Biblical and Theological Study, 4].

JOHNSON, M.D. *The Purpose of the Biblical Genealogies with a Special Reference to the Setting of the Genealogies of Jesus*. 2. ed. Cambridge: Cambridge University Press, 1988 [SNTSMS, 8].

LIVERANI, M. *Oltre la Bibbia* – Storia antica di Israele. 3. ed. Bari: Laterza, 2003 [Ed. bras.: *Para além da Bíblia* – História antiga de Israel. São Paulo: Paulus/Loyola, 2015].

MAZZARINO, S. *Il pensiero storico classico*. Vol. I. 3. ed. Bari: Laterza, p. 58-83.

PRATO, G. Dalla geografia neutrale alla mappa ideologica centralizzata: la "tavola dei popoli" (Gn 10) da testo delle origini a immagine normativa. In: CAGNI, L. (org.). *Biblica et semita* – Studi in memoria de Francesco Vattioni (Dipartimento di Studi Asiatici – Series Minor LIX). Nápoles: Istituto Universitario Orientale, 1999, p. 511-546. Apud *Identità e memoria nell'Israele antico* – Storiografia e confronto culturale negli scritti biblici e giudaici. Bréscia: Paideia, 2010, p. 88-124.

SKA, J.L. *Introduzione alla lettura del Pentateuco* – Chiavi per l'interpretazione dei primi cinque libri della Bibbia. Bolonha: EDB, 2000 [Ed. bras.: *Introdução à leitura do Pentateuco* – Chaves para a interpretação dos cinco primeiros livros da Bíblia. São Paulo: Loyola, 2012].

WILSON, R.R. *Genealogy and History in the Biblical World*. New Haven (CT): Yale University Press, 1977.

5
O AMOR

A palavra "amor" é carregada de muitos significados, evoca tantas experiências diferentes, conhece milhares de nuanças e milhares de variações de acordo com as culturas e as épocas. O leitor da Bíblia encontra a palavra "amor" em diversos contextos, particularmente no "primeiro mandamento" – segundo uma expressão conhecida do Novo Testamento (Mt 22,36; Mc 12,28). Todavia, para a sensibilidade moderna, relacionar a palavra "amor" à palavra "mandamento" gera certa dificuldade, pois amor se conjuga com liberdade e não com obrigação. Esta primeira observação já nos permite descobrir a distância que separa a nossa sensibilidade do mundo da Bíblia. Pode-se realmente "ordenar" que se ame a Deus? E o amor "ordenado" pode ser um amor sincero e autêntico? Para responder a esta questão proponho um percurso com duas etapas: (1) após uma breve análise sobre a diferença entre a nossa concepção de amor a partir da época romântica e a do mundo antigo, (2) procurarei demonstrar qual é o pano de fundo escriturístico do mandamento bíblico do amor.

O amor romântico

A nossa concepção atual do amor deve muito à época romântica e aos seus cânones. Não posso abordar todos os aspectos deste argumento, mas quero pelo menos relevar que uma das características principais do amor romântico é a sua reivindicação à completa liberdade. Para os românticos, o amor é uma força arrebatadora que não leva em conta as convenções, os imperativos e os vetos da sociedade, e se afirma, ou melhor, se consolida na sua oposição à sociedade. Há diversas formas de oposição, mas todas têm uma origem comum. Alguns exemplos ilustrarão melhor este fato já bem sabido. Em *I promessi sposi*[19] [O noivos], o conflito que opõe amor e sociedade

---

19 *I promessi sposi* é um célebre romance histórico italiano, de Alessandro Manzoni, publicado em primeira edição em 1827 [N.T.].

corresponde a um conflito entre duas classes sociais. O personagem de Don Rodrigo, que pretende tomar Lucia do jovem Renzo, serve para ilustrar uma tensão típica entre a aristocracia e o povo pobre, entre um representante da classe dirigente e dois membros da classe tradicionalmente submissa à nobreza e geralmente explorada. O romance mostra que o amor entre Renzo e Lucia triunfa, após muitas peripécias, inclusive com a oposição de Don Rodrigo. Em outras palavras, o amor entre Renzo e Lucia é mais forte do que as regras arbitrárias impostas pela aristocracia de então. No cap. VII, quando Renzo descobre os desígnios de Don Rodrigo, ele é tomado de grande fúria. Manzoni, então, reassume a cena com estas palavras:

> De fato [Renzo] estava realmente enfurecido contra Don Rodrigo, e ansiava ardentemente pelo consenso de Lucia; e quando duas fortes paixões bradam no coração de um homem, ninguém, nem mesmo o paciente, é capaz de distinguir claramente uma voz de outra, e dizer com segurança qual é aquela que predomina.

Uma coisa é clara: são os sentimentos e não a razão que predominam nesse trecho e que movem a trama do romance, tal como serão os sentimentos autênticos de Renzo e Lucia que prevalecerão sobre toda adversidade.

Há outros exemplos deste conflito romântico entre amor e sociedade; por exemplo, *La Traviata*, de Verdi, inspirada no romance de Dumas *La Dama aux Camélias*, ou aquela que é talvez a primeira obra literária do gênero, *I dolori del Giovani Werther*, de Goethe. Estes casos demonstram qual é a concepção romântica do amor. Ela introduz um forte contraste entre sentimento e sociedade, entre indivíduo e instituições. Para os românticos, em poucas palavras, dois jovens se casam, pois, e somente pois, se amam. No mundo antigo, ao contrário, as coisas geralmente eram diferentes: dois jovens esposavam-se, e depois – talvez – amavam-se.

Amor e sociedade no mundo antigo

No mundo antigo, amor e sociedade eram muito mais entrelaçados e unidos do que no mundo moderno, herdeiro dos ideais do romantismo. A oposição entre indivíduo e sociedade também era de natureza muito diferente, uma vez que a própria sociedade era mais "personalizada". Sob o regime da *união pessoal*, por exemplo, o soberano fundava e garantia a unidade do Estado. Os súditos podiam pertencer a diversas nações, as culturas podiam ser muito diferentes, mas todos os súditos eram, de algum modo, "ligados" ao mesmo soberano. A célebre frase de Luís XIV: "L'état, c'est moi" ("O Estado sou eu") revela não apenas a famosa presunção do *Rei Sol*, mas também uma mentalidade muito difundida durante o *Ancien Régime* [Regime Antigo]: a identidade entre soberano e Estado. O sentimento de pertencimento era, em grande parte, uma ligação pessoal com o soberano, um príncipe ou um patriarca. Certamente havia também um sentimento de pertencimento a um grupo, por exemplo, a uma família, clã, tribo ou nação. Mas também nestes casos o laço que unia os diversos membros do grupo era mais pessoal do que institucional.

Aquilo que vale para o mundo político, vale também, com as devidas nuanças, para os outros campos da vida pública e privada. No que tange ao amor, o sentimento raramente vencia as convenções sociais e os imperativos da política, seja esta familiar, local ou nacional. Era, sobretudo, o caso quando se tratava do amor ilícito ou transgressivo, em particular o adultério. Um exemplo célebre é o de Páris e Helena, e igualmente famosos são os versos do *Inferno*, de Dante: "Helena vi, a causa fementida / de tanto mal" (V, 64-65). O antigo relato celta de Tristão e Isolda termina de modo trágico: somente a morte é capaz de unir os amantes[20]. Acrescento um último exemplo da mesma natureza: a tragédia histórica de Paulo e Francisca, que morrem assassinados por causa de seu amor. Dante os coloca no inferno no lugar dos luxuriosos (*Inferno*, V, 73-142). Mas as célebres palavras pronunciadas por Paulo: "Amor, que o coração gentil inflama subitamente [...] Amor, que não perdoa que o amado não ame [...] Amor, nos conduziu à morte: a quem no-la causou, Caína[21], esperas (V, 100-106) antecipam em alguns versos aquilo que os românticos dirão. As evoluções nunca são completamente lineares e as fronteiras entre mentalidade e culturas nunca são traçadas com a precisão dos cartógrafos. Em todo caso, a sociedade pré-romântica era certamente muito menos tolerante do que a nossa em relação a casos parecidos com os supramencionados.

Neste sentido, sempre é necessário acrescentar um elemento importante para a nossa discussão. No mundo antigo e até o nascimento dos nossos estados modernos, política – no âmbito internacional e nacional – e matrimônios caminhavam de mãos dadas. Nesses âmbitos, sobretudo, os casa-

---

20 Dante encontra Tristão no inferno entre os luxuriosos (*Inferno*, V, 67). A obra *Tristão e Isolda*, de R. Wagner (1865), ao contrário, descreve a vitória do amor, sem qualquer abdicação e tampouco derrota. O desejo e o sentimento – o que é típico da época romântica – são onipotentes.

21 Na obra *O inferno de Dante*, Caína é o nono ciclo do inferno, onde jazem os fratricidas, ou traidores dos parentes [N.T.].

mentos eram decididos em função de critérios muito precisos de política interna e externa. A família dos Aburgo, talvez mais do que as outras, tornou-se famosa pela sua política matrimonial. Um antigo ditado latino sobre a casa de Áustria resume, em poucas palavras, quão ligados eram a política e os matrimônios para eles: *Bella gerant alii, tu, felix Austria, nube / Nam quae Mars aliis, dat tibi regna Venus* – "Que outros movam guerras, tu, feliz Áustria, esposes / com efeito, os reinos que Marte dá aos outros, a ti, ao contrário, dá Vênus" (o ditado é atribuído a Matias Corvino, rei da Hungria entre 1458 e 1490).

O cenário no antigo Oriente Médio não era diferente. Ao contrário, pode-se dizer que a política matrimonial era ainda mais simples, pois os soberanos podiam manter um numeroso harém. Cada uma das "esposas" significava um laço particular com outras famílias reinantes, ou com aliados e vassalos. Um tratado de aliança, e especialmente os tratados de vassalagem, eram selados por meio de um matrimônio, ou pelo envio de uma "esposa" ao harém do soberano. Ramsés II, por exemplo, após a indecisa batalha de Cadesh, às margens do Orontes contra os hititas (1286 a.C.), firmou um tratado de não agressão com os seus adversários e recebeu em casamento uma princesa hitita. O matrimônio marca o tratado de paz, como era comum naqueles tempos. O exemplo bíblico que mais ilustra neste sentido é o de Salomão. O seu imenso harém (setecentas mulheres e trezentas concubinas segundo 1Rs 11,3) era sinal de prestígio internacional e demonstrava que o rei de Israel mantinha relações com quase todas as nações importantes da época (1Rs 11,1-8). O relato bíblico, todavia, mais vizinho à lenda do que à história, mostra-se bastante crítico em relação a Salomão, pois, segundo o texto bíblico, suas mulheres o teriam distanciado do culto ao único verdadeiro Deus de Israel. Trata-se certamente de uma releitura de um relato tradicional que era favorável a Salomão, uma releitura que se pode atribuir aos redatores vizinhos à teologia do Deuteronômio, pois citam explicitamente uma proibição de aliar-se a outras nações em Dt 7,3-4.

Isto dito, não cause estupor se o vocabulário do amor, em particular termos como afeto, lealdade e fidelidade, que são qualidades intrínsecas dos relacionamentos humanos pessoais, encontram-se no vocabulário diplomático dos relacionamentos políticos nacionais e internacionais. As observações feitas até agora são essenciais para poder perscrutar a questão do amor de Deus na Escritura.

O amor de Deus na Bíblia

A Bíblia é uma floresta, não uma esfera lisa e igual a si mesma em todos os lugares. A Bíblia é uma floresta onde reina a diversidade e não a uniformidade. Segundo os rabinos, de fato, a *Torah* (Lei) tem setenta faces. Por este motivo não é possível tratar de modo exaurível um tema tão complexo e tão rico quanto o do amor de Deus na Bíblia. Pretendo, portanto, debruçar-me sobre um aspecto particular e talvez menos estudado, ou seja, a estreita relação entre o amor de Deus e a observância dos mandamentos. Certamente não ignorarei os outros aspectos deste tema como, por exemplo, a ligação pessoal e afetiva que pode unir o Deus de Israel ao seu povo, e a cada um de seus membros no Antigo Testamento. Não ignoro nem mesmo todas as harmônicas facetas do amor de Deus reveladas em Cristo no Novo Testamento. Limito-me tão somente a uma dimensão essencial do amor de Deus, tal como é apresentada no Antigo Testamento, uma dimensão que não podemos ignorar se pretendemos compreender o significado exato do vocabulário bíblico neste contexto.

Retomemos a pergunta inicial: Por que Deus pede que Israel ame o seu Deus? E por que no Novo Testamento amar e observar os mandamentos caminham *pari passu*? O texto fundamental do Antigo Testamento a este respeito é Dt 6,4-9, o *shemaʿ Israʾel*:

> Ouve, Israel: o Senhor, nosso Deus, é o único Senhor. Portanto, amarás o Senhor teu Deus com todo o teu coração, com toda a tua alma e com toda a tua força. Que estas palavras que hoje te ordeno estejam em teu coração! Tu as inculcarás aos teus filhos, e delas falarás sentado em tua casa e andando em teu caminho, deitado e de pé. Tu as atarás também à tua mão como um sinal, e serão como um frontal entre os teus olhos; tu as escreverás nos umbrais da tua casa, e nas portas da tua cidade.

Outro texto igualmente significativo é Dt 10,12-13:

> Ora, Israel, que é que te pede o Senhor teu Deus? Apenas que temas o Senhor teu Deus, andando em seus caminhos, e o ames, servindo ao Senhor teu Deus com todo o teu coração, e com toda a tua alma, e que observes os mandamentos do Senhor e as prescrições que eu te ordeno hoje, para o teu bem?

Poderíamos acrescentar outros textos do Deuteronômio como, por exemplo, Dt 11,1, ou ainda 30,15-16, e o resultado seria o mesmo: amar a Deus e observar os mandamentos são duas faces da mesma moeda, as quais não é possível separar. Amar a Deus, temer a Deus, segui-lo, servi-lo e observar a Lei são sinônimos, ou quase isto. Como conciliar aspectos que para a mentalidade moderna são incompatíveis e se excluem um ao outro? É possível "amar" e "temer" a Deus ao mesmo tempo? A solução provém de um confronto entre este vocabulário e o vocabulário dos pactos de aliança provenientes do antigo Oriente Médio. É a linguagem diplomática da época que fornece a chave para a interpretação destes aparelhamentos paradoxais entre amar e temer, amar e observar preceitos.

Alguns textos, ainda do Deuteronômio, comparam a relação entre Deus e Israel, seu povo, com a relação entre um pai e um filho. O primeiro texto é Dt 1,31:

> [...] no deserto, [...] viste que como o Senhor teu Deus te levou, como um homem leva seu filho, por todo o caminho que percorrestes até que chegásseis a este lugar.

A imagem reaparece em Dt 8,5:

> Portanto, reconhece no teu coração que, como um pai corrige um filho, assim o Senhor teu Deus te corrige.
>
> A lei de Dt 14,1 inicia com esta asserção:
>
> Vós sois filhos para o Senhor vosso Deus.

As imagens se encontram em outros lugares na Bíblia, e a primeira impressão de um leitor moderno é que a linguagem escolhida seja a da vida em família. À primeira vista, as expressões evocam a atmosfera do lar, os laços afetivos que unem genitores e filhos, e alguns valores fundamentais da vida familiar, tais como proteção, fidelidade, solidariedade. Certamente, não se pode excluir *a priori* que o vocabulário escolhido possa remeter ao mundo da família. Contudo, faz-se necessário constatar que este mesmo vocabulário se encontra também no mundo das relações internacionais, como, por exemplo, em 2Rs 16,7, onde se diz:

> Acaz enviou mensageiros a Teglat-Falasar, rei da Assíria, para dizer-lhe: "Eu sou teu servo e teu filho! Vem libertar-me das mãos do rei de Aram e das mãos do rei de Israel, que se insurgiram contra mim".

O rei Acaz de Judá, quando diz ao rei da Assíria "Sou teu servo e teu filho", reconhece, em termos jurídicos, que é vassalo do soberano assírio. Esta terminologia, que tem seguramente uma grande carga afetiva, encontra-se em diversos textos do antigo Oriente Médio para insistir sobre dois aspectos correlatos da relação que une o vassalo ao seu soberano. Em primeiro lugar, o soberano se encontra em uma situação de superioridade incontestável em relação ao seu vassalo, como um pai frente a seu filho. A relação estabelecida mediante o tratado é equiparada a uma situação "natural", onde os relacionamentos são determinados pela geração. O vassalo não deveria contestar seu soberano, assim como um filho não contesta seu pai. Em segundo lugar, a ligação jurídica entre soberano e vassalo deveria ser tão forte quanto a ligação natural entre pai e filho. Além disso, a linguagem adotada sugere que o vassalo deve mostrar-se leal, fiel e grato em relação ao seu soberano como um filho em relação a seu pai, a quem deve a vida e de quem depende sua sobrevivência. Por fim, a relação entre vassalo e soberano deve ter a mesma força afetiva que a relação entre filho e pai. O vocabulário empregado procura fortalecer a relação formal e jurídica do vassalo com alusões ao mundo familiar, muito mais "caloroso", cordial e afetivamente atrativo.

O mesmo vocabulário se encontra muito frequentemente nos contratos de vassalagem do antigo Oriente Médio. O príncipe de Kültepe, por exemplo, declara-se "filho" do rei da Assíria. Aquilo que vale para o vocabulário familiar, vale também para o vocabulário de amizade, frequente em todo o antigo Oriente Médio para descrever relações diplomáticas entre soberanos e nações.

"Amor" não poderia não servir, neste contexto, para descrever a relação entre soberano e vassalo. É o caso de diversos textos bíblicos, assim como de diversos textos não bíblicos. Entre os textos não bíblicos há vários que são bastante explícitos: um antigo texto diplomático assírio, no qual se pede que se ame o próprio soberano como a si mesmo e o soberano promete amar, também ele, ao seu vassalo como a si mesmo; um texto hitita que provavelmente remonta ao reino de Suppiluliuma II, no qual se diz que não há amor maior do que dar a vida pelos próprios amigos, vale dizer, seus aliados.

Um leitor moderno certamente reconhecerá nestes trechos um parentesco com alguns textos bíblicos, em particular com o mandamento do amor ao próximo: "Amarás o teu próximo como a ti mesmo"[22] e com a célebre frase pronunciada por Jesus nos seus últimos discursos: "Ninguém tem amor maior do que aquele que dá a vida por seus amigos" (Jo 15,13).

Um outro texto proveniente de um tratado de Ashurninari V, rei da Assíria, com Mati'ilu, rei de Arpad, vale a pena ser citado por inteiro:

> Se a nossa morte não é a tua morte, e a nossa vida a tua vida, se não busques a vida de Ashurninari, dos seus filhos e dos seus oficiais como a tua vida, que o deus Assur transforme a tua terra em deserto...

Como no texto precedente, a relação entre soberano e vassalo implica claramente, ao menos em sentido literário, uma ligação "para a vida e para

---

22 Lv 19,18; Mt 19,19; 22,39; Mc 10,31; Lc 10,27; Rm 13,9; Gl 5,14; Tg 2,8.

a morte". Essa forte ligação é idêntica, na fraseologia, àquela que une por exemplo Jacó e o seu filho preferido, Benjamim, segundo o que diz Judá no seu discurso diante de José: "O menino não pode deixar seu pai; porque se deixar seu pai, este morrerá" (Gn 44,22). Neste caso há, assim como em tantos outros, uma clara troca entre a linguagem familiar e a linguagem diplomática.

O tratado de Esharaddon, rei da Assíria, a propósito da sucessão ao trono de seu filho Assurbanipal, também contém algumas frases bastante eloquentes:

> "Se não estais prontos a morrer por Assurbanipal..." (21. [229]);
> "se não amais o Príncipe Assurbanipal como amais a própria vida" (24. [266]), serão vistas terríveis maldições.

Amar significa estar pronto a morrer pelo próprio soberano. Mesmo que cause estranheza, a leitura desses textos antigos demonstra claramente que a linguagem dos tratados de vassalagem não menospreza este tipo de expressões; ao contrário, tinha preferência pelo seu uso para reforçar ao máximo a ligação jurídica que unia vassalos e soberanos. Por outro lado, não se pode negar que a retórica nem sempre reflete a realidade, e que, na prática, os vassalos estavam longe de serem fiéis a seus soberanos. Rebeliões, tentativas de esquivar-se do seu domínio sufocante e guerras punitivas como represália, eram eventos comuns, e a história do antigo Oriente Médio é uma crônica de contínuas tensões e de batalhas para submeter vassalos rebeldes ou para contrastar soberanos tirânicos. A retórica usa com frequência e de bom grado a linguagem do amor, a realidade é bem mais prosaica e prefere o vocabulário brutal dos boletins militares ou fiscais, dos tributos reclamados e obtidos dos vassalos.

De qualquer modo, o pano de fundo do vocabulário da aliança ajuda a compreender melhor o significado exato do mandamento do amor e a situá-lo na perspectiva certa.

Eva foi criada de uma costela de Adão?

"Depois, da costela que tirara do homem, o Senhor Deus plasmou uma mulher e a conduziu ao homem" (Gn 2,22). Assim lê-se em praticamente todas as versões [...] da Bíblia. O termo hebraico aqui empregado em raras acepções significa "costela", habitualmente é traduzido como "flanco", ou "lado", por exemplo, quando se fala da tenda do encontro no deserto, da arca da aliança e do Templo de Jerusalém. Todos sabem que um flanco é anatomicamente indispensável, enquanto Adão teria podido facilmente sobreviver à perda de uma única costela. Não se maravilhe, portanto, que a tradução errada da "costela" tenha conduzido a uma desvalorização da mulher no mundo cristão.

Na derivação de Eva do flanco de Adão os rabinos leem um sentido profundo. Se Deus quisesse que a mulher dominasse sobre o homem, a teria criado da cabeça de Adão, assim como, por exemplo, Palas Atenas, a deusa protetora dos gregos, que foi tirada da cabeça de Zeus. Se quisesse que fosse escrava de Adão, Deus a teria plasmado a partir de seus pés (segundo as pinturas e esculturas da simbologia oriental). Mas Deus a plasmou do flanco de Adão, porque a destinou a ser sua companheira, em tudo e por tudo igual a ele, a fim de que eles cumpram a sua viagem terrena e a levem a bom termo lado a lado.

LAPIDE, P. *La Bibbia tradita* – Sviste, Malintesi ed errori di traduzione. Bolonha: EDB, 2014, p. 96-97 [Trad. de R. Fabbri].

Vocabulário diplomático e linguagem teológica

O vocabulário que analisamos equipara as relações parentais àquelas que unem ou deveriam unir soberanos e vassalos. A Bíblia, contudo, estabelece ainda uma nova equiparação, e aplica este vocabulário à relação entre Deus e seu povo Israel. De fato, como sabemos, YHWH firma uma aliança com o seu povo no deserto, sobre o Monte Sinai, chamado de Horeb no Deuteronômio. Textos como Ex 24,3-8 ou Dt 5,2, são bem conhecidos e não é necessário citá-los. Talvez sejam conhecidos demais e não despertem alguma maravilha. Ora, este uso não é tão óbvio e não há muitos exemplos de textos que empregam o vocabulário da aliança em âmbito teológico, exceto na Bíblia. Qual é a razão desta singularidade das Escrituras de Israel? Por que introduzir no "santo dos santos" da fé um linguajar tipicamente diplomático e político?

Trata-se propriamente de uma criação dos dirigentes e dos pensadores de Israel em um período muito difícil e atribulado da sua história. De fato, a partir do século IX a.C., a política internacional é sobretudo uma política de alianças. A pressão crescente do Império Neoassírio sobre os pequenos reinos do Levante, especialmente sobre as cidades da Fenícia, os pequenos reinos da Síria, de Israel e de Judá, favoreceu o nascimento de novos aparelhamentos e de alianças com outras nações. Cedo ou tarde, cada um deve posicionar-se com ou contra a Assíria. As outras potências que conseguem assumir, quase sempre com grandes dificuldades, um papel relevante na cena internacional são o Egito, e em seguida, com maior sucesso, a Babilônia, e por fim os medos e os persas.

Neste contexto, os reinos de Israel e Judá são tentados ou forçados a plasmar sua política própria em função dos fatores externos constringentes. Os pequenos reinos, em todos os tempos, procuram salvaguardar a própria independência graças a um "irmão mais velho". O reino da Samaria, seguido depois pelo reino de Judá, imitou os outros nesta escolha perigosa. Podem-se situar neste contexto diversos oráculos proféticos que, com dramática insistência, convidam o povo de YHWH a *não* entrar neste jogo perigoso. Um breve oráculo de Isaías adquire importância particular quando lido sobre o pano de fundo dos acontecimentos daquela época, ou seja, a invasão assíria do Reino do Norte entre 745 e 722 a.C., quando a cidade de Samaria foi tomada:

> YHWH tornou a falar-me e disse: "Visto que este povo rejeitou as águas de Siloé que correm mansamente, apavorado diante de Rason e do filho de Romelias, YHWH trará contra ele as águas impetuosas e abundantes do rio, a saber, o rei da Assíria com toda a sua glória. Ele encherá todos os seus leitos e transbordará por todas as suas ribanceiras; ele se espalhará por Judá; com sua passagem inundará tudo e chegará até o pescoço, e as suas asas abertas cobrirão toda a largura da sua terra, ó Emanuel" (Is 8,5-8).

As circunstâncias deste oráculo não são completamente claras. Pode-se, todavia, dizer com certa segurança que ele foi pronunciado durante o reinado de Acaz o qual fora demandado pelo rei da Samaria, Pekah, filho de Romelias, e por Rason, rei de Damasco, os quais tinham firmado uma aliança defensiva contra a Assíria e pediram a Acaz que se unisse a eles. Acaz refutou por razões que ignoramos. Os dois reis, Pekah e Rason, decidiram, então, forçar Acaz a entrar na sua liga e vieram assediar Jerusalém (cf. 2Rs 16,5-9; Is 7,1), mas o ataque falhou. As causas de seu fracasso são bastante claras, uma vez que 2Rs 16 noticia que, naquele momento, Acaz firmou um pacto com a Assíria, que invadiu Damasco e em seguida a Samaria (2Rs 16,7-9). O princípio adotado por Acaz é bem conhecido: "os inimigos dos meus inimigos são meus amigos".

O texto, ao menos segundo a versão transmitida pela Bíblia hebraica, supõe que um partido tenha defendido a aliança entre Israel e Damasco, pois viam nesta confederação o melhor modo de escapar da expansão implacável da Assíria. O Profeta Isaías condena esta política de modo fustigante no oráculo supracitado: o povo de Jerusalém despreza as águas de Siloé, ou seja, as águas do próprio poço, os recursos próprios e as próprias tradições, para buscar aliar-se com vizinhos poderosos. Para Isaías, as consequências desta política são óbvias: as águas dos pujantes rios da Mesopotâmia transbordarão e alagarão o reino de Judá. Portanto, Isaías prevê uma invasão assíria que de fato, acontecerá em 701 a.C., quando Senaquerib, após uma longa campanha, assediará Jerusalém e suspenderá o assédio somente depois de ter recebido um vultuoso tributo.

À primeira vista estes detalhes não parecem muito úteis para compreender a teologia do amor de Deus. Mas permitem enquadrar melhor o que se dirá sobre este amor exclusivo, em particular no livro do Deuteronômio.

Antes de mais nada, devemos insistir sobre o fato de que Isaías não é de modo algum um caso singular. Seu posicionamento é partilhado pela grande maioria dos profetas integrados do cânone das Escrituras. Não citarei muitos textos: contento-me a apenas um, o mais significativo, ou seja, o de Jr 2,12-13.18:

> "Espantai-vos disso, ó céus, horrorizai-vos e abalai-vos profundamente", diz YHWH. "Porque o meu povo cometeu dois crimes: Eles me abandonaram, a fonte de água viva, e cavaram para si cisternas, cisternas furadas, que não podem conter água".

> "E agora, por que vais pelo caminho que conduz ao Egito, para beber as águas do Nilo? E por que vais pelo caminho que conduz a Assíria para beber a água do Eufrates?"

O discurso de Jeremias é muito parecido com o de Isaías citado anteriormente. O profeta repreende o povo por buscar a salvação em alianças com o Egito e com a Mesopotâmia, enquanto despreza o próprio Deus, fonte de água viva. A política de Jerusalém consiste em escavar cisternas furadas e, consequentemente, inúteis. Qual seria então a política a adotar nestas circunstâncias? Qual posicionamento preconizaram Isaías e Jeremias? Não é fácil dizer! Em linguagem poética próxima à do livro dos Provérbios, aconselharam o povo e seus dirigentes a "beber a água do próprio poço" (Pr 5,15). Talvez Isaías tenha aconselhado a não se opor à Assíria, assim como Jeremias era favorável a uma aliança com a Babilônia? Eram apenas oportunistas? Ou se tratava da arte de praticar o possível para evitar problemas mais graves? Os profetas compreenderam de que lado soprava o vento e como Jerusalém teria podido salvar-se em circunstâncias dramáticas? Todas estas são perguntas difíceis, às quais podemos responder apenas parcialmente. Os textos, de qualquer modo, insistem sobre algo essencial: Israel, para os profetas do Norte, e Jerusalém, para os profetas do Sul, poderão salvar-se apenas se não traírem suas raízes que, no mundo antigo, mas não somente nele, são raízes religiosas e se exprimem em um "credo" ou em crenças.

Estas considerações são necessárias para compreender um elemento essencial da teologia da aliança, a saber, o amor exclusivo que Deus pede a seu povo. O texto mais claro é o de Dt 6,4-5, onde se insiste sobre dois elementos fundamentais: YHWH é o único Deus e Israel deve amar somente a Ele.

Estamos em uma época de relativa paz, uma vez que o Império Assírio se esfacela rapidamente: Nínive será destruída pelos babilônios e pelos medos em 612 a.C. e o império desaparecerá definitivamente em 606 a.C. Jerusalém, no período do Rei Josias (640-609 a.C.), recupera, ao menos em parte, a sua independência, pois a Assíria não controla mais as suas províncias e os seus aliados mais distantes. As circunstâncias favoráveis permitem que o Rei Josias, sua corte e suas classes dirigentes introduzam a assim chamada "reforma deuteronomista". A escolha fundamental feita neste momento – ou, para ser mais preciso, nos textos que nos descrevem esta reforma, ou seja, o Deuteronômio e a literatura concernente a este livro – é a de retomar a linguagem dos tratados de vassalagem em voga naquela época e aplicá-la à relação entre YHWH e o seu povo.

Israel decide, portanto, ouvir os profetas e não mais procurar a sua salvação em alianças aleatórias com poderes efêmeros. A experiência lhes ensinou quais podem ser as terríveis consequências de tais escolhas. Por este motivo, no Deuteronômio, Israel escolhe ser vassalo não de um rei poderoso deste mundo, mas do seu Deus, YHWH, o Deus que o fez sair do Egito e se revelou a ele no Horeb. Portanto, Israel não depende de alguma potência humana e não reconhece qualquer soberano neste mundo. Reconhece-se devedor tão somente de YHWH, seu Deus. Por esta razão se introduz na teologia do Deuteronômio o motivo do amor exclusivo para o próprio soberano. Israel, como todo vassalo devotado e fiel, promete amar e servir apenas a um soberano, YHWH, o seu Deus. Este amor exclusivo o obriga a rejeitar o culto a qualquer divindade fora do culto a YHWH. Portanto, na linguagem dos tratados de vassalagem, temos não só a raiz do mandamento neotestamentário do amor, mas também a raiz do monoteísmo. Israel reconhece um só Deus, pois pode ter apenas um só soberano.

PARA APROFUNDAR

CROCIATA, M. (org.). *L'uomo al cospetto di Dio* – La condizione creaturale nelle religioni monoteiste. Roma/Palermo: Città Nuova/Facoltà teologica di Sicilia, 2004 [Collana di Teologia, 51].

_____. *Il Dio di Gesù Cristo e i monoteismo*. Roma: Città Nuova, 2003 [Collana di Teologia, 46].

LEMAIRE, A. *La nascita del monoteismo* – Il punto di vista di uno storico. Bréscia: Paideia, 2005 [Studi Biblici, 145].

LEPORE, L. L'umanità in cammino dall'enoteismo al monoteismo: l'evoluzione della religione di Israele. In: *BibOr*, 47, 2005, p. 23-54.

LIVERANI, M. *Guerra e diplomazia nell'Antico Oriente*: 1600-1100 a.C. Roma/Bari: Laterza, 1994 [Collezione Storica].

MacDONALD, N. *Deuteronomy and the Meaning of "Monotheism"*. Tübingen: Mohr Siebeck, 2003 [FAT – 2: Reithe 1].

McCARTHY, D.J. *Treaty and Covenant*: A Study in Form in the Ancient Oriental Documents and in the Old Testament. 2. ed. Roma: Biblical Institute Press, 1979 [AnBib, 21A].

MORAN, W.L. The Ancient Near Eastern Background of the Love of God in Deuteronomy. In: *CBQ*, 25, 1963, p. 77-87.

PONGRAD-LEISTEN, B. *Reconsidering the Concept of Revolutionary Monotheism*. Winona Lake, IN: Eisenbrauns, 2011.

POSSENTI, V. & RATZINGER, J. (et al.). *Il monoteismo*. Milão: Mondadori, 2002 [Uomini e religioni, Saggi].

RÖMER, T. *L'invention de Dieu*. Paris: Du Seuil, 2014 [Les Livres du Nouveau Monde].

STEFANI, P. (org.). *Amore di Dio*. Bréscia: Morcelliana, 2008.

6
O deserto e o Decálogo

O Israel do deserto recorda com saudade "as panelas de carne" do Egito (Ex 16,3). Sabemos, contudo, que a memória pode ser seletiva. Se lemos os primeiros quinze capítulos do Êxodo, o quadro é sensivelmente diferente. Qual era a situação de Israel no Egito?

Antes de mais nada, Israel vivia em terra estrangeira. De antemão devemos notar uma característica essencial da situação de Israel: o povo como povo estrangeiro. Não é a experiência de algum indivíduo, mas uma experiência coletiva. A experiência de Israel de ser estrangeiro no Egito não corresponde sequer a uma divisão de classe no interior do povo. O povo todo, e não apenas uma classe, viveu a mesma experiência em terra estrangeira. A Bíblia recorda mais de uma vez este fato (Ex 22,20; 23,9; Dt 10,19; 23,8; cf. Sl 80,9). Ora, o "estrangeiro" – talvez seria melhor dizer "o imigrante" – consta na Bíblia entre as categorias desfavorecidas, como a viúva e o órfão (cf. Ex 22,21; sobretudo Dt 10,18; 24,17.21; 26,12-13; 27,19; cf. tb. Is 1,17; Jr 22,3; em contraste a: Is 1,23; Jr 7,6; Sl 82,3-4; Jo 29,13; Deus protege estas categorias: Sl 68,6; 146,9).

O mar distante

O povo da Bíblia, que tem origem no deserto, jamais voltou-se em direção ao mar. Diferente dos povos da região mediterrânea que, a partir do II milênio a.C. exercitaram progressivamente um domínio marítimo na região, os hebreus não participaram de qualquer conquista no mar, nem das negociações econômicas empreendidas por seus vizinhos. [...] Israel, enquanto povo, nunca se aventurou sobre os mares, e essa pode ser a razão pela qual em hebraico apenas uma palavra indica o mar, *yam*, o lago e o rio (o Nilo: Na 3,8; o Eufrates: Jr 51,36). A pobreza de vocabulário que descreve as embarcações e as manobras marítimas revela uma evidente ausência de prática neste campo, e, se alguns trechos bíblicos possam se referir aos marinheiros (p. ex., Sr 38,31-34), as atividades marítimas não inspiram descrições precisas. São raras as expressões proverbiais cunhadas em referência ao mar. Tanto no que tange às viagens quanto aos negócios ou às atividades manuais, esses nunca demonstram qualquer experiência marítima como ocorre na literatura grega e latina. Entretanto, o povo hebreu não ignora o mar, que causa obsessão a seus vizinhos. A Bíblia fará menção às navegações, tidas como perigosas e até assustadoras para o Israel antigo, mas isto não levará ao nascimento de uma cultura do mar. Contudo, paradoxalmente, todos ou quase todos os livros bíblicos o mencionam, sem, com isto, fazer com que seu estilo se torne vivaz. Estes não contêm, ao contrário da literatura grega ou latina, descrições propriamente marítimas. E não têm heróis marítimos, com exceção de dois personagens muito diferentes entre si: Jonas, figura literária do século V a.C. que conhece o mar por ter permanecido algum tempo no ventre do monstro marinho, e o Apóstolo Paulo que, no século I d.C., ousa aventurar-se no Mediterrâneo para transmitir a mensagem evangélica. Nenhum Ulisses que, não obstante o medo, arisca-se sobre as águas. Nenhum Eneias que suporta o mar mais do que deseja.

REYNIER, C. *La Bibbia e il mare*. Bolonha: EDB, 2013, p. 5-9 [Trad. de R. Alessandrini].

O estrangeiro

Mas por que o imigrante é considerado desfavorecido? Qual é a sua "pobreza"? Para compreender melhor, vale recordar alguns fatos simples. O mundo bíblico, assim como o mundo antigo e muitas sociedades dos assim chamados países em desenvolvimento, é um mundo onde as relações humanas são primordiais. A família é o fundamento da sociedade. Nenhuma organização consegue substituí-la inteiramente. A "assistência do Estado" não existe. A previdência social ainda não fora instituída. Por isso, o imigrante, porque está quase sempre isolado, está privado do apoio social indispensável para sua proteção. E mais, por razões óbvias, não é beneficiário da proteção política como os outros cidadãos. De fato, a nação é compreendida como uma espécie de extensão máxima da família (os membros de uma nação são os descendentes de um único antepassado). É verdade que os limites entre família e nação são tênues, mas é igualmente verdadeiro que, idealmente, a solidariedade no interior da nação devia assemelhar-se aos relacionamentos que existiam no interior de uma grande família.

Uma primeira característica do pobre em geral, e do forasteiro em particular, será, portanto, não ter apoio humano, social e político. Por esta razão, a sua situação é bastante precária. Raramente um estrangeiro pode enriquecer ou adquirir uma posição importante. A história de Rute que traz à cena uma mulher, viúva e estrangeira, é talvez o melhor exemplo bíblico desta situação. Rute pretendia permanecer com sua sogra e retornou com ela a Belém. Para sobreviver vai respigar nos campos de terceiros. Era um dos direitos dos pobres na Bíblia (cf. Lv 19,9-10; 23,22; Dt 24,19-22). O único modo foi encontrar um parente, isto é, encontrar uma "família" por meio do matrimônio. O relato desenvolve os vários acontecimentos que conduzem, por fim, ao matrimônio entre Rute e Booz. Este acontecimento põe fim à miséria de Rute e Noemi, sua sogra.

A história de Rute nos ensina pelo menos duas cosias. Primeiro, descreve de modo realista a situação do imigrante, especialmente quando se trata de uma mulher e de uma viúva: o estrangeiro geralmente é pobre, com pouca esperança e poucos privilégios. Segundo, o relato mostra qual foi o meio adotado para sair da miséria e ascender na escala social: o matrimônio, isto é, o mundo das relações humanas fundamentais. Não se trata de um meio simplesmente econômico, mas de uma estratégia que sabe tirar proveito das possibilidades oferecidas pelo meio social. Rute encontrou um "redentor", para usar a linguagem bíblica (Rt 3,9.12-13).

Em outras palavras, a situação de pobreza é determinada em primeiro lugar, ao que parece, pela condição social, mais do que pela condição econômica. O pobre, na nossa mentalidade, é alguém que nada possui ou possui muito pouco. Na Bíblia, a pobreza econômica existe, mas um certo número de textos insiste especialmente sobre o lado humano da condição do pobre. Além da pobreza econômica, o pobre não tem quem o ajude. A pobreza – ou a permanência na condição de pobreza – muitas vezes vem da falta de apoio humano suficiente. É este o caso de Israel?

Todo o povo de Israel vivia em terra estrangeira. Mas o povo padece a condição de pobreza? Na verdade, inicialmente não é este o caso de Israel, pois o povo podia contar com "alguém", isto é, o faraó, amigo de José. Os faraós, por um determinado tempo, recordaram-se de José. Trata-se antes de mais nada de um relacionamento humano. A situação muda quando chega ao trono "um faraó que não conhecia José" (Ex 1,8). Falta a relação humana de "conhecimento", e este faraó transforma a condição de Israel, que perde um apoio indispensável. E assim o povo passa a ser contado na categoria dos "pobres", isto é, dos desfavorecidos da sociedade que podem ser facilmente explorados. O faraó oprime Israel! Neste sentido, podemos falar em pobreza a propósito de Israel no Egito: é um estrangeiro que não tem ninguém para defendê-lo quando é explorado e condenado à escravidão.

Aliás, agora Israel não é apenas um forasteiro vulnerável, é escravo. O forasteiro, o imigrante, goza de alguns direitos. Mas um escravo no mundo antigo é um ser subumano. Não lhe resta mais direito algum. Juridicamente não existe; é mais vizinho ao mundo dos animais do que ao mundo dos seres humanos, pois não há mais qualquer defesa, nem política, nem jurídica, nem social. Para sufragar esta afirmação, podemos citar um provérbio da Mesopotâmia:

> O homem é sombra de um deus, um escravo é a sombra de um homem; mas o rei é como a (verdadeira) imagem de um deus (provérbio do tempo de Esarhadon, 680-669 ACN. Cf. Anet, 426 a).

Mas seria possível mudar esta situação, e como fazê-lo? Na Bíblia, a pergunta que surge de imediato é: Quem mudará esta situação? Israel, como povo, não tem ninguém, ao que parece. Ninguém, a não ser Deus.

A Bíblia recorda seguidas vezes a intervenção divina em favor de Israel: de fato, o Deus de Israel é "o Senhor que fez Israel sair do Egito" (cf., p. ex., Ex 20,2). Esta será, por assim dizer, a sua maior proeza, o seu mais importante título e a sua verdadeira glória. Mas por que Deus interveio? O relato bíblico o explica de vários modos.

No antigo Oriente Médio, um dos primeiros compromissos do soberano era defender os pobres e os fracos (cf., p. ex., Sl 72 na Bíblia). Um "vizir" (o mais importante oficial civil do Egito, encarregado, entre outros, do exercício da justiça em nome de seu soberano) afirma: "Salvei do violento o ameaçado" (*Anet*, 213a). Era, portanto, dever do faraó do Egito proteger os israelitas e hóspedes do seu país. Ele, contudo, fez o contrário. Não se trata apenas de uma situação humanamente penosa.

A Bíblia, no entanto, insiste especialmente sobre o segundo aspecto do delito do rei do Egito. Emprega uma palavra rara para descrever o método escolhido para reduzir Israel à escravidão: "brutalidade", "violência":

E os egípcios fizeram os filhos de Israel trabalhar (ou reduziram à escravidão) com brutalidade. Tornaram-lhes amarga a vida com duros trabalhos: a preparação da argila, a fabricação de tijolos, vários trabalhos nos campos, e toda espécie de trabalhos os quais os obrigaram com brutalidade (Ex 1,13-14).

A palavra "brutalidade" encontra-se sempre ao final da frase, em uma posição enfática. Ora, essa palavra (em hebraico: *perek*) aparece em dois contextos na Bíblia. O primeiro é no livro do Levítico, em algumas leis sobre os escravos, onde se diz que a Lei de Israel proíbe tratar os escravos com "brutalidade" (Lv 25,43.46.53). O segundo é o livro de Ezequiel, no cap. 34, um longo oráculo contra os "pastores" (os reis) de Israel. Uma das acusações que Deus faz contra os pastores do seu povo é, de fato, a de "terem governado com força e brutalidade" (Ez 34,4). A mensagem parece evidente: um patrão não pode tratar seus escravos, nem um soberano seus súditos, "com brutalidade". O texto bíblico de Ex 1,13-14 parece indicar com o uso da palavra "brutalidade", que o faraó infringiu esta regra. O caso é parecido: o faraó é o soberano, como os reis de Israel; torna-se um patrão que comanda um povo de escravos. Em ambos os casos a brutalidade não é permitida.

A lei, contudo, é a Lei de Deus e não somente um dos "direitos humanos". Deus é o guardião da ordem sagrada de um Estado e somente Deus está acima do rei. Se intervém, é para fazer com que se respeite a Lei. Mas a Bíblia parece indicar em sentido contrário. Deus responde ao "grito" de Israel (cf., p. ex., Ex 2,23-25; 3,7.9). Deus não intervém contra o faraó, mas a favor de Israel. De fato, Deus é como um soberano que tem como primeiro dever salvar os pobres em perigo. O "grito" de Israel, neste contexto, é mais do que um gemido de sofrimento, torna-se oração e apelo com conotação jurídica: é um pedido de ajuda endereçado a um "juiz". Portanto, Deus está por tomar o lugar do faraó como defensor dos fracos.

Aqui podemos nos perguntar por que Israel se dirige a Deus e por que Deus responde ao grito de Israel. Uma primeira razão pode ser porque Ele é o soberano, o juiz universal. Mas há ainda outra razão: a aliança com os patriarcas (Ex 2,24. Cf. 6,5). Há uma relação estreita que une Deus a Israel. Deus firmou uma aliança, um pacto com Abraão, Isaac e Jacó. Esta relação foi iniciada por Deus e não por Israel. Por isso Deus está envolvido, e o seu dever agora é intervir como faria em Israel o "parente mais próximo", o assim chamado "redentor" (cf. Ex 6,6: "vos resgatarei").

A saída do Egito

A intervenção divina será a libertação de Israel. Todos conhecem bem a história da saída do Egito. Infelizmente, talvez nem todos sejam bastante atentos à originalidade da solução empregada por Deus. Ele não propõe uma revolução palaciana, a escolha de um novo faraó; tampouco preconiza uma mudança estrutural, jurídica, política, uma transformação, por parte do faraó, dos direitos de Israel; não se faz advogado nem de tratativas pacíficas e pacientes nem de uma revolução armada. A libertação, para Deus, significa somente: "sair", "partir". Assim planeja desde o início e não muda seu parecer: "Desci para libertar (o meu povo) das mãos dos egípcios e *para fazê-lo sair desta terra para uma terra boa e vasta, uma terra onde corre leite e mel*" (Ex 3,8). Quando Moisés iniciar as tratativas com o faraó, não fará concessões: "Assim diz o Senhor: deixa o meu povo partir" (5,1; cf. 7,6.26; 8,16; 9,1.13; 10,3). Permanecer no Egito, melhorar as condições de vida são temas aos quais Moisés não faz qualquer aceno nestes capítulos.

Mas o que significa "partir", "sair"? O relato do Êxodo insiste sobre três elementos importantes: ruptura completa com o passado, vivida como uma morte e ingresso numa nova vida; experiência de criação; permanência no deserto.

Deixar o Egito não significa apenas deixar um país e um passado, significa ainda deixar para trás um certo tipo de vida com suas implicações. Significa uma ruptura com amarras inconscientes, e tal ruptura é sempre dolorosa. De fato, logo após saírem do Egito, os filhos de Israel terão intenção de voltar.

Disseram a Moisés:

> "Não havia talvez sepulturas no Egito, e por isto nos tiraste de lá para morrermos no deserto? Por que nos trataste assim, fazendo-nos sair do Egito? Não é isto que te dizíamos no Egito: 'Deixa-nos em paz para que sirvamos os egípcios? Pois melhor nos fora servir aos egípcios do que morrer no deserto'?" (Ex 14,11-12).

Era necessário escolher entre o Egito e o deserto, perder todas as vantagens da vida no Egito, e perdê-las para sempre. Israel dá-se conta disso rapidamente. Durante todo o período no deserto, a tentação será a mesma: retornar ao Egito (Ex 16,2-3; 17,3; Nm 11,4-6; 14,2; 20,2-5; 21,4-5; Sl 78,40). Para reconquistar estas vantagens o povo estava disposto a retomar o caminho que conduzia à escravidão. Paradoxalmente, Israel preferia a escravidão à liberdade. Não queria romper as amarras que o enredavam no Egito. Deste modo, Deus teve que combater em dois diferentes frontes: contra o Egito, que não queria perder seus escravos, e contra Israel, que não queria separar-se de seus patrões.

O relato da passagem pelo mar descreve esta ruptura com o país do Egito em termos simbólicos e poéticos. Finalmente Deus e Moisés fazem o povo atravessar o mar. A passagem acontece à noite. No mundo dos símbolos, a noite e o mar correspondem ao mundo da morte. Entrar no mar e atravessar a noite significa entrar no mundo da morte, significa morrer simbolicamente. Sair do mar e da noite significa iniciar uma vida nova, para além da noite e da morte, à luz da manhã e de um mundo novo. Não é possível desenvolver aqui este universo de símbolos e de significados muito ricos que encontramos no rito do batismo. Basta dizer que Israel morre e entra em uma vida nova quando passa através do Mar dos Juncos. Morre para o seu passado egípcio para iniciar uma experiência totalmente diferente. Em verdade, a passagem pelo mar apenas inaugura a transformação. Mas a ruptura é feita. Israel, por assim dizer, queimou as pontes. Agora o mar separa Israel do Egito.

O nascimento de Israel como povo é realmente uma obra do Deus criador do universo. O relato usa o vocabulário da criação para descrever a separação das águas e a aparição da "terra firme" (cf. Ex 14,16.22.29 e Gn 1,9-10). Ex 16 apresenta uma outra função do Deus criador: nutrir o seu povo, tal como forneceu alimento às criaturas do universo (cf. Ex 16,15 e Gn 1,29-30; 6,21; 9,3, os quais contêm o mesmo vocabulário). Portanto, o relato bíblico faz perceber o evento do êxodo como uma nova criação. O Deus que salva Israel é o criador do universo, e a libertação de Israel é uma obra similar à própria criação.

Esta experiência do poder do Deus criador contém ainda um último elemento relevante: a verdadeira libertação de Israel não apenas do Egito e da escravidão, mas também da mentalidade de escravo. E a raiz desta mentalidade de escravo é o medo. Quando os filhos de Israel viram o exército egípcio que os alcançava às margens do mar, "tiveram grande medo" (Ex 14,10). Medo diante do faraó e de seu exército, medo de morrer (cf. Ex 14,11-12). A passagem pelo mar obriga Israel a superar seu medo da morte: entra no mar e na noite. Obedece, assim, ao conselho de Moisés: "Não temais" (Ex 14,13). A passagem pelo mar será ao mesmo tempo uma passagem do medo diante do faraó ao "temor de Deus" (cf. Ex 14,31: "E o povo temeu o Senhor, e creram no Senhor e em Moisés, seu servo").

Israel deixa para trás o seu passado de escravo, mas encontra diante de si o deserto, isto é, nada. A experiência do deserto é o momento decisivo e mais difícil para Israel, é o lugar onde ele cumpre o tirocínio da liberdade. Ali Israel aprende a lei da responsabilidade e assimila progressivamente as estruturas de um mundo onde os relacionamentos sociais são totalmente diferentes.

Mas por que é necessário permanecer no deserto? O deserto é o lugar da pobreza completa. No deserto, Israel é ainda mais pobre do que no Egito. Nada tem! Não tem ninguém, para falar como a Bíblia. Não há ninguém senão Deus. Por outro lado, se nada tem a não ser Deus, é este o lugar onde Deus pode manifestar mais claramente o seu poder de criador. A experiência de Israel será, portanto, uma experiência de dependência. Mas não é, talvez, uma experiência de pobreza e de uma pobreza degradante?

Para responder a esta pergunta é necessário sublinhar alguns fatos. Em primeiro lugar, todo o povo faz a mesma experiência. Não há diferenças sociais: todos têm sede, todos têm fome, todos se esgotam. As condições de vida de todos são exatamente as mesmas. O deserto faz com que desapareçam todas as distinções e cria uma igualdade dificilmente realizável de outro modo.

Em segundo lugar, todos dependem de Deus. A partir do momento em que todos são desprovidos de tudo, ninguém pode aproveitar-se da situação em seu favor. Nenhuma classe, nenhum grupo é capaz de emergir ou apropriar-se dos bens que não existem. A existência é comparável àquela de alguns povos que conseguem apenas sobreviver. São "sociedades de sobrevivência", como as chamam os etnólogos. Normalmente nessas sociedades não há estruturas de poder, pois a luta pela vida cotidiana toma todas as energias e dita as condutas: os imperativos da natureza são demasiadamente fortes para deixar espaço às decisões humanas de tipo político. No deserto, a sociedade de Israel tem estas características. Por exemplo, o maná (Ex 16) cai a cada dia, à exceção do sábado, mas não é possível conservá-lo para o dia seguinte. Ninguém pode, portanto, enriquecer ou fazer comércio usando o maná. Há apenas para um dia e a quantidade que cada um recolhe é suficiente apenas para a sua família (Ex 16,16-18). Riqueza e pobreza não existem nesta sociedade, ninguém é privilegiado. Para confrontar, basta recordar Js 7. O primeiro "pecado" cometido na terra prometida foi o de Acã. Depois da vitória em Jericó e contra a ordem de Deus, tomou para si alguns objetos do butim de guerra. Não resistiu à tentação de enriquecer, mas foi descoberto e condenado (cf. At 5,1-11).

Em terceiro lugar, a dependência de Deus é total e igual para todos. Nem Moisés e Aarão podem gozar de uma situação privilegiada. Por isso, Israel entra em um universo novo, onde faz a experiência da fragilidade radical como povo e aprende a receber de Deus a cada dia o dom da existência. A experiência é radical no sentido de que não se trata mais de bens mais ou menos necessários. O que está em jogo não é um ter, um poder ou querer, mas o viver como tal. Com frequência o povo murmura porque sente a morte vizinha. Esta pergunta cancela todas as outras (cf. Ex 16,3; 17,3; Nm 11,6; 14,2-3; 20,4; 21,5). A partir deste ponto de vista não há diferenças, a vida é a mesma para todos. Todo o povo faz a mesma experiência, uma experiência que cria solidariedade e lança os fundamentos de uma existência onde as diferenças de ordem econômica desaparecem.

O Decálogo

A aliança do Sinai resolve os problemas das diferenças sociais entre ricos e pobres?

Poucos textos tratam diretamente das possíveis tensões entre classes sociais ou dos deveres dos ricos para com os pobres. A razão é simples: neste momento não há ricos e pobres. Diante de Deus, que se manifesta na impressionante teofania do Sinai, todos são iguais. Mas em que consiste esta igualdade? Uma análise de Ex 20,2 oferecerá uma primeira resposta. Quando Deus fala ao seu povo e proclama o Decálogo, inicia o seu discurso assim:

> Eu sou o Senhor teu Deus que te fez sair da terra do Egito, da casa da escravidão.

A importância desta frase não pode ser desconsiderada. O primeiro mandamento, na verdade, é um resumo da história da salvação. O ato salvífico de Deus abre o discurso da aliança e da legislação. A graça precede a Lei, tanto no Antigo quanto no Novo testamentos. Se Deus pode solicitar algo a Israel é porque deu algo a ele, agiu em seu favor.

O favor de Deus não é um bem material, uma contribuição ao bem-estar de Israel ou um apoio qualquer a uma iniciativa do povo. Se Israel existe é por causa de Deus. Se não fosse a intervenção de Deus, Israel não existiria. E, no deserto, a existência de Israel é um "prodígio" constante, um permanente "milagre". Por isto, o débito de Israel não é por algum benefício particular. Ele deve tudo ao Senhor! Não só nada tem que não tenha vindo dele, mas nada é sem Ele.

As implicações desta afirmação são muitas. Deter-nos-emos sobre três elementos e veremos como o Decálogo, o texto mais importante da aliança, ilustra a teologia presente *in nuce* em Ex 20,2.

Os dois primeiros mandamentos do Decálogo são uma consequência direta da afirmação de Ex 20,2: para Israel "não há outro Deus senão o Senhor". Em linguajar um pouco mais moderno, poderíamos provavelmente traduzir: "Israel não deve nada a nenhuma outra potência do mundo". O segundo mandamento é muito explícito a este propósito:

> Não farás para ti imagens, nenhuma representação daquilo que se encontra lá em cima, nos céus, ou embaixo na terra, ou nas águas que estão debaixo da terra (Ex 20,4).

O mandamento supõe uma divisão do universo em três partes, segundo a cosmologia do tempo: céu, terra e águas debaixo da terra (oceano que suporta a terra, a terra está à tona da água). Exclui-se, assim, do culto de Israel, tudo aquilo que o universo contém: o Deus de Israel é o Criador e não uma criatura. Esta distância é infinita e nada no universo criado pode representar de modo adequado o Criador.

Para melhor ilustrar o significado do segundo mandamento e sua relação com o tema pobreza/riqueza, convém ler Ex 32, a história do bezerro de ouro. Aqui, pela primeira vez, Israel desobedece, viola o segundo mandamento. Mas o que era o bezerro de ouro e por que Deus considerou este pecado muito grave?

O bezerro de ouro foi fabricado por Aarão. *A priori*, Aarão não pretendia substituir o Senhor por outra divindade. O bezerro de ouro era um modo de dar a Israel um sinal visível da presença de seu Deus. O pecado, no entanto, foi ter "feito", "fabricado", este sinal. O próprio Deus escolhe e dá os sinais de sua presença, não Israel. Deus fez Israel! Israel não pode fazer para si o seu deus. Não pode mudar o seu relacionamento com Deus.

O bezerro era de metal precioso. No mundo antigo, o metal representa riqueza, poder, solidez, permanência. Aarão pediu de todo o povo os seus brincos de ouro para construir o bezerro (Ex 32,2-4). Não é simples interpretar este dado, mas pode-se pensar que Israel quisesse indicar que o bezerro representasse um valor supremo, o que de mais precioso havia, mais sólido, uma presença permanente em meio ao acampamento. Mas Deus se negou a identificar-se com estes valores.

Por fim, vale sublinhar que o ídolo é um bezerro. No mundo antigo, o bezerro é a divindade da fertilidade e da fecundidade (cf. a possível alusão a orgias sexuais em Ex 32,6). A fertilidade dos campos e dos rebanhos era uma condição essencial para a sobrevivência em uma sociedade constantemente ameaçada por catástrofes naturais. No deserto, a fertilidade é reduzida ao mínimo e podemos imaginar que Israel exprimisse no culto ao bezerro de ouro o seu desejo de não mais padecer de fome.

A fecundidade humana, o fato de ter muitos filhos, também era importante em uma sociedade fundada sobre a família. Uma família numerosa é a garantia de segurança nos momentos difíceis (cf. Sl 127,3-5; Dt 28,11; Rt 4,11; Jó 29,5; e as histórias dos patriarcas e de Ana, a mãe de Samuel em 1Sm 1). Em resumo, Israel projeta no seu Deus o seu anseio por segurança material simbolizada pelo ouro e pela figura do bezerro.

Mas por que Deus e Moisés reagem de modo tão violento? Porque, muito provavelmente, Israel renega suas origens. Negar que o Senhor seja o único Deus de Israel significa rejeitar a própria identidade. A segurança material, a riqueza, a fecundidade dos campos, dos rebanhos e das famílias não pode ser a salvação de Israel. Não foi este o princípio da sua existência e não pode passar a sê-lo. A raiz da sua existência encontra-se em outro lugar.

O sábado

Há outro mandamento que merece explicação: o quarto, que trata do sábado (Ex 20,8-10).

> Lembra-te do dia do sábado para santificá-lo. Trabalharás durante seis dias e farás toda a tua obra. O sétimo dia, porém, é o sábado para o Senhor teu Deus. Não farás nenhum trabalho, nem tu, nem teu filho, nem tua filha, nem teu escravo, nem tua escrava, nem teu animal, nem o estrangeiro, que vivem em tua cidade. Porque em seis dias o Senhor fez o céu, a terra, o mar e tudo o que eles contém, mas repousou no sétimo dia. Por isso o Senhor abençoou o dia do sábado e o santificou.

De imediato é necessário notar que o livro do Êxodo relaciona o mandamento do sábado ao relato da criação. O livro de Deuteronômio, por sua vez, o relacionará ao Êxodo como tal (Dt 5,12-15). Por que esta menção à criação?

Talvez seja conveniente ler mais uma vez um texto narrativo para compreender um pouco melhor o sentido da ordem de Deus. Ex 16 narra como Israel descobriu o sábado. A razão profunda encontra-se, provavelmente, no vers. 29: "Deus vos deu o sábado". O texto usa o verbo "dar", empregado também no contexto do maná. Deus dá o alimento (vers. 8.15.29b) e Deus dá o tempo (vers. 29a). São dois sinais da dependência do Criador. Quem não trabalha no sábado reconhece que existe uma obra mais importante do que a sua, ou seja, a de Deus. A vida é um dom, o tempo é um dom. A vida não é o fruto do trabalho do ser humano. O mandamento do sábado recorda a prioridade do dom sobre as nossas relações humanas, da gratuidade do dom inicial sobre todas as outras iniciativas. Existe um absoluto que relativiza o mundo da produção econômica (cf. Am 8,5 para uma confirmação).

Além disso, o sábado suprime todas as diferenças sociais. Vale para todos, até mesmo para os animais. Diante da obra de Deus criador, nada mais conta. Apenas Ele é o criador. Todo o resto é criado. Esta diferença faz desaparecer todas as outras, como, por exemplo, a diferença entre ricos e pobres, ou entre indígenas e estrangeiros. Para todos o tempo é uma experiência da condição criatural que recebe a vida e o tempo antes de poder usufruí-los.

Neste sentido, talvez valha mencionar, ao menos brevemente, o mandamento da proibição de roubar. Muitas vezes este texto forneceu argumentos que queriam defender a todo custo a propriedade privada. Todavia, parece que estes argumentos se apoiam sobre elementos indispensáveis para poder sobreviver: a mulher (a família), a casa, o servo, a serva, o boi, o asno (Ex 20,17). No contexto do Êxodo e das condições de vida da maioria da população do mundo bíblico, o texto que trata do furto parece defender a existência dos pequenos proprietários. Roubar um asno ou um boi não parece ser um roubo raro (cf. Ex 22,3). Mas o furto é grave. A lei, na verdade, fala do asno e do boi no singular. Com frequência, o agricultor tinha apenas um. Ser desprovido destes dois animais tornava impossível o trabalho no campo. A consequência era a miséria: a vítima caía em uma condição de dependência. Mas que podia roubar, se não, na maioria das vezes, os poderosos? (cf. 1Sm 8,11-17; 1Rs 21,1-24; Nm 16,15; 1Sm 12,3; Is 5,8-10). Dois textos são muito claros. Em Nm 16,15, Moisés irrita-se com os rebeldes Datã e Abiram e diz: "Não tomei deles sequer um asno e não fiz mal a nenhum deles". Samuel reage de modo parecido em 1Sm 12,3, quando quer demonstrar sua inocência: "Aqui estou! Testemunhai contra mim diante do Senhor e do seu ungido: a quem tomei o boi e a quem tomei o asno? A quem defraudei?..." Estes textos evidenciam a suspeita que pesava sobre os líderes e poderosos. A tentação de roubar e de abusar de suas posses era real. O Rei Davi "roubará" a mulher de seu servo, Urias (2Sm 11). A história de Nabot (1Rs 21,1-24) é o exemplo mais conhecido de um rei (e de uma rainha) que não resistem à tentação de tomar posse de um campo. Em conclusão, o mandamento defende sobretudo os mais fracos dos mais poderosos.

À luz destas premissas, o código da aliança (Ex 20,23) e alguns passos do Levítico adquirem especial relevância.

O código da aliança

Uma rápida leitura do código da aliança (Ex 20,22–23,33) deixa claro de imediato que não estamos mais no deserto. O destinatário das leis é um pequeno pastor ou um agricultor. Com frequência o código menciona o boi, menos vezes o asno e esporadicamente a ovelha e a cabra. Fala de campos de cereais, de vinhas e de olivais (22,4-5; 23,10-11). O povo vive em casas, não em tendas (22,1). Nestas leis não há comerciantes, artesões, funcionários, sacerdotes e militares (talvez existissem, mas não são mencionados). A maioria da população está empenhada na produção dos bens de primeira necessidade (setor primário). O código é endereçado primeiramente a eles. Como exceções, encontramos uma vez "chefe" em 22,27 e uma vez "árbitro" (?) em 21,22.

A estratificação social é mínima. Mas há pobres, fracos e explorados (22,24-26; 23,6.11; 23,3), escravos e escravas (israelitas, igualmente: 21,2-11.26-27; 23,12 etc.) e estrangeiros (22,20; 23,9.12). Enfim, a lei protege a viúva e o órfão (22,21-23). Como em todo o mundo do Oriente antigo, a lei defende os pobres e os fracos. A originalidade da Bíblia encontra-se em outro lugar, em alguns fundamentos da lei: a sacralidade da vida e a importância da educação.

Na Mesopotâmia, um delito contra a propriedade era muito grave. O castigo muitas vezes era a pena capital. A propriedade parece ser, portanto, um elemento-chave da sociedade mesopotâmica. As coisas são um tanto quanto diferentes no código da aliança. O princípio mais importante é o respeito à vida, e este princípio prevalece sobre o da propriedade. Por exemplo, há uma lei que defende a vida do ladrão (22,2), e, além disso, há poucas diferenças sociais frente à lei, diferente do que ocorre na Mesopotâmia. Os escravos não são sempre tratados como homens livres (cf. 21,2-5.20-21.32), mas a lei os protege explicitamente (21,26-27: a "lei de talião" também vale para eles). A sacralidade da vida não dá lugar a nenhum outro princípio, ao que parece, nem ao da propriedade que está na origem das diferenças entre classes sociais.

A importância da educação

O Egito não deixou nenhum código de leis. Talvez porque o faraó, que era a encarnação da divindade, não podia ser submetido a um texto escrito. Ele era a lei. A Mesopotâmia, ao contrário, nos deixou códigos de leis famosos (o Código de Hamurabi, p. ex.). Mas as leis mesopotâmicas foram escritas sobretudo para os funcionários, os juízes e os oficiais da corte. Em Israel, a lei se destina a todos. Significa que todos são responsáveis diante da lei. Já que a autoridade da lei não procede de um rei ou de um grupo de funcionários encarregados que tem por missão fazer com que esta seja respeitada, mas procede diretamente de Deus, a força da lei não emana tanto de um poder temido ou de sanções impostas. O "argumento persuasivo" é mais frequente do que a "força ameaçadora". Por isso o código da aliança utiliza com frequência as assim chamadas "sentenças explicativas". No código da aliança são muito mais frequentes do que nos códigos extrabíblicos (cf. 21,21; 22,20.26; 23,7-9.15). Algumas leis são acompanhadas apenas de um motivo e não preveem qualquer sanção explícita (22,20; 23,1-19). Dentre estas "sentenças explicativas", encontramos algumas vezes menções à experiência do êxodo (22,20: "Não molestarás o estrangeiro nem o oprimirás porque fostes estrangeiros na terra do Egito"; 23,15: "Guardai a Festa dos Ázimos. Durante sete dias comerás ázimos, na data marcada do mês de Abib, porque foi nesse mês que saíste do Egito"). Deste modo, as leis apelam antes de mais nada ao profundo senso religioso e humano do povo, procuram educar, mais do que amedrontar. Neste sentido, a lei de Israel não é uma lei imposta por um grupo mais influente dentre o povo.

Estes poucos pontos mostram como a experiência do êxodo pervade todo o corpo legislativo de Israel. Os princípios do código da aliança evidenciam um senso de sacralidade da vida e um espírito muito democrático para aquele tempo, outra consequência da experiência do êxodo.

As leis do Levítico

Em alguns pontos particulares, o livro do Levítico é mais radical do que o livro do Êxodo. O livro reflete uma mentalidade mais madura. Em grande parte foi escrito depois do exílio. As três evidências mais importantes desta mentalidade são: as leis sobre os escravos, sobre os estrangeiros e sobre a propriedade.

Enquanto o código da aliança pressupõe que existam escravos israelitas, isto não é mais permitido pelo Levítico. Os escravos podem ser somente os estrangeiros (25,44). As leis sobre os escravos e a escravidão fundam-se sobre um princípio que encerra todas as leis de Lv 25:

> Pois é de mim que os filhos de Israel são servos; são servos meus que fiz sair da terra do Egito. Eu sou o Senhor, vosso Deus (Lv 25,55).

O povo pertence a Deus, e tão somente a Deus, pois foi Ele que o libertou e tem, portanto, o direito sobre a sua existência. O êxodo é, deste modo, o fundamento do direito à liberdade para todos os membros do povo de Israel:

> Pois aqueles que eu fiz sair do Egito são os meus servos: não devem ser vendidos como se vendem os escravos (Lv 25,42).

As leis que tratam dos estrangeiros também são diferentes daquelas que encontramos no Êxodo. A lei vai além dos deveres de proteção, fala de uma relação de solidariedade:

> Se um estrangeiro vier a habitar entre vós, não o molestareis. O estrangeiro que habita convosco será para vós como um compatriota, e tu o amarás como a ti mesmo, pois fostes estrangeiros na terra do Egito. Eu sou o Senhor vosso Deus (19,33-34; cf. 25,35).

O estrangeiro é equiparado ao "irmão", ao "próximo". Note-se que a Lei prescreve que se "ame" o estrangeiro, como o mesmo livro do Levítico prescreve que se ame o próximo: "Ama o teu próximo como a ti mesmo. Eu sou o Senhor" (19,18). Mais uma vez, a experiência do êxodo é fundamental neste contexto.

Quando as leis tratam da propriedade, introduzem um princípio parecido. Ninguém é proprietário de Israel, salvo Deus, como vimos. E ninguém será proprietário da terra, salvo Deus: "A terra não será vendida perpetuamente, pois ela me pertence e vós sois para mim estrangeiros e hóspedes" (25,23); "Eu sou o Senhor que vos tirei da terra do Egito para vos dar a terra de Canaã para ser o vosso Deus" (25,38). As consequências deste princípio são explicadas ao longo do capítulo. Por exemplo, por ocasião do ano do Jubileu, todas as terras e as casas que alguém teve de vender para pagar as dívidas, são restituídas ao seu primeiro proprietário (Lv 25,8-38). Em uma situação extrema na qual alguém teve de vender-se como escravo, a escravidão não pode perdurar: termina com o ano do Jubileu (25,39-43). Os limites do direito à propriedade e das leis econômicas são muito precisos e os princípios são formulados com clareza.

PARA APROFUNDAR

AARON, D.H. *Etched in Stone*: The Emergence of the Decalogue. Londres/Nova York: T&T Clark, 2006.

ACHENBACH, R.; ALBERTZ, R. & WÖHRLE, J. (orgs.). *The Foreigner and the Law*: Perspectives from the Hebrew Bible and the Ancient Near East. Wiesbaden: Harrassowitz, 2011.

BOSHI, B.G. *Israele nel deserto: Esodo, Levitico, Numeri* – Una storia di liberazione. Cinisello Balsamo, MI: San Paolo, 2000.

BROWN, W.P. (org.). *The Ten Commandments*: The Reciprocity of Faithfulness. Louisville, KY: Westminster John Knox Press, 2004 [Library of Theological Ethics].

CARDELLINI, I. (org.). Lo "straniero" nella Bibbia: Aspetti storici, istituzionali e teologici – XXXIII Settimana Biblica Nazionale. Roma, 12-16/09/1994. In: *Ricerche Storico Bibliche*, 7, 2012.

DEIANA, G. *Levitico* – Nuova versione, introduzione e commento. Milão: Paoline, 2005.

POMYKALA, K.E. (org.). *Israel in the Wilderness*: Interpretations of Biblical Narratives in Jewish and Christian Traditions. Leiden: Brill, 2008 [Themes in Biblical Narrative, 10].

TONELLI, D. *Il Decalogo* – Uno sguardo retrospettivo. Bolonha: EDB, 2010 [Scienze Religiose. Nuova Serie, 25].

7
O TRABALHO

Inicio a abordagem sobre o tema do trabalho com Gn 2. A propósito deste texto gostaria de desfazer um mal-entendido. No nosso imaginário cristão geralmente associamos o trabalho às primeiras consequências do pecado original, como se antes dele não tivéssemos de trabalhar. É muito comum pensar que Deus, quando criou Adão e Eva, os tenha colocado em um jardim, que era uma espécie de lugar de vida fácil. Adão e Eva estavam deitados à sombra das árvores dormindo, e quando tinham fome os tomates mais maduros caíam na sua boca, talvez até com um pouco de sal, um pouco de tempero, de óleo e de vinagre. Depois da culpa, ao contrário, os nossos progenitores foram expulsos do paraíso e, já que fora do paraíso a terra não era tão fértil, um dos castigos do ser humano foi o trabalho. Nesta representação misturam-se elementos da Bíblia com elementos da mitologia. Contudo, se lermos atentamente o relato da criação de Gn 2, encontramos esta frase:

> E o Senhor Deus tomou o homem e o colocou no Jardim do Éden para que o trabalhasse e o guardasse (vers. 15).

Isto ocorre antes do pecado, é uma decisão divina que sucede imediatamente a criação do ser humano e do jardim. O primeiro ser humano no jardim tem duas tarefas: trabalhar e guardar. Alguns exegetas vão mais longe e traduzem "para que o servisse [i. é, o jardim] e o guardassem", pois o verbo que nós traduzimos como "trabalhar" significa também "servir". Esta tradução corresponde muito bem à mentalidade ecológica hodierna: o ser humano está a serviço do jardim, isto é, da natureza criada por Deus.

A meu ver, no entanto, esta tradução não se justifica inteiramente porque tanto no Antigo quanto no Novo testamentos o serviço é sempre pessoal, é o serviço de alguém, não de alguma coisa. Em Gn 2,15 se trata, portanto, de trabalhar o jardim. Este dado permite tirar uma primeira e importante consequência para a nossa reflexão: o trabalho já existia antes do pecado. A única coisa importante que muda com o pecado é o caráter difícil, penoso, cansativo e alienante do trabalho. Portanto, o trabalho não é um castigo em si, nem faz parte das consequências do pecado; faz, sim, parte da dignidade da criatura de Deus.

A escravidão no Egito

Quando passamos ao livro do Êxodo, vemos como o trabalho pode ser degradado e explorado. O trabalho de Israel no Egito era uma servidão. Em seguida, YHWH liberta o seu povo e o faz passar da servidão ao serviço. A experiência do êxodo descreve muito bem qual a diferença entre um e outro. No início do livro do Êxodo, Israel se encontra no Egito, multiplica-se e se torna muito numeroso. Então, o faraó, que não tinha conhecido José, sente-se ameaçado e decide impor a servidão a Israel para impedir o povo de multiplicar-se demais. O faraó tem medo do povo, e a causa da sua tirania é exatamente este medo. Se tivesse conhecido José não teria temido o povo e não teria tomado estas medidas. Isto aparece claramente no texto de Ex 1,8-12:

> Disse o faraó: "Eis que o povo dos filhos de Israel tornou-se mais numeroso e mais poderoso do que nós. Vinde, tomemos sábias medidas para impedir que ele cresça; pois do contrário, em caso de guerra, se somará ao número dos nossos adversários e combaterá contra nós, para depois sair do país". Impuseram-lhe inspetores de obra para tornar-lhes dura a vida com os trabalhos que lhe exigiam. Foi assim que ele construiu para o faraó as cidades-armazéns de Piton e de Ramsés. Mas quanto mais o oprimiam, tanto mais se multiplicavam e cresciam; e tiveram medo por causa dos filhos de Israel.

"Tiveram medo": assim se traduz normalmente, mas o hebraico tem uma palavra mais forte: "inquietaram-se!", como se o povo de Israel tivesse se tornado um tormento.

> Então – continua o texto – o Egito submeteu os filhos de Israel a um trabalho massacrante, e tornaram-lhes amarga a vida, com duros trabalhos para a preparação da argila e a fabricação de tijolos, vários trabalhos nos campos, e toda espécie de trabalhos pesados aos quais os obrigavam (Ex 1,13-14).

A tradução é literal: a raiz "trabalhar"/"trabalho" é repetida cinco vezes nestes poucos versículos. O texto joga com a raiz *'abad'/'abodâ* para dizer que este trabalho não era "serviço", mas "servidão", "escravidão".

Ora, qual é a diferença entre o trabalho e a servidão? Para responder a esta pergunta, vale ler o cap. 5 do Êxodo. Este capítulo apresenta a primeira missão de Moisés e a sua frustração. Moisés pede que o soberano egípcio liberte os israelitas. Esse, por sua vez, refuta e decide aumentar o seu trabalho: não mais lhes será dada a palha para fabricar os tijolos, mas deverão ajuntá-la para si mesmos; no entanto, deverão produzir a mesma quantidade de tijolos. Neste trecho podemos revelar três características da servidão:

a) A pessoa é submetida ao trabalho como tal e não tem mais qualquer liberdade. Em outras palavras, não pode mais decidir por si mesma o que fazer, mas outro decide aquilo que deve empreender.

b) A servidão elimina a criatividade, pois tudo é determinado por quem ordenou o trabalho.

c) Por fim, e é um ponto muito importante, o trabalhador é submetido a normas "matemáticas", isto é, o número preestabelecido de tijolos vale mais do que a pessoa.

Esta é a servidão descrita em termos concretos no livro do Êxodo.

Como Deus reage? Antes de tudo, Ele tem compaixão de seu povo, e a sua resposta, uma resposta concreta como todas as respostas de Deus, é Moisés. Deus ouve o grito do seu povo que sofre no Egito e envia Moisés.

Agora gostaria de me deter sobre um texto, talvez não tão conhecido, que se encontra no cap. 6 do livro do Êxodo, vers. 2-8. Este texto é frequentemente intitulado "segundo relato da vocação de Moisés" ou "confirmação da vocação de Moisés após a falência da sua primeira missão" (cap. 5). Pertence ao relato sacerdotal, que foi escrito no final do exílio, ou ainda depois do exílio (VI-V séc. a.C.). Neste oráculo, Deus promete a liberdade a Israel. Eis o texto:

> Eu sou o Senhor! Apareci a Abraão, a Isaac e a Jacó como Deus onipotente, mas pelo nome do Senhor não lhes dei a conhecer. Também estabeleci a minha aliança com eles, para dar-lhes a terra de Canaã, a terra que residiam como estrangeiros. E ouvi o gemido dos filhos de Israel, que os egípcios escravizavam, e me lembrei da minha aliança. Portanto, dirás aos filhos de Israel: "Eu sou o Senhor! Vos farei sair de debaixo das cargas do Egito, vos libertarei da sua escravidão e vos resgatarei com mão estendida e com grandes castigos. Vos tomarei para mim como meu povo, e serei o vosso Deus. E vós sabereis que eu sou o Senhor vosso Deus que vos fez sair de sob as cargas do Egito. Vos reconduzirei à terra que jurei com a mão estendida dar a Abraão, a Isaac e a Jacó e vo-la darei como herança. Eu sou o Senhor!" (Ex 6,2-8).

É um texto muito rico no que tange alguns aspectos sobre a nossa temática do trabalho. O Deus de Israel se revela como um Deus da liberdade e da libertação com a revelação do seu nome: "Eu sou o Senhor" (YHWH). Esta breve fórmula é repetida no início, no meio e ao final do texto. Assim, Deus revela o conteúdo do seu nome, isto é, "o Senhor" (YHWH). Qual é o seu conteúdo? É a experiência de um Deus fiel à sua aliança e que liberta Israel: este é o nome do Senhor; Senhor significa libertador de Israel. Em outras palavras, o conteúdo do nome de Deus é a história de libertação de Israel.

Por qual motivo o Senhor pretende libertar o seu povo? Alguns elementos do texto escondem, na verdade, uma profunda reflexão sobre as relações que unem Deus ao seu povo. Israel é, neste momento, um povo de escravos. Para o Antigo Testamento e para todo o antigo Oriente Médio um escravo não é uma pessoa; é, melhor dizendo, uma "não pessoa" que não tem uma verdadeira e própria existência. Para a Bíblia, a pessoa é pessoa livre; se a pessoa não é livre, é uma coisa. Por isso, a libertação de Israel não representa uma simples passagem da não liberdade da escravidão para a liberdade. Significa propriamente que Israel passa da não existência à existência. Esta passagem é descrita etapa a etapa. "Vos farei sair de debaixo das cargas do Egito", diz Deus (6,6). "Fazer sair" quando se trata de um escravo, como neste caso, significa "libertar", "alforriar" o escravo. "Vos farei sair de debaixo das cargas do Egito" significa, portanto, "vos alforrio, vos dou a vossa liberdade". Deus prossegue:

> Vos libertarei da sua escravidão e vos resgatarei com mão estendida e com grandes castigos (6,6).

O verbo *ga'al*, "resgatar", que encontramos aqui, é um verbo muito conhecido. O encontramos também no Novo Testamento, e significa que Deus cumpre o dever de um parente próximo, o de um *go'el*, isto é, "redentor". Na história de Rute, Booz, no momento em que "resgata" o campo de Noemi e se casa com Rute, torna-se "redentor" de Noemi. No Segundo Isaías, Deus é o redentor de Israel: "Sou eu o teu redentor, Israel" (Is 41,14).

Qual a obrigação do redentor? Devia intervir quando a família estava em perigo. Por exemplo, quando um membro da família, por causa de suas dívidas, devia vender uma parte ou toda a sua propriedade rural. Neste caso, o parente mais próximo que tinha condições devia "resgatar" ou "redimir" o terreno, isto é, comprá-lo novamente, a fim de que o terreno permanecesse na família (cf. Lv 25,23-31).

Um outro exemplo mais importante, pois descreve uma situação parecida com a do nosso texto, se verifica quando alguém em Israel devia vender a si mesmo como escravo para poder saldar suas dívidas. Também neste caso, o parente mais próximo devia intervir e resgatar o membro da família, a fim de que permanecesse livre (cf. Lv 25,35-55).

No texto de Ex 6,6, Deus se considera como o parente mais próximo de Israel, pois havia firmado uma aliança com os patriarcas. Em virtude dessa "aliança", Deus, portanto, age como o parente mais próximo de Israel e decide libertar o seu povo da escravidão. Portanto, Ex 6,6 descreve a primeira etapa da libertação de Israel, isto é, a saída do Egito.

Em Ex 6,7 o texto introduz o elemento seguinte:

> Vos tomarei para mim como meu povo, e serei o vosso Deus. E vós sabereis que eu sou o Senhor vosso Deus que vos fez sair de sob as cargas do Egito.

Aqui encontramos a fórmula usada muitas vezes no Antigo Testamento quando se firmava um matrimônio: neste sentido, Deus e Israel estabelecem uma relação análoga àquela do marido e da mulher e fundam uma nova família. Esta linguagem do relato sacerdotal é similar à usada em alguns trechos do livro do Profeta Oseias (Os 2), em alguns textos de Jeremias (Jr 2,1; 11,15) e de Ezequiel (Ez 16). Todavia, para Ex 6,7, este "matrimônio" entre YHWH e o seu povo foi concluído aos pés do Monte Sinai durante a permanência de Israel no deserto. Trata-se da segunda etapa da história de Israel como povo depois da saída do Egito (6,6).

Por fim, o vers. 8 conclui o nosso oráculo com estas palavras:

> Vos reconduzirei à terra que jurei com a mão estendida dar a Abraão, a Isaac e a Jacó e vo-la darei como herança.

Este versículo apresenta a promessa divina de introduzir o povo na terra que fora prometida aos patriarcas com juramento solene. Trata-se da terceira e última etapa da história de Israel como povo. Na sua simplicidade, a linguagem do vers. 8 tem forte conotação jurídica, pois usa novamente uma terminologia do universo matrimonial. Alguns textos (p. ex., o matrimônio de Isaac em Gn 24,67; cf. tb. Dt 21,12) dão a entender que o último ato do matrimônio consiste em introduzir a esposa na casa; deste modo, o matrimônio era firmado. Em Ex 6,8 Deus não apenas toma Israel como seu povo, mas o introduz na casa que lhe tinha preparado, isto é, a terra prometida.

Estes versículos resumem em poucas palavras todo o itinerário do povo da escravidão até a terra prometida. Em termos jurídicos, passa-se de uma relação de patrão-escravo, a que ligava Israel ao faraó, para uma relação na qual Deus é o esposo de Israel. No entanto, vale notar que a passagem do Egito ao deserto não é uma passagem de um faraó a outro faraó, de um patrão a outro patrão, ou seja, uma mudança na qual o que é alterado é apenas o nome do patrão. Ao contrário, o tipo de relação muda completamente: Israel não é mais escravo, é livre, pois é membro da família de YHWH.

Estas ideias reverberam em alguns textos do Novo Testamento, por exemplo no Evangelho de João (8,32): "a verdade vos libertará"; "se o Filho vos liberta, sereis verdadeiramente livres". Podemos ainda citar a Carta de São Paulo aos Romanos:

> Não recebestes um espírito de escravos, para recair no medo. Recebestes um espírito de filhos adotivos que nos faz clamar: "*Abbá*, Pai!" O próprio Espírito se une ao nosso espírito para testemunhar que somos filhos de Deus. E se somos filhos, somos também herdeiros; herdeiros de Deus e coerdeiros de Cristo, pois sofremos com Ele para também com Ele sermos glorificados (Rm 8,15-17).

A Carta aos Efésios tem o mesmo sentido:

> Já não sois estrangeiros e hóspedes; sois concidadãos dos santos e membros da família de Deus (Ef 2,19).

Esta espiritualidade da filiação no Novo Testamento tem suas raízes na experiência do êxodo.

Quais são as consequências deste fato para o "trabalho"?

O primeiro assalariado da Bíblia

A primeira vez na Bíblia na qual aparece a palavra "salário" é no contexto do longo e complexo período vivido por Jacó na casa de Labão: "Indica-me qual deve ser o teu salário" (29,15). O primeiro salário é uma mulher: "Eu te servirei sete anos por Raquel, tua filha mais nova" (29,18). É verdade que nesse salário, em especial, há aspectos – que não gostamos – de um mundo antigo onde as filhas eram "mercadoria" (31,14), mas está escondido também, como uma pérola, uma das mais belas definições do amor humano: "Jacó serviu então, por Raquel, durante sete anos, que lhe pareceram alguns dias, de tal modo ele a amava" (29,20).

Nestes complexos e empolgantes capítulos, Jacó, o assalariado, não era um homem livre: era estrangeiro e sem propriedade, um trabalhador dependente, em uma condição social e jurídica similar à de um servo – no mundo pré-moderno somente a posse da terra criava riqueza e *status*. Mas ao final dos sete anos acordados, aquele contrato de remuneração não foi cumprido: Labão com engano, arte bem conhecida por Jacó, não lhe entrega como mulher Raquel, "de belo rosto", mas Lia, a primogênita de "olhos ternos" (29,17), e pede que Jacó permaneça a seu serviço por mais sete anos para receber também Raquel como mulher. Jacó ficou, porque "amou Raquel mais do que a Lia" (29,30). Passados os outros sete anos, Jacó decidiu voltar a Canaã. Labão teve de liquidar seu débito: "fixa-me teu salário e eu te pagarei" (30,28). Os dois estipularam um outro acordo para determinar a parte do rebanho que pertenceria a Jacó, um contrato cheio de truques (30,31-43), que acabará comprometendo a relação entre eles (31,1-2). Assim, também este segundo contrato de remuneração entre Labão e Jacó gera conflitos e injustiças.

BRUNI, L. *Le imprese del patriarca* – Mercato, denaro e relazioni umane nel libro della Genesi. Bolonha: EDB, 2015, p. 86-87.

Trabalho e repouso

No livro do Deuteronômio (5,12-16) o sábado é diretamente relacionado à experiência do êxodo. Israel deve recordar-se do sábado e observá-lo, pois Deus o libertou. O que isto significa? A resposta é simples: um escravo não pode decidir quando iniciar ou terminar o trabalho, pois trabalha sete dias por semana, isto é, enquanto quiser o patrão. O conflito entre Moisés e o faraó surge por este motivo. Os israelitas queriam ir ao deserto para prestar culto ao seu Deus. Mas o faraó dizia: "Vocês são preguiçosos, por isso quereis celebrar uma festa no deserto. Não, deveis trabalhar" (cf. Ex 5,8). Após a saída do Egito, ao contrário, todo membro de Israel tem o direito ao repouso um dia por semana: o pai, a mãe, os filhos, os servos e as servas e até mesmo o asno e o boi. Ninguém em Israel pode contestar este direito, pois foi estabelecido pelo próprio Deus, o único e verdadeiro soberano de Israel. Foi YHWH quem libertou o seu povo, nenhum outro. O repouso do sábado, portanto, é um direito "divino" e absoluto.

Trabalho e serviço litúrgico

Para o cap. 35 do livro do Êxodo a forma mais sublime de trabalho é o "serviço" litúrgico, e o primeiro grande "trabalho" levado a cabo no deserto é a construção da tenda. Recordamos que se usa a mesma palavra para "serviço litúrgico" e "trabalho". Este "serviço litúrgico" tem três características fundamentais: é um trabalho livre, gratuito e criativo.

O primeiro aspecto é a liberdade, como se compreende a partir do discurso no qual Moisés comunica a Israel as ordens de Deus a respeito do santuário:

> Eis o que o Senhor ordenou: "Fazei entre vós uma coleta para o Senhor. Todo aquele que tiver um coração generoso [ou: todo aquele que for movido pelo coração], leve esta contribuição voluntária ao Senhor: ouro, prata e bronze..." (35,4-5).

Os vers. 20-22 apresentam a descrição daquilo que os filhos de Israel fizeram:

> Toda a comunidade dos filhos de Israel retirou-se da presença de Moisés. Depois vieram todos aqueles aos quais movia o coração e todos aqueles cujo espírito os fazia sentirem-se generosos, e trouxeram a sua oferta ao Senhor, para a obra da tenda do encontro, para todo o seu serviço e para as vestimentas sagradas. Vieram os homens com as mulheres, todos os generosos de coração trouxeram fivelas, pingentes, anéis, braceletes.

O texto se encerra no vers. 29 usando mais uma vez o mesmo vocabulário:

> Todo homem e mulher, cujo coração os movia a trazerem uma oferta para toda a obra que, por meio de Moisés, o Senhor tinha ordenado que se fizesse, trouxeram sua oferta voluntária ao Senhor.

O texto insiste muito sobre o fato de que o "serviço" seja um trabalho completamente livre; o faz quem é "movido pelo próprio coração", pois não há qualquer obrigação. Na escravidão, ao contrário, ninguém podia decidir sobre seu próprio trabalho, pois tudo era decidido por outrem. Este é o primeiro elemento fundamental sublinhado em Ex 35: se a escravidão é alienação da liberdade, o serviço litúrgico é, ao contrário, o exemplo emblemático do trabalho livre e espontâneo.

Um segundo elemento é evidenciado no texto: o "serviço litúrgico" é trabalho gratuito, fruto de um dom generoso. O texto não fala sobre salário: O "serviço" prestado é por si mesmo a própria recompensa. Ainda que o texto descreva uma situação ideal, ele revela, mesmo assim, que o salário pelo trabalho não deveria ser uma remuneração diferente do trabalho em si ou da obra cumprida. Antes de tudo, trabalha-se porque o trabalho tem valor em si mesmo e para a alegria que nasce da obra cumprida. Esta deveria ser a primeira e a mais profunda motivação do trabalho.

Em Ex 35 o terceiro elemento importante do "serviço" é a criatividade:

> Moisés disse aos filhos de Israel: "Vede, o Senhor chamou a Beseleel por seu nome, o filho de Uri, filho de Hur, da tribo de Judá. O Espírito de Deus o encheu de sabedoria, inteligência e conhe-

cimento para toda espécie de trabalhos; para elaborar desenhos, para trabalhar o ouro, a prata e o bronze, para lapidar pedras de engaste, para trabalhar a madeira e para realizar toda espécie de trabalho artístico. Também lhe dispôs o coração a ele e a Ooliab, filho de Aquiamec, da tribo de Dã" (Ex 35,30-34).

Esses artistas não são apenas capazes de fazer, mas também de ensinar a fazer. Este é o dom do Espírito! Na Bíblia, os primeiros sábios são exatamente os artistas ou os artesãos (no contexto de Ex 35 não há qualquer diferença entre o artista e o artesão), isto é, aqueles que são capazes de trabalhar o ouro, a prata, os metais e a madeira, e de desenhar, entalhar, esculpir ou bordar. Todos os artesãos são homens que possuem o espírito de sabedoria, o Espírito de Deus. Estas palavras exaltam o trabalho manual dos artesãos, pois esse tem sua origem última no Espírito de Deus. A sabedoria e a inteligência dos artesãos representam uma participação no Espírito do Deus criador que torna capaz de "fazer", isto é, de "criar" obras artísticas.

Portanto, em poucos versículos, Ex 35 resume a essência do trabalho para o povo de Deus: o trabalho é serviço livre, gratuito e criativo. Sob estes aspectos, a construção da tenda é exatamente o oposto dos trabalhos de Israel no Egito. Agora o trabalho é liturgia, e serviço de Deus.

Poder-se-ia objetar que na nossa experiência o trabalho está longe de ser livre, gratuito e criativo. Há uma grande diferença entre a liturgia e a monotonia do trabalho em uma fábrica ou do trabalho de uma doméstica. Além disso, as necessidades econômicas da vida cotidiana não permitem facilmente que o trabalho corresponda a este ideal bíblico. Contudo, o texto bíblico é emblemático. As modalidades deste trabalho são, portanto, as modalidades de todo trabalho exercido por Israel, povo livre da escravidão. Sem poder desenvolver uma argumentação completa, direi que idealmente a vida, segundo a Bíblia, é um "êxodo", isto é, uma passagem da escravidão à liberdade, da servidão ao serviço, e, portanto, do trabalho experimentado como alienação ao trabalho experimentado como cumprimento. Neste contexto, a "liturgia" representa o ideal a ser atingido e é, ao mesmo tempo, o fermento que transforma pouco a pouco o mundo do trabalho.

Todavia, a "liturgia" ou "serviço ao Senhor" dificilmente pode limitar-se às poucas horas dedicadas expressamente ao culto. Se YHWH, o Senhor, agora é o único soberano do povo de Israel, este povo não pode servir a outros deuses ou a outros "patrões". Toda a vida se torna um "serviço ao Senhor".

Enfim, o templo, como recorda São Paulo, não é uma construção de pedra, mas a própria comunidade (1Cor 3,16; 6,19; cf. Ef 2,20-22). Se compreendemos bem o significado profundo desta ideia, o "serviço ao Senhor" se torna, portanto, "construção" da comunidade cristã. Todo trabalho deveria idealmente poder contribuir com a construção de um mundo mais fraterno, segundo o espírito do Evangelho. Isto é, no fim das contas, o verdadeiro e exato "serviço ao Senhor".

As moedas do Antigo Testamento

A moeda aparece no século VII, na Anatólia, depois na Grécia. Antes de então, o metal era simplesmente pesado. As *dracmas de ouro* de Ne 7,70 (= Esd 6,69) são sem dúvida semiestateres áticos. A *mina de prata*, mencionada no mesmo contexto, talvez equivalha à mina babilônica de 505g aproximadamente.

Pouco depois de 515, Dario introduziu o *darico de ouro* (equivalente ao siclo babilônico de 8,41g; cf. Esd 8,27) e o *sico de prata*, que valia vinte vezes menos, ou seja, 5,60g (à época o ouro valia 13,3 vezes mais que a prata). A este siclo deve referir-se Ne 5,15, ao passo que em 10,33 deve tratar-se de um siclo-peso. Ao que parece, durante o Império Persa era permitido cunhar moedas de prata. Na Palestina foram encontradas moedas de prata com a inscrição JHD, isto é, *Judá*.

Nos períodos grego e romano, Alexandre implantou o sistema ático em todo o seu império, com uma relação de ouro para prata de 10 para 1 e da prata para o cobre de 50 para 1. Em seguida, os romanos introduziram a sua moeda. Contavam as grandes somas em *sestércios*. Os gêneros eram também pesados em *talentos* e *minas* áticas (aproximadamente 26kg e 436g), isto é, por seis mil e por cem dracmas. Os siclos de 1Mc 10,40 são didracmas.

Bíblia de Jerusalém. São Paulo: Paulus, 2017, p. 2.193 [Apêndice].

O trabalho na terra prometida

Dt 8 descreve a última fase do itinerário de Israel. Israel foi escravo no Egito, depois saiu do Egito e chegou ao deserto. Na sua nova condição de povo de Deus, Israel vive uma relação esponsal com YHWH. Agora é preciso notar como deverá comportar-se na terra prometida. O cap. 8 do Deuteronômio é bem conhecido, pois foi citado por Jesus nas tentações narradas por Mateus e Lucas: "O homem não vive somente de pão, mas de tudo aquilo que sai da boca do Senhor" (Dt 8,3; cf. Mt 4,4; Lc 4,4). O texto de Dt 8 contém três partes. Primeiro descreve a experiência do deserto (8,1-6), depois projeta-se para o futuro da terra prometida (8,7-18), e, por fim, conclui explicando o que acontecerá se Israel não permanecer fiel ao seu Deus (8,19-20).

O trecho todo poderia ser resumido nas palavras "recorda-te" e "não esqueças". Israel é, então, livre, mas poderia ser tentado a esquecer o seu Deus. Neste caso, o perigo é cair novamente na escravidão. Como? Leiamos alguns versículos de Dt 8:

> [No deserto, o Senhor] te humilhou, te fez experimentar a fome, te alimentou com o maná que nem tu nem teus pais conheciam, para te ensinar que não só de pão vive o homem, mas que o homem vive de tudo aquilo que sai da boca de Deus. As vestes que usavas não envelheceram, nem teu pé inchou durante quarenta anos. Portanto, reconhece no teu coração que o Senhor teu Deus te corrige, como um pai corrige seu filho (Dt 8,3-5).

Reaparece o linguajar familiar. Todavia, em Dt 8 não mais se trata do matrimônio, mas da relação entre pai e filho. Continua o texto:

> Observa os mandamentos do Senhor, pois o Senhor vai te introduzir numa terra boa: terra cheia de ribeiros de água e de fontes profundas que jorram no vale e na montanha; terra de trigo e cevada, de vinhas, figueiras e romãzeiras, terra de oliveiras, de azeite e de mel; terra onde vais comer sem escassez, onde nada te faltará, terras cujas pedras são de ferro e de cujas montanhas extrairás o cobre. Comerás e ficarás saciado, e bendirás ao Senhor teu Deus na terra que Ele te dará (Dt 8,6-10).

Em comparação ao deserto, a terra prometida é apresentada como um lugar de vida fácil, onde nada falta. E, portanto, o trabalho parece quase supérfluo. À primeira vista, a situação de Israel parece ideal; no entanto, é exatamente neste ponto que se esconde o perigo descrito no início do versículo seguinte.

A segunda parte insiste, de fato, sobre o "não esquecer!", pois o perigo que espreita na abundância é justamente o esquecimento:

> Fica atento a ti mesmo, para que não esqueças do Senhor teu Deus, e não deixes de cumprir seus mandamentos, normas e estatutos que hoje te ordeno! Não aconteça que, havendo comido e estando saciado, havendo construído boas casas e habitando nelas, havendo-se multiplicado teus bois e tuas ovelhas, e multiplicando-se também tua prata e teu ouro, e tudo que tiveres, o teu coração não orgulhe e não esqueças do Senhor teu Deus, que te fez sair da terra do Egito, da casa da escravidão (Dt 8,11-15).

A terceira parte, que se inicia com o vers. 19, contempla a possibilidade do esquecimento e as suas consequências:

> Se te esqueceres completamente do Senhor teu Deus, seguindo outros deuses, servindo-os e adorando-os, eu hoje testemunho contra vós que certamente perecereis. Perecereis do mesmo modo que as nações que o Senhor vai exterminar à vossa frente, por não terdes obedecido à voz do Senhor vosso Deus (Dt 8,19-20).

Em breves palavras, a grande tentação é a tentação da riqueza. Como o texto de Dt 8 define esta tentação? Poder-se-ia pensar numa forma de idolatria: Israel se esquece do seu Deus porque, agora, o valor supremo é a abundância de bens. Mas Dt 8 não equipara explicitamente a riqueza aos falsos deuses. A tentação é mais sutil. Segundo Dt 8, uma vez saciado e satisfeito, Israel dirá a si mesmo:

> Foi a minha força e a minha mão que proporcionaram estas riquezas. Lembra-te do Senhor teu Deus, pois é Ele quem te concede força para te enriqueceres, mantendo a aliança que jurou aos teus pais, como hoje se vê (Dt 8,17-18).

A tentação versa justamente sobre a *origem* da riqueza, não sobre a riqueza em si. Israel poderia iludir-se e pensar que as riquezas da terra são fruto do próprio trabalho ou da própria força, quando, na verdade, são um *dom* do Senhor. O texto usa uma forma verbal que exprime o presente: "o Senhor ti *dá*": não é um dom do passado ou do futuro, é um dom que o Senhor doa e continua doando a cada instante da existência de Israel. Um pouco antes, o texto exprime a mesma verdade no vocabulário da história: poderias "esquecer o Senhor teu Deus que te fez sair da terra do Egito, da casa da escravidão..." (8,14). Se Deus não tivesse intervindo, Israel ainda seria escravo no Egito, ou teria morrido de fome e sede no deserto e jamais teria entrado na terra prometida. A grande tentação da abundância e da riqueza equivale, portanto, a esquecer a história. Se Israel perde a memória do passado, perde, também, a memória da própria identidade, pois a existência de Israel na própria terra não é fruto de suas obras ou realizações, mas de uma história onde o Senhor se revela. Este é o fundamento sólido, ainda que invisível, sobre o qual Israel pode construir o edifício do próprio "trabalho" ou "serviço".

Medidas de comprimento

côvado	*amna*	45cm	1
palmo	*zeret*	22,5cm	1/2
mão	*tofah*	7,5cm	1/6
dedo	*eşba*	1,8cm	1/24

O côvado antigo de Ez tem 7 mãos (52,5cm) e o palmo de Ez 40,5, a metade. Sua vara tem 6 côvados dos antigos (315cm). O Novo Testamento, além do côvado, conhece a braça (1,85cm) e o estádio (185cm). A milha romana tinha 1,479m (oito estádios). A "légua" (esqueno) de 2Mc 11,5 equivale a 30 estádios, ou seja, 5,5km.

Medidas de capacidade ou volume
Matérias sólidas/matérias líquidas

coro	*omer* ou *kor letek* (Os 3,2 +)	450 litros 225 litros	10 5	450 litros	*kor*	coro
almude	*efá*	45 litros	1	45 litros	*bat*	metreta
alqueire	*seah*	15 litros	1/3			
			1/6	7,5 litros	*hin*	sextário
décima	*issarôn*	45 litros	1/10			
			1/18	2,5 litros l	*qab*	(2Rs 6,25)
			1/72	0,6 litros	*log*	quartilho

O quadro acima dá o valor real (aproximado) das medidas judaicas relacionadas com nomes de antigas medidas brasileiras da mesma ordem de grandeza.

Todavia, em Ez 45,10-11.13-14 e Mq 6,10, onde *omer* e *kor*, *efá* e *bat* estão justapostos, *efá* poderia ser relacionado com "alqueire" e *kor* com "tonel". Em Zc 5,5-11, o contexto sugeriria que se relacionasse *efá* com "alqueire".

A *artaba* de Dn 14,3 é uma medida persa, de aproximadamente 56 litros.

Novo Testamento: a *metreta* ou medida, de 39,4 litros, era considerada como equivalente ao *bat*; o sextário (*sextarius, xestés*), de 0,46 litros, como o equivalente ao *log*; o *modius*, que valia 8,75 litros, como 2/3 do *seah*. O *cônice* de Ap 6,6, era de 1,10 litros. O Novo Testamento usa também os termos *seah*, *kor* e *bat*, mas helenizados.

Pesos

talento	*kikkar*	34,272kg	3.000
mina	*mané*	571g	50
siclo	*sheqel*	11,4g	1
meio-siclo	*beqa*	5,7g	1/2
	gera	0,6g	1/20

Bíblia de Jerusalém. São Paulo: Paulus, 2017, p. 2.192 [Apêndice].

PARA APROFUNDAR

BIANCHI, E. (org.). Il lavoro opera delle nostre mani. In: *Parola, Spirito e Vita*, 52, 2005.

BURER, M.H. *Divine Sabbath Work*. Winona Lake, IN: Eisenbrauns, 2012 [Bulletin of Biblical Research Supplement, 5].

CARDELLINI, I. Il ritmo settenario e le radici del sabato "biblico". In: *Rivista Biblica*, 59, 2001, p. 353-372.

LIBERTI, V. (org.). *Ricchezza e povertà nella Bibbia*. Roma: EDB, 1991 [Studio Biblico Teologico Aquilano, 11].

TESTA, E. *Il lavoro nella Bibbia*. Assis: Porziuncola, 1959.

TROTTA, G. (org.). *Il sabato nella tradizione ebraica*. Bréscia: Morcelliana, 1991.

TSAI, D.Y. *Human Rights in Deuteronomy*: With Special Focus on Slave Laws. Merlim; Boston (MA): Walter de Gruyter, 2014 [BZAW, 464].

WÉNIN, A. *Il Sabato nella Bibbia*. Bolonha: EDB, 2006.

8
O Jubileu

O Jubileu, ou ano santo, que se celebra a cada cinquenta anos, é, na verdade, uma festa de origem bíblica regulamentada pelo cap. 25 de Levítico. Em breves palavras se diz que a cada cinquenta anos será proclamado um ano santo chamado "Jubileu". A palavra francesa *Jubilé*, que tem uma equivalente parecida em muitas outras línguas, vem do verbo latino *jubilare*, que significa "alegrar-se". Em hebraico, a festa tem um nome muito parecido, *yôbel*, de etimologia incerta. Alguns relacionam este nome ao chifre do carneiro que era usado para anunciar o início das celebrações. Mas esta não é uma relação da qual se tenha muita certeza. Contudo, alguns Padres da Igreja, a partir de São Jerônimo, aproximaram as duas palavras, *jubilare* e *yôbel*, quando se referiram a este costume.

De modo genérico, a legislação sobre o ano santo contém quatro artigos importantes. (1) Em primeiro lugar, o ano santo é um ano sabático. Isto significa dizer que a terra repousa, uma vez que não é plantada: não se semeia, não se colhe, não se faz a vindima e não se colhem as azeitonas. (2) Todos recuperam suas propriedades. Quem teve que vender a própria terra a recupera no ano jubilar. O mesmo vale para as casas e bens imóveis. (3) No ano santo todas as pessoas que foram obrigadas a se venderem como escravas para pagar suas dívidas devem ser libertadas. (4) Por fim, as leis sobre o Jubileu contêm algumas normas sobre o empréstimo sem interesse concedido a uma pessoa em situação financeira delicada.

Antes de comentar este capítulo e os poucos textos bíblicos que fazem alusão ao "Jubileu", parece-me necessário apontar a importância de uma reflexão bíblica sobre o ano santo. Um primeiro conjunto de observações tem como objeto a interpretação e a atualização dos textos bíblicos em geral. Num segundo momento, falarei sobre as condições de vida na época na qual as leis sobre o Jubileu foram redigidas. Este último ponto é essencial para poder compreender o sentido desta festa. Enfim, explicarei detalhadamente as diversas leis sobre o Jubileu e colocarei em evidência a sua mensagem teológica.

Antes de qualquer coisa, há um princípio que é necessário recordar quando se lê a Bíblia, sobretudo o Antigo Testamento: é melhor não buscar nela respostas imediatas às nossas questões e tampouco soluções preconcebidas aos nossos problemas. A Bíblia responde às questões e resolve os problemas que eram postos à época, na qual os livros que ela contém foram escritos. Certamente, ler a Bíblia não é inútil. O que foi escrito, foi escrito para a nossa instrução. Mas, para compreender a sua mensagem, é importante ver como os autores bíblicos resolvem os problemas que foram colocados na *sua* época para poder, da nossa parte, encontrar as respostas adequadas aos problemas similares que são postos em *nossa* época. Portanto, é importante perguntar-se por que, e para responder a quais necessidades, as leis sobre o Jubileu foram escritas, antes de procurar ver como nós poderemos aplicá-las a outras situações. O fundamentalismo ou a interpretação literal são sempre perigosos. De modo muito simples e para usar uma imagem igualmente simples, a Bíblia não foi escrita na nossa língua. Por isto, as palavras da Bíblia não têm exatamente o mesmo significado que as palavras das nossas línguas modernas. É, portanto, necessário traduzir para poder compreender.

As condições de vida na época bíblica

Como qualquer lei, as leis sobre o Jubileu pretendiam responder a questões precisas. Não se redige uma lei senão para modificar uma situação insustentável ou para corrigir alguns abusos. Por que as leis de Lv 25 ordenam que não se cultive os campos, ou que se restitua os campos e as casas aos seus proprietários originais, ou que se liberte os escravos e que se ajude financeiramente os indigentes? Trata-se, com muita probabilidade, de uma resposta a uma situação endêmica. Na verdade, a sociedade bíblica – e neste sentido ela é similar a muitas sociedades contemporâneas, sobretudo naquele que é comumente chamado de Terceiro Mundo – é composta majoritariamente por pessoas que lutam pela sobrevivência. Alguns chegam a dizer que naquela época 90% da sociedade viviam à sombra da pobreza. Todos estes deviam considerar-se com sorte se não morressem de fome ou por doenças. Isto significa que o equilíbrio econômico era muito instável. Era necessário muito pouco para fazer uma família cair na miséria mais degradante: uma colheita ruim, uma carestia, uma peste nos animais, uma guerra, uma mudança econômica muito repentina ou um endividamento poderiam ter de imediato consequências catastróficas. Para sobreviver fazia-se necessário adquirir o pão ou contrair em empréstimo alguma quantia mediante taxas abusivas. Para adquirir era necessário, portanto, endividar-se. Para pagar as próprias dívidas era necessário vender os poucos bens que se possuía: a própria casa, os próprios campos ou a própria liberdade, isto é, neste último caso, os próprios filhos ou a si mesmo como escravos.

Nem todos se encontravam nesta situação, mas muitos eram ameaçados, e muitos dos que eram ameaçados acabavam alienando aquilo que tinham de mais precioso. No fim das contas, somente os mais ricos se safavam toda vez que a situação se tornava difícil. Então, como hoje, os ricos se tornavam cada vez mais ricos, e os pobres cada vez mais pobres e mais numerosos. Somente os mais ricos e os mais poderosos, detinham as quantias necessárias para encarar as situações mais difíceis, como as carestias. Quando estes problemas se tornam recorrentes, o número dos pobres podia aumentar consideravelmente. Num certo momento, há tantos pobres e indigentes que a situação se torna intolerável e corre o risco de explodir. É necessário reagir. É nesse momento que leis intervêm, tais como aquelas do Jubileu bíblico.

Em todo o antigo Oriente Médio existem leis parecidas. Na Mesopotâmia os reis tinham o hábito, sobretudo no início de seu reinado, de proclamar uma espécie de anistia e, por exemplo, de libertar as pessoas que tiveram de vender-se como escravos para pagar suas dívidas. Esta libertação certamente tinha como escopo tornar o rei popular, mas o efeito desta medida tinha também um reflexo benéfico sobre a economia. Muitas atividades que estavam suspensas podiam ser retomadas graças a este incentivo de novas energias. Quanto aos grandes proprietários fundiários, estes tinham sempre mão de obra suficiente à sua disposição e certamente não sofriam com estas decisões do rei.

Na Bíblia, a lei sobre o Jubileu se distingue destes decretos mesopotâmicos em dois pontos essenciais. (1) Por um lado, as medidas não são tomadas por um rei e, portanto, não dependem da boa vontade de um soberano. Essas procedem do próprio Deus e, por isto, independem do arbítrio humano. (2) Por outro lado, as leis são aplicadas em intervalos regulares, a cada cinquenta anos, e não de acordo com a necessidade, as circunstâncias ou quando um rei julga oportuno.

Terra e família

Todas as leis, tanto as bíblicas quanto as outras, defendem um sistema de valores contra os abusos e os desequilíbrios crônicos que atingem a sociedade. As leis do Jubileu não são diferentes. Elas ressaltam com maior evidência que no mundo de Israel há dois valores fundamentais, uma vez que é o próprio Deus que assume sua defesa e não uma autoridade humana. Estes dois valores são a terra e a família.

Antes de mais nada, a terra. Segundo o relato bíblico do livro de Josué, quando o povo chegou à terra que Deus lhe havia prometido, e em seguida entregue, Josué repartiu o território. Cada tribo, cada clã e cada família recebeu uma porção de terra. Aqui pouco importa quando e como isto aconteceu. O importante é compreender a intenção deste relato. A terra foi dada por Deus, não por Josué ou por um líder carismático ou político. Israel não conquistou a terra por sua própria iniciativa ou tomou posse dela com suas próprias forças. Se Deus, o Senhor que o fez sair do Egito, não tivesse intervindo, o povo não teria conseguido entrar na terra para conquistá-la. Como disse Georges Auzou, a terra é "o dom de uma conquista". Portanto, toda família possui uma porção da terra que recebeu do próprio Deus. Em termos jurídicos, isto significa que a terra é inalienável. Se o próprio Deus a doou, qual poder humano pode aliená-la? Esta verdade é bem-ilustrada pelo relato da vinha de Nabot (1Rs 21). O rei de Israel, Acab, como muitos grandes proprietários, almeja aumentar suas posses. Então, ele decide adquirir uma propriedade vizinha à sua, o terreno de Nabot. Oferece-lhe uma quantia em dinheiro ou a possibilidade de trocar sua vinha por outra melhor. Mas Nabot não aceita, e essa não aceitação será o motivo de sua morte, segundo o famoso relato. Mas por que ele não aceita? Ele mesmo apresenta suas razões: "O Senhor me livre de ceder-te a herança dos meus pais!" Nabot começa a sua frase com uma fórmula de juramento que, neste contexto, é mais do que uma simples fórmula. Ele recebeu sua terra de Deus, o Senhor, e é em virtude desse direito "divino", se assim se pode dizer, que não aceita vender a própria vinha. Ela é inalienável e Nabot não tem o direito de ceder este terreno que recebeu de seus antepassados e – é sem dúvida o ponto mais importante – que ele deve, por sua vez, transmitir aos seus descendentes. Esta vinha é intocável e sequer o rei pode ferir este direito que não prescreve. Segundo diversos exegetas, o texto salienta duas concepções diferentes do direito fundiário: a de Nabot, segundo a qual a terra é um bem inalienável e a de Acab, para quem não é. Este direito à terra, fundamental em Israel, tinha como objetivo impedir que a família perdesse as condições necessárias à sua sobrevivência. Em um mundo no qual a maior parte da população se dedicava à produção de bens de primeira necessidade, isto é, à agricultura e à pecuária, é normal que o direito assegure a toda família a posse de uma porção de terra, indispensável para a sua subsistência.

Até agora fiz menção unicamente à família e não aos indivíduos ou pessoas, pois, no mundo da Bíblia, é praticamente impensável falar do indivíduo sem falar da família ou do clã. Uma pessoa sozinha é sem defesa e corre o risco de rapidamente ver-se exposta a diversas formas de exploração. Em um mundo que não conhece a previdência social, o Estado assistencial e também o Estado democrático fundado sobre o direito, viver sozinho é impossível. O indivíduo nasce, cresce e morre em uma família sem a qual não pode subsistir. Quando me refiro à família, refiro-me à família ampliada, isto é, a todos os descendentes, filhos e netos de um casal. Em uma sociedade patriarcal como a bíblica, os filhos continuam sendo submissos aos seus genitores, em particular aos seus pais, enquanto estes vivem, e formam todos juntos a família. Não se trata da família nuclear que é comum no mundo ocidental (um casal e seus filhos), mas da família ampliada na qual convivem diversas gerações, frequentemente sob o mesmo teto, e sempre sob a autoridade do "pai de família", que é com muita frequência o avô. Retomando: é difícil falar do ser humano em geral, da pessoa e do ser humano na Bíblia, sem falar no plural. A existência humana é sempre uma existência coletiva e comunitária.

As leis bíblicas sobre o Jubileu supõem esta concepção da vida humana. É por isto que elas se prestam a proteger a "família" e impedir que seja dispersa ou enfraquecida. Se a família viesse a desaparecer, seria um perigo à existência do próprio povo. Portanto, o problema é especialmente grave e, por este motivo, é o próprio Deus quem protege a família. Em termos jurídicos, isto significa que a família está acima de qualquer autoridade humana: ela é sagrada e pertence unicamente a Deus.

A estes grandes princípios acrescentam-se outros, mais particulares, que é melhor explicar junto com as leis.

A lei sobre o Jubileu

O texto da lei sobre o Jubileu começa falando sobre o ano sabático, celebrado não a cada cinquenta, mas a cada sete anos. Trata-se de uma instituição mais antiga e mais conhecida. Uma primeira formulação sobre o ano sabático se encontra em Ex 23,10, e uma segunda em Dt 24,19. A cada sete anos deve-se deixar os campos incultivados. A razão para isso é dupla.

A primeira é de ordem prática. À época na qual essa lei foi escrita, as técnicas agrícolas não eram muito desenvolvidas. Os adubos naturais eram raros e os químicos ainda não existiam. Ademais, as ferramentas para uso na agricultura também eram muito primitivas. Arados, grades, tratores e outros utensílios modernos que permitem trabalhar o solo em profundidade são invenções recentes que não podem ser comparados com os instrumentos daquela época. Era necessário se contentar com a tração animal, e a maior parte dos trabalhos era manual. O solo tornava-se árido, e a mesma terra cultivada por alguns anos para produzir os mesmos produtos diminuía a produtividade sensivelmente. Portanto, a única solução era deixar a terra repousar por pelo menos uma estação. Por isso, os agricultores deixavam os seus campos incultivados em intervalos regulares para que o solo pudesse "se refazer", isto é, recuperar todos os elementos que novamente o tornaria fértil. Mais tarde, no medievo, os monges inventaram o revezamento trienal ou rotação das culturas: no primeiro ano semeavam-se os grãos, no segundo a forragem e no terceiro deixava-se o solo incultivado.

A esta razão de ordem econômica se soma uma razão de ordem teológica. Em poucas palavras, o povo da Bíblia, como todos os povos da Terra, pensava que o solo e a fertilidade vinham de Deus. Para que o solo recuperasse a sua fertilidade, era necessário "restituí-lo" a Deus. O modo mais simples era permitir com que o solo retornasse ao estado em que estava antes que os homens começassem a cultivá-lo. Por isto ele não era cultivado. Este retorno ao estado primitivo ou "retorno às origens" corresponde a uma "recriação", ou a uma renovação da criação. O fato de isto acontecer a cada sete anos reforça o caráter sagrado do costume, pois o número sete tem um valor particular tanto na Bíblia quanto na Mesopotâmia.

As leis sobre o Jubileu enxertam-se sobre as leis do ano sabático. De fato, o Jubileu nada mais é que um ano sabático "ao quadrado", pois é celebrado a cada cinquenta anos, isto é, sete vezes sete, mais um ano. Alguns afirmam que o Jubileu era celebrado a cada quarenta e nove anos, segundo um modo de contar muito comum na Bíblia. Por exemplo, o Novo Testamento diz que Jesus ressuscitou no terceiro dia, enquanto, na verdade, isto aconteceu dois dias após a crucifixão. A cifra é arredondada, já que a sexta e o domingo (o primeiro dia da semana) são contados como dias inteiros. O mesmo vale ou valeria para o Jubileu. A cifra cinquenta seria uma cifra "arredondada" obtida mediante a integração do ano precedente na contagem.

Além disso, há boas razões para pensar que o ano jubilar devesse ser celebrado depois de quarenta e nove anos e não cinquenta. Com efeito, o quadragésimo nono ano já era um ano sabático. Se também o quinquagésimo ano o fosse, isto significaria que o solo teria permanecido sem ser cultivado por dois anos consecutivos. Acrescentemos a isto um ano, pois é necessário aguardar a colheita do ano que sucede o ano jubilar para poder dispor novamente os frutos do solo. Isso seria excessivo e significaria, sem dúvida, condenar uma parte da população a morrer de fome. A criação do ano sabático em si criava algumas dificuldades, às quais o texto de Lv 25,8-22 tenta responder, dizendo que Deus teria dado uma colheita mais abundante no sexto ano, de modo que teria sido possível subsistir até a colheita do ano seguinte ao ano sabático. Na verdade, nos perguntamos se a dificuldade não surgia em grande parte porque todos deviam deixar seus campos em descanso no mesmo ano. Teria sido mais razoável alternar e, portanto, alguns deixarem seus campos incultivos e depois outros, não todos ao mesmo tempo. Provavelmente era isto que se fazia. A lei procura organizar e uniformizar antigas práticas segundo princípios um pouco abstratos e pouco realistas. É, por outro lado, uma das razões pelas quais se duvida que a lei tenha sido realmente aplicada.

As três leis seguintes têm como principal objetivo remediar as várias consequências do endividamento crônico de uma grande parcela da população. Podemos reconstruir as três possíveis etapas desta praga social. Em um primeiro momento, o agricultor empobrecido devia vender os próprios bens: os animais, a casa e os campos. Se isto não bastasse, devia tomar dinheiro em empréstimo, ou pedir alimento sobre a promessa de pagar mais tarde em dinheiro ou *in natura*. Os juros, tanto sobre o dinheiro quanto sobre os bens materiais, normalmente eram proibidos. Enfim, se a situação piorasse ainda mais e o indigente não fosse capaz de quitar seus débitos, que, entrementes, não paravam de crescer, tinha de vender como escravos a própria família e a si mesmo. A lei prevê medidas particulares para estas três situações. Por isso falarei da legislação sobre as propriedades (sobretudo campos e casas), sobre os débitos e, por fim, sobre os escravos.

As propriedades

Dentre os bens imóveis, a lei trata apenas dos campos e das casas, determinando que não podem ser vendidos. Em termos jurídicos, a propriedade sobre os campos e casas é inalienável. Aquele que "compra" tem apenas um usufruto do bem. Neste sentido, o texto bíblico é cristalino, uma vez que afirma que o que se vende, na verdade, é um certo número de colheitas, não o campo em si (25,16). Assim como para os escravos, os campos que foram cedidos para pagar dívidas podem ser resgatados tanto pelo primeiro proprietário quanto por um de seus parentes próximos. De qualquer modo, os membros da família têm a preferência sobre o seu patrimônio. No ano jubilar, todos retomam a posse de seus bens. A lei nem sempre é explícita; ela não diz, por exemplo, quem pode cultivar o campo quando uma família o resgata. É necessário supor que seja cultivado por quem o adquire até o ano jubilar e que, então, esse o restitua ao seu proprietário original. Mas isto não é muito claro.

Lv 25 exclui destas leis restritivas sobre os bens imóveis as casas construídas na cidade. Portanto, é possível adquiri-las e vendê-las (25,29-31). A razão desta exceção não é apresentada. Em geral, os comentadores sustentam que a propriedade de uma casa numa cidade não é da mesma natureza que a posse de uma casa no campo, pois para os habitantes da cidade essa é menos necessária para a subsistência. Mas não é possível ter certezas a propósito disto. Por outro lado, as casas e os campos dos levitas que vivem na cidade não podem ser alienados. Neste caso, trata-se claramente de bens indispensáveis e que, por isto, a lei pretende proteger.

As dívidas

Pode parecer estranho que as leis de Lv 25 não prevejam um perdão geral das dívidas, como previsto por outras leis mais antigas. Dt 15,1-6 afirma explicitamente que no ano sabático é necessário restituir tudo aquilo que foi dado em penhor. Talvez a lei do Levítico suponha que esta antiga norma ainda esteja em vigor e não julgue necessário repeti-la. Mas pode haver também outra explicação. Neste caso, mais uma vez, parece que as leis do Levítico vão mais longe, abolindo o empréstimo com cobrança de taxas, o que limitava significativamente as consequências de um endividamento. Lv 25,35-38 é explícito a este propósito. Segundo esta lei, se alguém cair na indigência e se tornar devedor de um de seus "irmãos" ele deve ser ajudado. Não é permitido tirar proveito da situação, não é permitido solicitar-lhe outros valores além da soma tomada em empréstimo. Nem todos os detalhes da lei são claros. Segundo a exegese mais provável do texto, a lei prevê o caso de um pai de família que se endivida e se encontra em situação cada vez mais difícil, isto é, não consegue mais pagar os seus débitos, mesmo depois de ter vendido casa e campos. Neste caso, a lei lança mão da solidariedade familiar. Dentre os seus parentes mais próximos, aquele que é mais abastado deve ajudar esse homem e a sua família, emprestando-lhe dinheiro sem interesse e, em caso de necessidade, fornecer-lhe o sustento sem tirar proveito disto (25,37). Todavia, mesmo que tudo isto não seja inteiramente claro, o essencial é compreensível: aquele que cai na indigência, será sustentado e viverá "com seu irmão". A razão profunda deste dever de solidariedade reside na experiência comum do êxodo e do dom da terra (25,38) que faz de Israel um povo de irmãos (e de irmãs).

A libertação dos escravos

Antes de explicar a lei é necessário precisar que no antigo Oriente Médio havia dois tipos de escravos: os escravos perpétuos, geralmente estrangeiros e prisioneiros de guerra, e os escravos temporários, ou seja, as pessoas que deviam "servir" a um credor para poder pagar suas dívidas. As leis de Lv 25, bem entendidas, falam apenas desta segunda categoria. Acrescentemos ainda uma outra especificação importante a respeito do vocabulário empregado. A Bíblia fala sobre adquirir e vender escravos, do mesmo modo que fala sobre adquirir e vender terrenos. Esse vocabulário pode parecer muito ofensivo em certos casos, mas deve-se considerá-lo à luz das nuanças que esses verbos carregam. "Adquirir" significa adquirir os direitos sobre uma pessoa ou um objeto. Vender significa ceder estes mesmos direitos a uma outra pessoa. "Vender" uma criança significa, neste caso, ceder a um outro qualquer a autoridade parental, a autoridade paterna em uma sociedade patriarcal. A outra pessoa pode, portanto, dispor desta criança como de um próprio filho. Evidentemente, isto não atenua a situação delicada em que se encontram as famílias endividadas, reduzidas a essas medidas extremas, mas, pelo menos, o vocabulário empregado não carrega a crueldade que por vezes lhe é atribuído.

Na Bíblia, a escravidão por endividamento durava no máximo seis anos. Segundo a lei de Ex 21,2-11, ela se aplica somente aos homens. No entanto, se alguém vender sua filha como escrava, ela assim permanecerá por toda a sua vida. A lei do Deuteronômio muda um pouco estas diretivas e diz explicitamente que o escravo e a escrava devem ser libertados no sétimo ano (Dt 15,12). Algumas leis da Mesopotâmia obrigam a libertar os que foram feitos escravos por dívidas depois de três anos. O Levítico, por sua vez, fala de uma libertação geral a cada cinquenta anos. À primeira vista isto parece favorecer os grandes proprietários. Mas qual o motivo desse grande período? Simplesmente porque a situação prevista pelo Levítico é diferente. Antes de mais nada, a escravidão como tal é praticamente abolida. A lei diz explicitamente que se alguém se "vende" como escravo a um outro membro do povo de Israel para quitar suas dívidas, este não poderá ser tratado como um escravo, mas deverá ser tratado como um assalariado ou um hóspede (25,40). Esta cláusula limita fortemente os direitos do proprietário israelita sobre seu "servidor" também israelita. Em segundo lugar, a lei do Levítico introduz um outro modo, mais rápido, de libertar os escravos que se venderam a estrangeiros: o resgate. Aquele que se vendeu pode "resgatar" a si mesmo quando dispor das condições para isto. Até mesmo um membro da sua família pode resgatá-lo. Se, portanto, um parente próximo tem condições de quitar o débito, ele é enviado a fazê-lo em nome da solidariedade familiar (25,47-53). A lei fixa a modalidade do pagamento da quantia a pagar em função do ano jubilar. De qualquer modo, todos os escravos devem ser libertados neste ano (25,40.54).

Teologia das leis sobre o Jubileu

Tanto a propósito das pessoas quanto das propriedades, as leis de Lv 25 afirmam a soberania de Deus, o Senhor de Israel. Sobre as pessoas, eis o texto:

> [Os israelitas] são meus servos, pois os fiz sair da terra do Egito, e não devem ser vendidos como se vende um escravo (Lv 25,42).

O vers. 55 repete a mesma ideia:

> Os israelitas são meus servos, são servos meus que fiz sair da terra do Egito. Eu sou o Senhor vosso Deus (Lv 25,55).

A mesma ideia de soberania é retomada a propósito da terra, com igual força:

> A terra não será vendida perpetuamente, pois ela me pertence e vós sois para mim estrangeiros e hóspedes (Lv 25,23).

O povo e a terra pertencem em primeiro lugar a Deus. O próprio Deus fez seu povo sair do Egito e o libertou da escravidão. Ninguém em Israel tem o direito de condenar à escravidão uma pessoa que o próprio Deus libertou. De igual modo foi Deus quem deu a terra de Canaã ao seu povo (25,38). Portanto, ninguém pode alienar um bem dado pelo próprio Deus. A experiência do êxodo é fundamental para essas leis: com o êxodo, Deus concedeu a liberdade a todo o povo. Ele escolheu este povo e o constituiu como um povo de irmãos (e de irmãs). Esta é também a razão pela qual estes privilégios não valem para os estrangeiros. É permitido emprestar com juros ao estrangeiro (Dt 23,20-21).

Todavia, o Antigo Testamento já contém em germe a ideia de que toda a terra pertence a Deus e que toda a humanidade forma um só povo de irmãos (e irmãs). Segundo o primeiro relato da criação (Gn 1,1–2,4a), foi Deus quem criou toda a terra e a confiou aos seres humanos (1,28). O primeiro casal foi criado "à imagem e semelhança de Deus", isto quer dizer que todos os seres humanos possuem as mesmas características e são, portanto, iguais diante de Deus, seu criador e Senhor. Contudo, seria demasiado simplista estender as leis do Jubileu a todo o gênero humano e dizer que a liberdade de todos os indivíduos e de todas as famílias é inalienável e que os meios de subsistência essenciais, como a terra, são também esses inalienáveis. Esta aplicação, ainda que possível, não é adequada, como já dito.

O Jubileu no Antigo Testamento

As alusões ao Jubileu são bastante raras no Antigo Testamento. O livro de Ezequiel é um dos poucos a falar explicitamente do ano da libertação em uma lei concernente à reconstrução de Jerusalém (Ex 46,17; cf. Lv 25,10). Mas o texto do profeta não indica com precisão quando deve acontecer esta alforria dos escravos.

Outros dois textos são mais explícitos. Jr 34 descreve a alforria coletiva dos escravos e das escravas que foi determinada pelo Rei Sedecias pouco tempo antes da queda de Jerusalém. Contudo, as boas intenções não duram muito tempo. Os proprietários mudaram de ideia mais que depressa e novamente condenaram seus servos e servas à escravidão. Todavia, a lei que é explicitamente citada não é a de Lv 25, a lei sobre o Jubileu, mas a de Dt 25, uma lei sobre o ano sabático que impunha a libertação no sétimo ano dos que foram feitos escravos por dívidas.

O outro exemplo se encontra no livro de Neemias e a conclusão é a mesma. O governador da Judeia, enviado pelo rei da Pérsia, deve afrontar um mal endêmico em Israel, o endividamento de boa parte da população. Estes pais e estas mães de família lamentam-se junto a Neemias, pois obrigam-se a vender seus próprios filhos como escravos e dar como garantia os próprios campos e as próprias vinhas. Neemias propõe uma solução radical, o perdão das dívidas: "Restituí... imediatamente os campos, as vinhas, os olivais e as casas, e perdoai a dívida do dinheiro, do trigo, do vinho e do óleo que haveis emprestado", propôs aos credores, os quais aceitaram de pronto. Esta medida recorda seguramente as diretivas do Deuteronômio a propósito do ano sabático (Dt 15), que fala sobre o perdão das dívidas. Mas nenhuma alusão é feita à celebração do Jubileu. Ne 10,32b é um outro texto que tem relação com o ano sabático, mas não com o ano do Jubileu: "Não colheremos os produtos da terra no sétimo ano, e perdoaremos toda dívida".

É necessário, portanto, admitir o evidente: não há no Antigo Testamento uma prova concreta de que o ano santo do Jubileu tenha sido celebrado alguma vez. Estas leis não parecem ter sido colocadas em prática. Aqueles que defendem a tese contrária apoiam-se apenas sobre hipóteses.

Por que a lei não entrou em vigor? As razões são plurais. Com grande probabilidade, a lei não era praticável. Cinquenta anos é um tempo muito longo, que ultrapassa a expectativa de vida da maior parte da população da época. Se alguém se tornava escravo no ano seguinte ao ano sabático, não tinha possibilidade alguma de ser libertado antes de sua morte. E mais, é necessário admitir que a obrigação de no mesmo ano libertar todos os escravos e restituir aos seus proprietários todos os campos cedidos para dívidas podia criar uma situação impossível de gerir.

A teoria mais interessante é ainda aquela que vê na celebração do Jubileu uma recordação do fim do exílio. Com efeito, o exílio tinha durado cinquenta anos, de 586 a 536 a.C. O fim do exílio foi percebido como uma libertação: Deus libertara o seu povo da escravidão da Babilônia como o libertara da escravidão do Egito (Jr 16,14-15; 23,7-8; Is 40,2). Ademais, Deus também restituíra ao seu povo suas terras e suas casas. Provavelmente as leis do Levítico quiseram introduzir uma festa que recordasse este acontecimento. Talvez haja ainda outros motivos: quando os exilados começaram a retornar, encontraram suas terras e suas casas ocupadas por aqueles que tinham permanecido na terra. A lei conteria, então, um apelo a restituir aos proprietários originais aquilo que lhes pertencia antes da primeira queda de Jerusalém, ou poderia ainda justificar o fato de que estes os tenham retomado. Tudo isto, contudo, são conjecturas.

Há um último texto do Antigo Testamento que promete um ano santo. Esse texto é importante, pois permite estabelecer uma relação com o Novo Testamento. Trata-se de Is 61:

> O Espírito do Senhor está sobre mim,
> Pois o Senhor me ungiu; me enviou a anunciar a boa-nova aos pobres, a curar os quebrantados de coração,
> A proclamar a libertação aos escravos e a libertação aos que estão presos,
> A proclamar um ano de graça do Senhor e um dia de vingança do nosso Deus, a fim de consolar todos os aflitos... (Is 61,1-2).

Este "ano de graça" é o ano santo ou Jubileu, como se deduz de uma aproximação entre o oráculo e as leis de Lv 25. É um ano no qual os prisioneiros e os escravos deverão ser libertos. Estes escravos são os exilados que são comparados com aqueles que foram feitos escravos para pagar suas dívidas. Os versículos seguintes são explícitos quanto à identidade dos beneficiários do oráculo:

> Reedificarão as antigas ruínas,
> Recuperarão as regiões despovoadas de outrora; repararão as cidades devastadas,
> As regiões que ficaram despovoadas por muitas gerações... (Is 61,4).

Trata-se dos exilados que retornam e reconstroem as cidades destruídas pelas invasões babilônicas. Temos aqui uma indicação suplementar em favor da estreita ligação entre o Jubileu e o retorno do exílio. O ano da graça é, portanto, o ano que põe fim à deportação e abre as portas para o retorno à terra prometida.

PARA APROFUNDAR

BERGSMA, J.S. *The Jubilee from Leviticus to Qumran*: A History of Interpretation. Leiden: Brill, 2007 [VTS, 115].

CARDELLINI, L. "Le radici del 'Giubileo' biblico". In: *Seminarium*, 39, 1999, p. 37-72.

KIM S.-J. *Se reposer pour la terre, se reposer pour Dieu* – L'année sabbatique en Lv 25,1-7. Berlim/Boston: Walter de Gruyter, 2012 [BZAW, 430].

LEFEBVRE, J.-F. *Le jubilé biblique* – Lv 25: exégèse et théologie. Friburgo/Göttingen: Universitätsverlag/Vandenhoeck & Ruprecht, 2003 [OBO, 194].

9
A PEREGRINAÇÃO

A peregrinação, segundo as definições dos dicionários, é uma "viagem individual ou coletiva que se faz caminhando em direção a um lugar santo, por motivos religiosos e em espírito de devoção". A peregrinação é, portanto, uma viagem "direcionada", pois tem um objetivo preciso: chegar a um lugar que tem uma qualidade própria, e esta é seu caráter "santo". Não se vai a um lugar de peregrinação apenas para fazer turismo, para pensar em negócios ou simplesmente para "mudar os ares". Toda peregrinação é permeada por uma atmosfera religiosa. A peregrinação é uma iniciativa "religiosa" em todo o seu desenrolar.

A peregrinação, como se sabe, é um fenômeno tão antigo quanto o mundo, ou ao menos quanto a humanidade, e é natural que se ouça falar de peregrinações também na Bíblia. Contudo, frequentemente tende-se a esquecer uma dimensão fundamental entre o sentido próprio da palavra "peregrinação" e o seu sentido amplo que permite aplicá-la a realidades análogas, mas também diferentes. Nas leis do Antigo Testamento há alusões claras a peregrinações regulares que os membros do povo de Israel fazem em diversos momentos do ano. Há, inclusive, alguns relatos que têm como pano de fundo as peregrinações. O conceito de peregrinação se aplica também às peregrinações dos patriarcas, ao êxodo e à marcha de Israel no deserto, ou ainda ao retorno do exílio. A passagem de um sentido ao outro é possível. Aliás, em certos casos, isto é sugerido pelo próprio texto. É importante notar, todavia, que há uma diferença importante entre as verdadeiras peregrinações e as realidades que são descritas *como* peregrinações. Neste segundo caso, é conferido um "valor agregado" a uma realidade que tem outros significados. O processo de reinterpretação que se dá neste segundo caso é essencial, e a leitura dos textos deve levá-lo em consideração se pretende ser fiel à intenção dos escritores da Bíblia.

Estas reflexões indicam um sentido que deve ser seguido na investigação dos textos que desenvolvem a temática das peregrinações no Antigo Testamento. Em primeiro lugar, falarei das peregrinações no seu sentido próprio. Em seguida veremos como a ideia de peregrinação foi utilizada para reler algumas páginas importantes da história de Israel.

Peregrinações sazonais e anuais

Um primeiro texto que deve ser lido atentamente é Ex 23,14-17:

Três vezes ao ano farás festa em minha honra:

> Celebrarás a Festa dos Ázimos: durante sete dias comerás ázimos, como te ordenei, no tempo marcado do mês de Abib, porque foi nesse mês que saíste do Egito. Ninguém compareça de mãos vazias perante mim. Celebrarás a Festa da Messe, das primícias dos teus trabalhos de semeadura nos campos, e a Festa da Colheita, no fim do ano, quando recolheres dos campos o fruto dos teus trabalhos. Três vezes ao ano, toda a população masculina comparecerá perante o Senhor Deus.

O texto sugere claramente que as "festas" são ao mesmo tempo celebrações sazonais e ocasiões de peregrinações (este calendário é mencionado novamente com pequenas diferenças em Ex 34,18.22-23). O paralelismo entre os vers. 14 e 17 não deixa dúvidas a este respeito: há três "festas" a cada ano, três vezes ao ano todo homem deve apresentar-se diante do Senhor e, acrescido o vers. 15, não se pode "comparecer diante do Senhor de mãos vazias". As três festas, segundo o que foi dito, são três festas de peregrinação: a Festa dos Ázimos, a Festa da Messe e a Festa da Colheita.

Há uma primeira peculiaridade que merece atenção. A palavra hebraica usada para dizer "festa" nas leis de Ex 23 é uma palavra específica: *ḥag*. A mesma raiz encontra-se na palavra *hadj*, que designa a peregrinação a Meca. O peregrino se chama *el-hadj*. Segundo os especialistas no assunto, o verbo usado em Ex 23,14 – *ḥgg*, "celebrar", "festejar", "participar de uma peregrinação" – significa originariamente, "girar", "dançar". Este significado talvez esteja presente no relato de Jz 21,19-21, onde se fala de uma "festa" (*ḥag*) anual em Silo durante a qual as moças "dançam" (21,21 – mas se usa um outro verbo, *ḥwl*). De qualquer modo, a etimologia de uma palavra raramente nos dá informações sobre o seu significado. Todavia, o contexto das leis é bastante claro e permite traduzir o verbo como "celebrar uma festa de peregrinação".

Ainda segundo as leis de Ex 23,14-17, as festas são três e são bastante conhecidas. Elas correspondem a três momentos importantes do ano agrícola. A Festa dos Ázimos – e note-se que não se fala da Páscoa em Ex 23,15 – coincide com o início da colheita e, portanto, com o momento no qual se pode colher o primeiro pão da nova estação. Além disso, a festa é relacionada com um evento histórico, ou seja, a saída do Egito, que ocorreu no mês de Abib, palavra que, aliás, significa "espiga"[23]. A segunda festa é a Festa da Messe, ao final da colheita, e corresponde, nos calendários mais tardios, à Festa de Pentecostes. A terceira festa, enfim, chama-se "Festa da Colheita": é uma festa outonal que conclui a vindima ou a colheita das olivas, ou ambas. Como diz o texto, esta festa é celebrada ao final do ano agrícola e corresponde à Festa das Tendas ou dos Tabernáculos (*sukkôt*) nos outros calendários. A festa sobre a qual Jz 21 fala coincide, com grande probabilidade, com a da vindima, pois as moças dançam nas vinhas (21,20-21).

Vimos que, surpreendentemente, a Páscoa não é mencionada. Todavia, o calendário de Ex 23 é caracteristicamente agrícola, enquanto a Páscoa é uma festa pastoril. Outros calendários tentarão combinar as duas festas, a agrícola e a pastoril: os Ázimos e a Páscoa.

A Festa dos Ázimos é a única festa deste antigo calendário que é explicitamente relacionada a um evento da história de Israel, o êxodo. As outras duas festas não têm qualquer ligação com acontecimentos do êxodo, como acontecerá mais tarde. A Festa da Messe será relacionada ao dom da Lei sobre o Monte Sinai e a Festa das Tendas à permanência de Israel no deserto.

É importante observar que as três festas de peregrinação representam três momentos nos quais o alimento é abundante: o início e o fim das colheitas, a vindima e a colheita das olivas. Ademais, são momentos que obrigam as famílias e os clãs a se reunirem para os trabalhos nos campos. A festa que correspondia a estes três importantes momentos da atividade agrícola tinha, portanto, um motivo natural e simples. As famílias e os clãs que se reuniam para o trabalho têm uma ocasião para celebrar juntos estes momentos de vida social mais intensa, e a fartura de alimentos, por sua vez, também é um convite a celebrar. A festa é um prolongamento natural da atividade econômica.

---

23 O nome "Tel Aviv", em hebraico, significa literalmente "colina da espiga". O nome se encontra em Ez 3,15. Mas a localidade mencionada em Ezequiel tem um nome acádico que significa, provavelmente, "colina do dilúvio", vale dizer "colina que permaneceu emersa por ocasião do dilúvio".

Percebemos um outro elemento interessante nessas leis, a saber, que o texto não especifica nem o porquê nem o como das peregrinações que fazem parte de cada uma das três festas. Nem a data e nem o ritual da cerimônia são precisados, não se diz a qual santuário cada um deve se dirigir, e o texto sugere, mas sem maiores informações, que haverá três reuniões litúrgicas a cada ano por ocasião das três festas supramencionadas. O texto detalha apenas dois aspectos: (1) são os homens – os machos – que devem "apresentar-se diante do Senhor" (o vers. 17 recita literalmente: "toda a população masculina") e (2) não podem apresentar-se de mãos vazias (vers. 15b).

O calendário reflete uma situação bastante antiga quando ainda não havia calendário fixo e único para todo o território. As festas eram organizadas a cada ano de acordo com o andamento dos trabalhos agrícolas. Trata-se de uma sociedade de pequenas vilas que tinham cada uma o seu próprio ritmo, os próprios santuários locais e que podiam se organizar de modo simples, pois todos se conheciam, as distâncias não eram significativas e a fácil comunicação congregava a todos sem dificuldades. Uma sociedade mais diversificada e uma população mais importante certamente teriam exigido uma organização mais sofisticada.

Poder-se-ia pensar que o motivo das peregrinações fosse o agradecimento. Um pouco mais à frente um outro texto detalha que se deve levar à casa do Senhor "as primícias dos frutos da terra" (Ex 23,19a). A oferta é muito parecida, em alguns versículos, com a contribuição oferecida aos chefes de tribos. As motivações desta oferta são mais espirituais e têm um fundamento histórico-teológico, como, por exemplo, no caso da Páscoa. Mas a semelhança entre a oferta levada ao templo e o imposto entregue ao líder de tribo é inegável. Uma mesma palavra hebraica, que, contudo, não aparece em Ex 23, *minḥâ*, pode significar, em um contexto cultual, "dom", "oferta" destinada a Deus e, em um contexto profano, um imposto a pagar a um soberano, por exemplo Eglom em Jz 3,15.17-18, Davi em 2Sm 8,2, Salomão em 1Rs 5,1. Apresentar-se no templo de Deus significa, em outras palavras, apresentar-se ao soberano para reconhecer a própria dependência em relação a este.

Um outro texto no livro do Deuteronômio fala, também este, sobre a oferta das primícias, mas é mais explícito a este respeito e é o texto que nos permite compreender melhor o significado da peregrinação no Antigo Testamento.

Festas anuais mencionadas na Bíblia (Ex 23,14s.)

• **14/15 de nisan:** Páscoa (Ex 12s.; 23,15; 34,18; Dt 16,1s.; Lv 23,5s.; Nm 28,16). Ázimos durante sete dias. Oferta do primeiro feixe de espigas "no dia seguinte ao sábado" (Lv 23,11).

• **Sivan:** Sete semanas após a oferta do primeiro feixe de espigas: Festa das Semanas, da Colheita, das Primícias, Pentecostes (Ex 23,16; 34,22; Dt 16,9s.; Lv 23,15s.; Nm 28,26s.; At 2,1).

• **O 1º de tshri:** Noemênia: dia das Aclamações (Lv 23,23s.; Nm 29,1s.): *Rosh hashná* ou Ano-novo do judaísmo.

• **Dia 10 de tishri:** *Yom hakippurim*: dia das Expiações (Lv 16; 23,26s.; Nm 29,7s.). Jejum (cf. At 27,9).

• **De 15 a 23 de tishri:** Festa das Tendas (Tabernáculos) ou Cenopégia (Dt 16,13s.; Lv 23,33s.; Nm 29,12s.; Jo 7,2). É "a Festa da Colheita no fim do ano" (Ex 23,16), "na passagem do ano" (34,22), portanto, Festa do Ano-novo outonal, como em Canaã.

• **25 de kisleu:** Encênias, com oitava (1Mc 4,52; 2Mc 10,5; Jo 10,22), isto é, a Dedicação, *Hanukka* em hebraico. Festa das Luzes (Flávio Josefo).

• **13 de adar:** dia de Nicanor (1Mc 7,49; 2Mc 15,36).

• **14/15 de adar:** Festa dos Purim ou Sortes (Est 9,21s.), ou Dia de Mardoqueu (2Mc 15,36).

Fonte: *Bíblia de Jerusalém*. São Paulo: Paulus, 2017, p. 2.191 [Apêndice].

A oferta das primícias

Quando entrares na terra que o Senhor teu Deus te dará como herança, e a possuíres e nela habitares, tomarás as primícias de todos os frutos que recolheres do solo que o Senhor teu Deus te dará, e colocando-as num cesto irás ao lugar que o Senhor teu Deus tiver escolhido para aí fazer habitar o seu nome. Te apresentarás ao sacerdote em função naqueles dias e lhe dirá: "Declaro hoje ao Senhor teu Deus que entrei na terra que o Senhor, sob juramento, prometera aos nossos pais que nos daria!"

O sacerdote receberá o cesto de tua mão, colocá-lo-á diante do altar do Senhor teu Deus, e, tomando a palavra, tu dirás diante do Senhor teu Deus: "Meu pai era um arameu errante: ele desceu ao Egito e ali residiu com poucas pessoas; depois tornou-se uma nação grande, forte e numerosa. Os egípcios, porém, nos maltrataram e nos humilharam, impondo-nos uma dura escravidão. Gritamos então ao Senhor, Deus de nossos pais, e Ele ouviu a nossa voz: viu nossa miséria, nosso sofrimento e nossa opressão. E o Senhor nos fez sair do Egito com mão forte e braço estendido, em meio a grande terror, com sinais e prodígios, e nos trouxe a este lugar, dando-nos esta terra, uma terra onde mana leite e mel. E agora, eis que trago as primícias dos frutos da terra que Tu me deste, Senhor. E as depositarás diante do Senhor teu Deus, e adorarás o Senhor teu Deus. Alegrar-te-ás, então, por todas as coisas boas que o Senhor teu Deus deu a ti e à tua casa e, juntamente contigo, o levita e o estrangeiro que reside em teu meio.

Este texto é famoso por vários motivos, dentre eles porque apresenta um dos exemplos mais claros do chamado "pequeno credo histórico" identificado, faz alguns anos, pelo grande exegeta alemão Gerhard von Rad. Além disso, contudo, nos apresenta o ritual descrito com riqueza de detalhes.

A liturgia descrita em Dt 26 tem um teor de agradecimento. A conclusão da oração que acompanha a oferta é o sinal mais evidente disto. O israelita que leva ao templo um cesto com as primícias de sua colheita confessa sua fé que culmina com a seguinte frase: "E agora, eis que trago as primícias dos frutos da terra que Tu me deste, Senhor" (26,10). O que isto significa? O raciocínio é simples: após a colheita o agricultor põe-se a refletir sobre sua origem. A terra que cultiva, que produz frutos e permite o próprio sustento e de toda a sua família é, na verdade, um dom que tem uma longa história. Se o Senhor não tivesse intervindo várias vezes, o israelita ainda seria um "arameu errante" como os seus antepassados, em particular como Jacó, ou seria ainda escravo no Egito, ou até mesmo um errante no deserto. O solo cultivado e os seus produtos são fruto de uma longa série de intervenções do Senhor em favor do seu povo. O povo toma consciência disto cada vez que percebe de maneira mais clara os benefícios devidos à bondade do Senhor seu Deus. As diversas etapas da colheita são alguns destes momentos.

Assistimos ao vivo, por assim dizer, ao modo com o qual Israel une festas agrícolas e memória histórica. Já nos calendários mais antigos vimos que a Festa dos Ázimos é relacionada à saída do Egito (Ex 23,15; cf. 34,18). Pode-se dizer que a relação é casual, pois se trata de uma pura coincidência temporal: a saída do Egito aconteceu no "mês das espigas", o mês de Abib, quando começa a colheita e se pode amassar o primeiro pão da estação. Em Dt 26,1-11, ao contrário, a relação é ao mesmo tempo mais estreita e mais genérica. A oferta das primícias é relacionada ao dom da terra, mas não a um só evento particular. Com efeito, o dom da terra é fruto de uma longa

123

história que se inicia com os patriarcas (no caso, Jacó, ainda que o mesmo não seja nominado), continua com o êxodo e com a permanência no deserto, e termina com o ingresso na terra "dada" pelo Senhor ao seu povo.

O "dom" da terra concedido pelo Senhor, Deus de Israel, é um elemento-chave deste texto litúrgico que permite dar um passo adiante na sua interpretação. A "peregrinação" ao santuário onde habita o "nome do Senhor" e a oferta das primícias, tal como descritos em Dt 26,1-11, são gestos que têm um estreito paralelo com os cerimoniais do antigo Oriente Médio, mais concretamente com os rituais que regulavam as relações entre soberanos e vassalos.

Os entalhes na Mesopotâmia e no Egito e numerosos textos fazem alusão ao tributo que os vassalos deviam pagar regularmente ao seu soberano. Além disso, temos diversas representações das procissões dos cobradores de impostos que levam o seu tributo e diversos presentes e, quando chegam à presença do seu soberano, prostram-se diante dele. O gesto da prostração é bastante conhecido em todo o antigo Oriente Médio como gesto de submissão ao soberano.

O israelita que chega à casa do Senhor (Dt 26,2) oferece ao seu Senhor as primícias dos produtos da terra (26,4.10) e se prostra diante dele (26,10). Além disso, as primícias, são depositadas diante do sacerdote, sobre o altar do Senhor (26,4). Todos estes gestos têm um correspondente no ritual que acompanha a oferta do tributo dos vassalos aos seus soberanos. Em outras palavras, segundo o simbolismo concreto do ritual, o israelita reconhece como único soberano o Senhor, seu Deus, e se reconhece como seu fiel e devoto vassalo.

Não nos deve espantar encontrar no livro do Deuteronômio uma descrição muito precisa do protocolo das cerimônias nas quais os vassalos reconhecem a autoridade do seu soberano. Todo o livro do Deuteronômio, com efeito, é marcado pela "teologia da aliança". O reino de Judá no tempo de Josias aproveitara-se de um rápido declínio do Império Assírio para reconquistar a sua independência. Em um mundo onde imperava a política das alianças, o pequeno reino de Judá quer afirmar a própria identidade e independência firmando aliança não com um soberano humano, mas com o seu Deus, o Senhor (YHWH). O Senhor de Israel tomava, portanto, o lugar do "grande rei" da Assíria. Depois de ter concluído um pacto com o seu Deus, Israel devia se comportar em tudo como um vassalo em relação ao seu único soberano. O tributo pago ao soberano, por exemplo, era oferecido a Deus. A viagem dos vassalos à capital do rei estrangeiro para lhe oferecer o tributo se transforma em peregrinação em direção à cidade santa e ao Templo de Jerusalém, onde residia o único soberano ao qual Israel jurara fidelidade e lealdade. Enfim, a oração recitada pelo israelita quando chegava ao templo – vale dizer, o "palácio" do seu Deus – apresentava as razões pelas quais o israelita era "vassalo" do Senhor seu Deus. O "pequeno credo histórico" não é outra coisa que não um resumo dos benefícios concedidos pelo Senhor ao seu povo, benefícios que fundamentam a relação que os une de modo exclusivo. Peregrinar ao templo do Senhor significava, para o israelita, reconhecer que devia ao Senhor tudo aquilo que ele era, que lhe havia "dado" uma terra como um soberano "dá" uma terra a um vassalo.

A peregrinação ao único santuário que é o Templo de Jerusalém não é, portanto, um gesto de mera devoção ou de reconhecimento. É rica de uma gama de significados que conjugam a história do povo com a teologia da aliança para exprimir de modo concreto a relação única que liga o Senhor Deus de Israel ao seu povo eleito.

O Deus que se move "sobre rodas"

O povo de Israel não foi fiel à aliança. A tomada e o saque de Jerusalém em 587-586 a.C., a destruição do templo e o exílio da casa real de Judá, juntamente com a corte e uma parte da população, foram interpretados como consequência da deslealdade que Judá demonstrou para com seu soberano, o Senhor seu Deus. Ele, no entanto, não abandona completamente o seu povo. A esplêndida visão de Ez 1–3, por exemplo, tem como escopo mostrar que o Deus que residia no Templo de Jerusalém não é de nenhum modo uma "divindade local" que é destituída do poder quando a sua cidade santa foi conquistada pelo exército babilônico. O Deus de Israel não está preso a um lugar. Ao contrário, deixou o templo antes mesmo que a cidade fosse tomada e partiu em direção ao oriente (Ez 10,18-22). As diversas visões de Ezequiel mostram que o Senhor Deus de Israel é capaz de se deslocar. Por este motivo, a descrição das rodas tem uma importância decisiva nas visões de Ez 1,15-21 e 10,9-13.16-17.19. As asas dos querubins que lhes permitem voar e transportar a glória divina têm a mesma função (Ez 1,6-9; 10,5.12.16). Deus, em outras palavras, pode se deslocar, e por isso pode vir a encontrar o seu povo no exílio, lá onde o Profeta Ezequiel vê a glória de Deus aparecer (cf. Ez 1,1).

Com grande probabilidade a visão de Ezequiel retoma temas e imagens comuns nas religiões do antigo Oriente Médio. Algumas representações assírias são bastante vizinhas àquelas descritas no livro de Ezequiel. Em algumas imagens vemos um soberano carregado sobre seu trono ou até mesmo uma divindade colocada sobre a abóboda celeste. De qualquer modo, a obra-prima de Ezequiel foi utilizar estas imagens para permitir que Israel superasse a crise do exílio. A fé de Israel foi profundamente abalada por esta experiência. Contudo, sua fé foi ao mesmo tempo purificada e aprofundada. A imagem de Deus que emerge dos escritos dessa época é indubitavelmente superior e mais rica do que aquela das épocas precedentes.

A procissão de retorno

A mesma imagem será encontrada novamente alguns anos depois no assim chamado Segundo Isaías (Is 40–55), contudo, sem o complexo aparato de Ezequiel. De acordo com a maioria dos especialistas, o Segundo Isaías, talvez um dos maiores poetas da Bíblia hebraica, escreve após o final do exílio. As imagens que utiliza para descrever o fim do exílio e o primeiro retorno são muito interessantes. Dedicar-me-ei especialmente sobre uma particularidade que tem especial relevância na nossa argumentação.

Is 40,9-11 é a quarta e última estrofe do primeiro e mais conhecido oráculo do Segundo Isaías, o "consolai, consolai o meu povo" que deu nome ao assim chamado "livro da consolação", ou seja, a segunda parte do livro de Isaías (Is 40–55). Esta estrofe recita:

> Sobe a um alto monte, mensageira de Sião;
> Eleva a tua voz com vigor, mensageira de Jerusalém!
> Eleva-a, não temas; dize às cidades de Judá: "Eis aqui o vosso Deus!"
> Eis aqui o Senhor Deus: Ele vem com poder, o seu braço lhe assegura o domínio.
> Eis com Ele o seu salário, diante dele a sua recompensa.
> Como um pastor Ele apascenta o seu rebanho:
> Com o seu braço reúne os cordeiros, carrega-os no seu regaço, conduz carinhosamente as ovelhas que amamentam.

O leitor destes versos nada percebe de tão singular, ao menos à primeira vista. Todavia, há dois elementos absolutamente incríveis nesta notícia que a "mensageira" deve comunicar a Jerusalém. Leiamos atentamente o trecho para descobri-las. A citação descreve primeiramente o retorno de Deus à sua própria cidade, Jerusalém, cidade que, segundo Ezequiel, o próprio Deus deixara quando fora tomada e incendiada pelos babilônios. Quem retorna, contudo, senão o grupo dos exilados? O Segundo Isaías identifica Deus com este grupo. Daí vem a consolação para a cidade santa e para o povo. Aqueles que estiveram no exílio durante cerca de cinquenta anos e que agora retornam à sua pátria serão os "consoladores" de Sião. E Deus caminha com eles. A estrada que deve ser preparada e construída no deserto não é para o povo que retorna à pátria, mas para o próprio Senhor (40,3). Fazendo isto, o retorno será similar a uma grande procissão em direção à cidade santa, uma espécie de peregrinação a Jerusalém. Contudo, trata-se de uma peregrinação muito particular, pois não se caminha em direção ao Deus que reside no templo: é, na verdade, Deus que caminha em direção à cidade, em meio ao povo, para reconstruir o templo.

As imagens escolhidas pelo Segundo Isaías são tiradas das marchas triunfais dos vencedores ou dos conquistadores que depois da vitória retornam à sua capital, para aí se instalarem e celebrarem o seu reinado. O Senhor faz o seu "festivo ingresso" em Jerusalém, com o butim que acumulou depois de suas vitórias: "Eis com Ele o seu salário, diante dele a sua recompensa" (Is 40,10b).

As últimas imagens, mais comuns a quem é habituado às metáforas bíblicas, provêm da vida pastoril e fazem parte de um modo costumeiro de descrever o soberano como "pastor" do seu povo. No entanto, o Deus de Israel se distingue pelo modo singular com que cuida de seu rebanho: pastoreia, recolhe Ele mesmo os cordeiros e os carrega nos braços; enfim, caminha mais devagar para não cansar as ovelhas que a pouco pariram.

O Segundo Isaías transforma radicalmente a imagem da peregrinação para a cidade santa, da qual falava, por exemplo, Dt 26,1-11. Para o nosso profeta, é o próprio Deus que se dirige à sua cidade para reconstruí-la e tomar posse do seu reino (cf. Is 52,7). Talvez seja a primeira vez que a Bíblia descreva um "Deus peregrino", um Deus que retorna soberano e triunfal da Babilônia à própria cidade. A imagem do "peregrino" aparece ainda mais clara no livro do Êxodo.

O Deus que peregrina na tenda

O texto do livro do Êxodo que comentarei foi escrito depois do exílio, no momento do primeiro retorno à pátria, provavelmente depois do texto de Is 40 que lemos há pouco. Os dois textos, portanto, são quase contemporâneos, mesmo descrevendo o retorno de dois modos muito diferentes. Ex

29,43-46 pertence àquele que os especialistas chamam de "relato sacerdotal" por causa de seu particular interesse pelo culto. Este relato tem como objetivo reler a antiga história de Israel à luz dos acontecimentos contemporâneos. A sua descrição da saída do Egito, da teofania no Sinai e da permanência no deserto deve ser lida, portanto, como interpretação do retorno do exílio.

O texto que pretendo examinar faz parte da teofania do Sinai e conclui uma longa série de prescrições sobre a edificação da tenda do encontro, ou seja, o santuário portátil que acompanha Israel durante a sua marcha no deserto e as diversas regras sobre o culto a ser prestado nesta tenda. O texto recita:

> Ali [na tenda do encontro] virei me encontrar com os filhos de Israel, e o lugar ficará santificado por minha glória. Santificarei a tenda do encontro e o altar. Consagrarei também Aarão e seus filhos para que exerçam o meu sacerdócio. Habitarei no meio dos filhos de Israel e serei o seu Deus. E eles conhecerão que eu sou o Senhor, o seu Deus, que os fez sair do país do Egito para habitar no meio deles. Eu sou o Senhor, seu Deus.

Neste oráculo, o Senhor que fez Israel sair do Egito explica que pretende habitar de agora em diante *no meio do seu povo*. Esta particularidade talvez já não impressione tanto, pois a expressão é usada com frequência na Bíblia hebraica. O oráculo, contudo, a repete por duas vezes (vers. 44 e 45). Já no início da longa seção dedicada às instruções sobre a construção do santuário, Deus havia manifestado a sua vontade de habitar *em meio ao povo* (Ex 25,9): "eles me farão um santuário e eu habitarei no meio deles".

Por que insistir sobre a intenção de Deus de habitar "no meio do seu povo"? A razão é simples, mas requer uma explicação circunstanciada. A verdadeira morada de Deus é, segundo diversos textos, o céu. O próprio Deus, quando quer aproximar-se do seu povo, desce sobre o Monte Sinai (cf. Ex 19,18.20). Ou, até mesmo, Deus habita no seu templo, o Templo de Jerusalém. Enfim, em alguns relatos que têm como quadro a permanência no deserto, Deus mora em uma tenda *fora* do acampamento. Ex 33,7-11 termina com uma frase bastante conhecida: "o Senhor falava a Moisés face a face" na tenda do encontro (33,11), tenda esta que se encontrava "fora do acampamento, longe do acampamento" (33,7). Em Nm 11,16-17.24-29 setenta dentre os anciãos recebem uma parte do espírito de Moisés ao redor da tenda do encontro. O relato supõe que a tenda seja situada fora do acampamento, pois o jovem rapaz que correu para advertir Moisés de que dois homens profetizavam no acampamento precisou correr e cumprir certa distância antes de poder dar-lhe a notícia (Nm 11,26-27).

Estes textos mais antigos do que o texto sacerdotal que estamos lendo, mostram que em certas tradições a tenda do encontro e o acampamento estavam em lugares distintos. A distância que os separava era sinal da distância que separava Deus do seu povo e o mundo sacro do mundo profano. No relato sacerdotal, esta distância encurta-se consideravelmente, pois Deus, o Senhor de Israel, passa a habitar *no meio do seu povo*. A descrição de Nm 2, talvez mais tardia que o texto de Ex 29, coloca a tenda no centro de uma cruz grega, os braços da qual são formados por quatro grupos de tribos cada um.

O Deus de Ex 29 quer, portanto, se aproximar o máximo possível do povo. A tenda onde reside a sua "glória" que santifica a tenda, o altar e os sacerdotes, Aarão e os seus filhos, ou seja, o pessoal do serviço à tenda, ocupa o lugar que, com grande probabilidade, a tenda do chefe de tribo ocupava em um acampamento tradicional. É possível que ao lado da tenda do chefe de tribo existisse, em certos casos, uma outra tenda reservada à divindade venerada pela tribo. Segundo o relato sacerdotal, ao contrário, há somente uma tenda no centro do acampamento, a tenda do Senhor, Deus de Israel. A tenda do encontro do relato sacerdotal seria, portanto, ao mesmo tempo, a tenda do chefe de tribo e o santuário. Em outras palavras, Deus toma o lugar do patriarca, do *pater familias*, e se identifica com ele[24].

Um outro elemento merece ser notado. As dimensões da tenda do encontro têm como referencial as dimensões do templo de Salomão, mas reduzidas à metade (cf. Ex 27–28 e 1Rs 6). O significado desta particularidade é duplo. Por um lado, significa que a tenda é um substituto do Templo de Jerusalém. Por outro, significa que o Deus que residia no templo, agora mora no deserto, em uma tenda, em meio ao seu povo, e o acompanha em todas as suas etapas em direção à terra prometida. Em palavras simples, o Deus que habita Jerusalém, a cidade santa situada ao final do longo caminho, alcança o povo em marcha e se faz peregrino entre os peregrinos para com eles caminhar no deserto em direção à meta final da viagem. Na linguagem das imagens propostas pelo relato sacerdotal, a peregrinação não significa mais caminhar para um santuário, mas caminhar com o santuário e sob a guia de Deus que, como todos os peregrinos, reside numa tenda.

---

24 Durante uma campanha militar, a tenda do comandante do exército também se encontrava no centro do acampamento. Judite, p. ex., atravessou todo o acampamento para retornar à sua casa depois de ter assassinado o general inimigo (Jd 13,10).

PARA APROFUNDAR

ANDREATTA, L. (org.). *Pellegrinaggio, sentiero di pace*. Casale Monferrato, AL: Piemme, 2003.

BECKWITH, R.T. *Calendar, Chronology and Worship*. Lieden: Brill, 2006 [Studies in Ancient Judaism and Early Christianity].

GESUNDHEIT, S. *Three Times a Year*: Studies on Festival Legislation in the Pentateuch. Tübingen: Mohr Siebeck, 2012 [FAT, 82].

PERETZ, Y.L. & SHOLEM, A. *Le feste ebraiche*. Milão: Paoline, 2000.

TUCKETT, C. (org.). *Feasts and Festivals*. Lovaina/Paris/Walpole, MA: Peeters, 2009 [Contributions to Biblical Exegesis and Theology, 53].

WAGENAAR, J.A. *Origin and Transformation of the Ancient Israelite Festival Calendar*. Wiesbaden: Harrassowitz, 2005 [BZAR, 6].

10
O DIREITO E A LEI

O ex-presidente da corte constitucional, Gustavo Zagrebelsky[25], afirmava em artigo publicado no *La Repubblica*, em 25 de junho de 2003, que existe uma diferença essencial entre o direito e a lei ou as leis. Para ilustrar esta distinção ele escolheu como exemplo a célebre tragédia de Sófocles: *Antígona*. Para Zagrebelsky, Antígona representa o mundo do direito (*ius*) enquanto Creonte, seu tio, representa o mundo da lei (*lex*). Como se sabe, Antígona quis sepultar seu irmão Polinice, morto durante a batalha que o opunha a seu tio Creonte e a seu irmão Etéocles. Creonte, rei de Tebas, contudo, decretara que o rebelde não podia ser sepultado. Antígona, todavia, decide desobedecer ao decreto do rei, que representa uma autoridade legítima, para obedecer à "lei não escrita da sua consciência". A tragédia, portanto, coloca em cena um conflito entre dois tipos de autoridade. De um lado, Creonte representava a autoridade das leis históricas promulgadas pela autoridade legítima; de outro lado, Antígona encarna o direito meta-histórico inscrito na natureza humana e os laços de sangue que estão na base da sociedade.

As leis defendidas por Creonte, segundo Zagrebelsky, têm um alcance limitado, pois valem apenas para uma nação ou um determinado grupo. Se são limitadas no espaço, são também limitadas no tempo pelo fato de que entram em vigor uma vez proclamadas, e assim permanecem até que sejam modificadas, atualizadas ou revogadas pela autoridade que as promulgou. As leis, portanto, estão longe de ser imutáveis.

São as necessidades de ordem pública que justificam a existência das leis. Como reconhecia o próprio Creonte, é necessário obedecer às leis, sejam elas quais forem, sob pena de recair na anarquia:

---

25 Professor italiano de Direito Constitucional, presidiu em 2004 a *Corte Costituzionale*, um órgão do sistema político italiano responsável por salvaguardar a constituição, tendo como tarefa julgar a legitimidade dos atos do Estado e das regiões italianas [N.T.].

> Mas é necessário obedecer àquele que a cidade escolheu como chefe até nas pequenas coisas, sendo estas justas ou não [...]. (De fato), não há mal maior do que a anarquia: essa destrói a cidade, leva as famílias à ruína, rompe a ordem e põe em fuga o exército durante a batalha, ao passo que, entre os vencedores, é a disciplina que salva o maior número de vidas. Por isso faz-se necessário defender a ordem e não se deve em hipótese alguma deixar-se vencer por uma mulher [...] (*Antígona*, 666-678).

As leis, enfim, ainda segundo Zagrebelsky, são na sua maior parte obras de homens, e este princípio era verdadeiro sobretudo na Antiguidade, já que o poder era exercido, em grande parte dos casos, por homens.

O direito, ao contrário das leis, não deve ser promulgado e não depende, em hipótese alguma, de uma autoridade humana. Para Antígona, o direito faz parte das "leis não escritas e indestrutíveis dos deuses", e das leis "que não existem desde hoje ou de ontem, mas que existem desde sempre e ninguém sabe quando surgiram" (*Antígona*, 435-457). O direito é universal e por princípio não é limitado nem ao espaço nem ao tempo[26]. Ao mesmo tempo é imutável, não pode ser modificado, adaptado ou cancelado. O direito está ancorado nas estruturas fundamentais da sociedade, sobretudo na família, e está ligado aos acontecimentos mais importantes da vida de uma família, como o nascimento, o matrimônio e a morte. O direito é seguramente superior às leis, pois é mais antigo e fundamental. Enfim, com frequência são as mulheres que, na sociedade, defendem os direitos contra os abusos ou as decisões injustas. Por vezes, elas pagam com a própria vida, como foi o caso de Antígona. Seguramente valeria a pena discutir certos aspectos desta interessante teoria. Por exemplo, o Sócrates de *Críton*, outro célebre escrito que nos foi transmitido pela literatura grega, apresenta uma ideia bastante diferente da "lei". Sócrates não se rebela contra a sentença injusta que o con-

---

26 Não é possível discutir aqui a existência de um "direito universal" que seguramente seria necessário distinguir das suas expressões históricas e culturais. O "direito" que está em questão, neste caso, é muito vizinho ao "direito natural", mesmo que a definição deste "direito natural" seja bastante problemática hoje. Faz-se necessário distingui-lo também do "direito constitucional" proclamado por muitas democracias, já que este "direito constitucional", se bem que procure antes de tudo exprimir os fundamentos do direito, não deixa de ser também ele assinalado pela cultura e pela história do povo que o proclama. Nenhum direito constitucional pretende ser válido para todos os povos e para todos os tempos. Todavia, a "Declaração Universal dos Direitos Humanos" é sem dúvidas uma tentativa de definir estes "direitos fundamentais" que têm um valor universal e que não têm necessidade alguma de serem promulgados para serem respeitados e que nenhum governo pode modificar sem ferir a dignidade humana enquanto tal. O "direito" em questão aqui, é anterior a qualquer código ou qualquer expressão oral ou escrita.

dena à morte. Inclusive, ele refuta a ideia de fugir proposta por seu amigo Críton, e o faz unicamente para obedecer às leis de Atenas às quais, segundo ele, tudo deve. Portanto, refuta-se a desobedecer quando as leis lhe são contrárias, uma vez que sempre tirou proveito de suas vantagens quando estas lhe convieram. A problemática de *Críton* é sem dúvida diferente daquela de *Antígona*, mas não é menos verdade que Platão e Sófocles reagem diferente diante de um conflito entre uma decisão humana e o senso de justiça. Sócrates, é verdade, está sozinho na causa, e o que está em jogo é a sua própria vida, enquanto Antígona defende o direito de um irmão à sepultura e coloca a vida em risco por esta causa. Portanto, é menos interessada do que Sócrates, e o seu caso é mais claro. No *Críton*, de Platão, seria, ao contrário, mais difícil demonstrar que Sócrates quer defender a justa causa de um inocente e que não intenta em primeiro lugar "salvar a sua pele". Mas o nosso propósito não é elucidar estas questões imaginando um debate entre Sófocles e Platão. Ao contrário, pretendemos mostrar que a Bíblia, particularmente o Antigo Testamento, pode fornecer importantes ilustrações sobre a brilhante ideia defendida por Zagrebelsky.

Os Dez Mandamentos e a origem da democracia

A moderna teoria política tende a não dar importância à tradição bíblica, pressupondo, talvez, que a tradição grega tenha exercido mais influência (ao menos em nível consciente) sobre a história do Ocidente. Todavia, se se atenta para o nascimento da ciência jurídica moderna, ao lado da predominante fonte romana, podemos constatar a influência das fontes bíblicas e do direito canônico. A reflexão ética e política moderna herdou da tradição judaico-cristã importantes conquistas, que permitiram uma maior consciência a respeito do papel do indivíduo na comunidade, e a elaboração de conceitos tais como o de igualdade, dignidade e direito. A falta de consideração sobre a importância do texto bíblico para a nossa tradição ética e política não faz justiça à gênese do pensamento ocidental, nem toma consciência de todos os instrumentos conceituais dos quais dispõe. A estratégia política da qual o Decálogo é porta-voz tem um forte componente ético, que se traduz na tutela da vida: o respeito à lei e a sua modalidade são subordinados ao bem do indivíduo. *A demo-*

cracia moderna é o resultado da experiência política de Atenas e da experiência moral de Israel, filtrada pelo cristianismo.
TONELLI, D. *Le tavole di Mosè* – I dieci comandamenti e l'origine della democrazia. Bolonha: EDB, 2014, p. 35-36.

As parteiras do Êxodo

O primeiro exemplo que gostaria de apresentar faz parte de alguns relatos bem conhecidos que descrevem a opressão dos hebreus no Egito, no início do livro do Êxodo. Depois de ter tentado em vão limitar o crescimento do povo impondo-lhe a construção das cidades-armazéns (Ex 1,8-12; cf. 1,13-14), o faraó, sempre preocupado com a "segurança" do seu país, convoca as parteiras dos hebreus[27] e lhes pede que matem todos os meninos[28] logo que nascerem. Como reagem as parteiras? O relato bíblico, com a sobriedade que lhe é própria, diz simplesmente: "Mas as parteiras temeram a Deus: não fizeram como lhes fora ordenado pelo rei do Egito e deixaram os meninos viver" (Ex 1,17). Apraz à língua hebraica jogar com as palavras e, no caso em questão, a narrativa joga com a assonância entre dois verbos, "observar", "ver", de um lado, e "temer", de outro, que em hebraico soam muito parecidos[29]. O faraó tinha ordenado às parteiras que "observassem" bem os meninos no momento do seu nascimento para eliminar os indeseja-

---

27 Já há muito tempo os exegetas discutem sobre a nacionalidade destas parteiras. O texto hebraico é ambíguo, ainda que a tradução mais natural seja: "as parteiras hebreias". A meu ver, é razoável pensar que sejam hebreias, como sugere o texto. Não há nada de estranho no fato de que um tirano peça às parteiras que matem os meninos do seu povo. De qualquer modo, a descrição do faraó é caricatural. A resposta do vers. 19 é irônica e, portanto, não permite ter certeza sobre se esta reflexão tenha sido feita somente por parteiras egípcias. A ordem do faraó no vers. 22 que intima a todo o seu povo a jogar no Nilo os meninos hebreus não permite dizer que se tenha dado antes uma ordem similar às mulheres do seu povo. Enfim, é difícil sustentar que os hebreus não tivessem parteiras, e devessem recorrer às egípcias. O trabalho das parteiras é um dos mais antigos do mundo e em geral recorria-se a membros experientes da própria família ou do próprio clã.

28 Um segundo problema diz respeito à tradução de uma palavra hebraica que significa literalmente "as duas pedras" (1,16). Diversas interpretações foram propostas: o sexo dos meninos, ou, ainda, o assento utilizado para o parto, que era constituído de duas pedras. Todavia, estes problemas não modificam o sentido geral do texto, já que é claro que o faraó pretende suprimir os meninos de Israel.

29 Na língua hebraica, as duas raízes são *yr'* e *r'h*. Algumas formas destes dois verbos são praticamente idênticas, e é o caso do nosso texto no qual a diferença é mínima. Isto já fora percebido pelos comentaristas desde a época dos rabinos.

dos, mas essas "temem" Deus e desobedecem. Se as duas formas verbais são praticamente idênticas e se confundem facilmente, os dois comportamentos são opostos. Com efeito, assistimos a um típico exemplo de "desobediência civil". Segundo a mentalidade da época, era praticamente impensável que alguém pudesse desobedecer a uma ordem do faraó. Mas, contra qualquer expectativa, é exatamente isto que acontece.

Mas que motivo teria levado as parteiras a desobedecer? Segundo Ex 1,17, foi o "temor a Deus". O texto sugere que as parteiras reconhecem um princípio superior à autoridade do faraó. Concretamente, afirmam com o seu comportamento que o faraó não tem autoridade sobre a vida e sobre a morte dos recém-nascidos. Há domínios que escapam à sua autoridade, não obstante, na Bíblia, o faraó seja a personificação do poder absoluto. Com efeito, é difícil imaginar na Bíblia um homem mais poderoso do que o faraó. Contestar o faraó neste aspecto significa, portanto, contestar todo o poder político em todo o seu domínio.

A prova é apresentada nos versículos seguintes. O faraó convoca as parteiras e lhes pede que deem satisfação a respeito do seu comportamento. Estas respondem que não puderam agir, pois as mulheres hebreias são mais vigorosas do que as egípcias, e que elas, as parteiras, chegam sempre tarde demais. Assim, torna-se impossível que elas executem as ordens do soberano. É inútil se perguntar se as parteiras dizem a verdade ou se burlam o faraó. É certo que a resposta é irônica e pode revelar um chauvinismo nacionalista ao sublinhar a superioridade das mulheres hebreias em relação às suas companheiras egípcias que certamente tinham uma cultura mais refinada. Todavia, e é indubitavelmente mais importante, faz-se necessário ressaltar que o faraó nada diz após a resposta das parteiras. Nada há o que replicar! Por quê? Uma resposta pode ser dada considerando os costumes da época. Nenhum homem assistia a um parto no mundo antigo. O faraó, portanto, vê-se na impossibilidade de verificar o que as parteiras dizem, um outro modo que evidencia o limite do seu poder.

O relato de Ex 1,15-22 salienta o contraste entre "direito" e "lei" do qual fala Zagrebelsky. As parteiras põem em discussão uma decisão do faraó que representa o poder legítimo e incontestável, em vista de um princípio superior, o "temor a Deus". Este princípio bíblico corresponde àquilo que Antígona chama a "lei não escrita" da sua consciência ou as leis não escritas e infalíveis dos deuses. No caso particular de Ex 1, trata-se do direito dos recém-nascidos à vida.

O "temor a Deus" é uma expressão bíblica que tem certamente mais do que um significado. Mas, pelo menos em um outro relato, a ideia de "temor a Deus" e a do respeito aos direitos fundamentais da pessoa e da família se equivalem. Trata-se de Gn 20,1-18, uma das três versões do episódio no qual um patriarca apresenta a sua esposa como sua irmã, pois teme por sua própria vida[30]. No relato de Gn 20, Abraão procura justificar a sua conduta afirmando: "Eu disse para comigo: certamente não haverá temor de Deus neste lugar, e me matarão por causa da minha mulher" (20,11). "Temor a Deus" é sinônimo de respeito pela vida das pessoas e dos laços matrimoniais. Trata-se de direitos fundamentais não escritos, pois Abraão não apela a nenhum código de leis. Existe, portanto, segundo estes relatos, uma espécie de "código moral" internacional e universal, ao menos a princípio. Por outro lado, o relato confirma que Abimelec, ao contrário do que pensa Abraão, respeita este código e, sobretudo, que Deus age de modo que este seja respeitado onde quer que o patriarca e a sua família estejam[31].

O nascimento de Moisés

A narrativa do nascimento de Moisés[32] oferece um outro bom exemplo de "respeito ao direito", contra a vontade de um monarca que expede um decreto injusto. O episódio é conhecido e não é necessário relatá-lo. Todavia, há um ponto que merece ser evidenciado. O relato coloca em cena a família

---

30 Cf. Gn 12,10-20; 20,1-18; 26,7-11. Nos primeiros dois casos os protagonistas são Abraão e Sara; no terceiro caso, Isaac e Rebeca. No primeiro caso a cena transcorre no Egito, e o faraó levou Sara para o seu harém; nos outros dois estamos em Gerara, na terra dos filisteus, e é Abimelec, rei de Gerara, que assume o papel de potencial "rival".

31 Cf. ainda Gn 42,18; Ex 18,21; Dt 25,18; Sl 55,19. O princípio do "temor a Deus" é igualmente invocado em algumas leis a respeito do comportamento social, particularmente na "lei da santidade" (Lv 17,26): p. ex., a lei que ordena que se respeite os surdos e os cegos (Lv 19,14); ou a que ordena que se respeite os anciãos (19,32); ou ainda a que ordena que não se explore os próprios irmãos, que não se cobre deles juros ou usuras ou que não se trate estes com aspereza (25,17.36.43). O "temor a Deus" também é mencionado entre os princípios fundamentais de um bom exercício do poder (2Sm 23,3; 2Cr 26,5; Ne 5,15). Ne 5,9 invoca o "temor a Deus" para solicitar aos israelitas que não vendam como escravos os devedores não pagantes. Em todos esses casos, a expressão "temor a Deus" corresponde bastante bem ao que nós entendemos hoje como "direitos fundamentais do ser humano".

32 O motivo do menino destinado a um futuro glorioso e ameaçado de morte desde o seu nascimento faz parte do folclore universal. Basta pensar na história de Reia Silvia e dos seus dois gêmeos, Rômulo e Remo. Encontramos este motivo, p. ex., no Evangelho de Mateus, no relato do massacre dos inocentes, que traz inspirações do início do êxodo (Mt 2,1-19).

do faraó. Trata-se de uma estratégia narrativa muito interessante, pois, dentre todos os personagens do reino do Egito, a família do faraó devia, antes de todos os outros, aplicar o decreto promulgado por seu pai. Obedecerá à lei ou respeitará o direito? Quem falará, a voz da consciência ou a do dever? O relato mostra que, diante do recém-nascido que chorava no cesto de papiro, a voz profunda da natureza humana falou mais forte que a do dever e a filha do faraó salvou o menino:

> [A filha do faraó] abrindo-o [o cesto], viu a criança: era um menino que chorava. Compadecida, disse: "É uma criança dos hebreus" (Ex 2,6).

Na realidade, a filha do faraó reage exatamente como a mãe do menino reagira no início do relato: essa também procurara salvá-lo. Sua mãe o tinha escondido para ocultá-lo da guarda do faraó que a qualquer momento poderia aparecer para matá-lo (Ex 2,1). Depois, quando se tornou impossível escondê-lo, recorreu a uma estratégia para salvá-lo. Quando a filha do faraó descobriu o menino, agiu exatamente do mesmo modo e o tomou imediatamente sob sua proteção. É a sua natureza mais profunda a lhe ditar a sua conduta e a fazer nascer nela o germe que a fará infringir a ordem de seu pai. O relato mostra que a ordem do faraó é *contra naturam*, tanto que até mesmo a sua própria filha o desobedece.

Seria difícil encontrar um exemplo mais apropriado. O relato ilustra de modo surpreendente a superioridade do "direito" sobre a "lei", em particular sobre leis injustas. E, como no relato precedente, não é por acaso que o protagonista seja uma mulher.

A concubina de Saul

Há na Bíblia um episódio muito parecido ao descrito por Sófocles na tragédia *Antígona*. O episódio é pouco conhecido e, além disso, faz parte daqueles relatos pouco simpáticos à sensibilidade moderna. O ponto de partida é uma carestia ocorrida no tempo do Rei Davi. Segundo a mentalidade da época, não há calamidade sem causa. Portanto, o Rei Davi faz uma investigação e Deus lhe responde que o motivo daquela carestia é um crime cometido pelo Rei Saul contra os gabaonitas. O primeiro rei de Israel tentara exterminar esta população não israelita; no entanto, no tempo de Josué, Israel havia prometido deixar-lhes viver (Js 9,3-27).

O Rei Davi convoca os gabaonitas e lhes pergunta o que deve fazer para eliminar o mal e pôr fim à carestia que afligia Israel. A resposta dos gabaonitas é clara: queremos que sete membros da família de Saul sejam justiçados[33] diante do Senhor em Gabaá de Saul[34]. Nesse relato transparece uma compreensão bastante primitiva e, poder-se-ia dizer, "material" da justiça. Para reestabelecer o equilíbrio perdido quando Saul massacrou uma parte dos gabaonitas, é necessário que alguns membros da família de Saul derramem o seu sangue em compensação. As suas vidas "pagarão" pela vida dos gabaonitas massacrados. A narrativa propõe uma ideia de responsabilidade mais coletiva do que individual. Saul está morto e não pode, portanto, ser culpabilizado e, menos ainda, punido por seu crime. São, então, alguns membros da família que pagarão por ele.

Então, Davi concede aos gabaonitas sete descendentes de Saul, duas filhas da concubina de Saul, Rizpá, e cinco filhos da filha de Saul, Mikal[35]. Os sete descendentes de Saul foram esquartejados "sobre a montanha, diante do Senhor", como diz o texto de 2Sm 21,9, no início da colheita da cevada, ou seja, mais ou menos no início de abril[36]. É neste ponto que é colocado o episódio que mais nos interessa de perto. O texto nos informa sobre a presença de uma das duas concubinas de Saul, Rizpá, a menos conhecida, enquanto Mikal, protagonista de diversos episódios, não aparece[37]. Rizpá cumpre um gesto que recorda o de Antígona, não obstante as circunstâncias sejam diferentes. Permanece ao lado dos cadáveres de seus dois filhos, cobre-se com um pano de saco em sinal de luto e "...não deixou descerem sobre eles as aves do céu durante o dia, nem os animais selvagens durante a noite" (21,10). Permanece ali fielmente, nos diz o narrador, do início da colheita da cevada até a chegada da estação das chuvas, no outono. Portanto, permaneceu mais

---

33 É difícil dizer de qual gênero de suplício se trate. Os comentaristas hesitam entre enforcamento, empalamento, esquartejamento ou crucifixão. Uma coisa é clara: os corpos devem ser expostos.

34 Trata-se exatamente, segundo o texto hebraico, da cidade de Saul. Cf. 1Sm 11,4; 13,2; 14,2.16; 15,34; 22,6; 23,19; 26,1; Is 10,29.

35 Rizpá é mencionada antes uma só vez (2Sm 3,7). Trata-se de uma concubina de Saul que o General Abner tomara para si depois da morte do seu soberano para manifestar sua intenção de subir ao trono. Mikal é a filha que Saul tinha dado como mulher a Davi (1Sm 18,27), mas que não teve filhos, segundo 2Sm 6,23. 2Sm 6,21 pertence sem dúvida a uma outra tradição. Hoje as versões falam de Meráb, mais do que de Mikal em 2Sm 21,8. Meráb era a filha primogênita de Saul que este inicialmente havia destinado a Davi (1Sm 18,19), mas que de fato foi doada a um certo Adriel de Meola (1Sm 18,19) que se tornou o marido de Mikal segundo 2Sm 21,8. Os relatos combinam muitas tradições diferentes ou, talvez, haja confusão entre os nomes das duas filhas de Saul.

36 A Festa da Páscoa coincide, de fato, com o início da colheita da cevada.

37 Para outros relatos sobre Mikal, cf. 1Sm 14,49; 18,20-28; 19,11-17; 25,44; 2Sm 3,12-16; 6,16-23.

de seis meses no mesmo lugar para proteger os corpos dos seus filhos. O retorno da estação das chuvas significa que Deus se mostrou de novo propício, que a terra produzirá uma nova colheita e que a carestia terminou. Todavia, o esquartejamento dos sete descendentes de Saul pode pertencer a um rito arcaico que tinha como escopo comover a divindade ou chamar sua atenção em tempos de seca.

Quando informado do fato, Davi reagiu de modo bastante surpreendente, ao menos à primeira vista. De nenhum modo procura consolar Rizpá ou não lhe presta atenção. Mas faz todo o possível para encontrar os restos mortais de Saul, seu velho rival, e de Jônatas, filho de Saul e seu amigo, restos estes que foram levados pelos filisteus após a batalha de Gelboé (1Sm 31; cf. 2Sm 21,12), colocou-os junto aos ossos dos justiçados e lhes fez sepultar na tumba da família de Kis, pai de Saul (2Sm 21,12-14). Davi protagoniza um gesto que Creonte tinha proibido em *Antígona* e concede uma sepultura descente aos membros da família de Saul.

Vale a pena ater-se ainda sobre o comportamento de uma mulher, Rizpá, uma desconhecida, que defende a qualquer custo o direito à sepultura dos seus filhos. O relato é um pouco obscuro no que tange os motivos que fizeram com que Davi recolhesse todos os ossos dos membros da família de Saul. Mas é muito claro que o narrador estabelece uma relação causal entre o gesto de Rizpá e a reação de Davi narrada imediatamente depois do vers. 11, onde se diz que o rei foi informado do que a "concubina de Saul" fizera. A conclusão do relato nos diz que, depois que Davi sepultou os restos, "Deus se compadeceu da terra". Portanto, o narrador dá a entender que Davi agiu corretamente e que isto foi apreciado por Deus. No contexto se dá menos importância ao suplício dos descendentes de Saul do que à sepultura que Davi dá a Saul, a seu filho Jônatas e aos outros sete membros da sua família que foram justiçados[38]. Rizpá alcança o favor de que os restos dos membros da família de Saul sejam sepultados na terra de Israel, na tumba da família: um grande mérito a ser citado[39].

---

38 Os ossos dos justiçados não são mencionados no vers. 14 no texto hebraico. A versão grega dos Setenta, ao contrário, os menciona explicitamente. O texto hebraico é obscuro, pois fala apenas de Saul e Jônatas, os dois personagens mais importantes, mas não diz que os sete justiçados anônimos há pouco citados no vers. 13 foram excluídos da sepultura. Teria sido inútil reunir todos os ossos se não fosse para sepultá-los juntos.

39 Todos em Israel, assim como qualquer um no mundo antigo, gostariam de ser sepultados na própria terra e no túmulo dos próprios antepassados. Cf., p. ex., Gn 47,30; 50,25; 2Sm 19,38.

O relato se contenta com um resumo frio e objetivo e se abstém de emitir qualquer juízo sobre os acontecimentos, exceto pela menção à compaixão de Deus depois da decisão de Davi (21,14). Contudo, utiliza uma técnica narrativa muito eficaz que consiste em contrapor dois comportamentos opostos: de um lado, o de Davi, de outro o de Rizpá. E isto nos remete novamente à distinção entre "direito" e "lei". Davi, no breve episódio, encarna a "razão de Estado", enquanto Rizpá personifica os direitos fundamentais e inalienáveis de uma mãe. Davi é obrigado a agir para afrontar a crise provocada pela carestia, e faz isto respeitando o direito e os costumes de então. Como vimos, a decisão tomada é particularmente cruel, mas não se contradiz com a ideia de justiça e de responsabilidade comuns na época. A menção de Deus, consultado no início do texto (21,1), serve para confirmar a "retidão" da decisão de Davi. O suplício acontece "diante do Senhor" (21,6.9), o que torna a cena ainda mais insuportável, mas também comprova que a decisão está em conformidade com as regras de comportamento aceitas na época. Enfim, a conclusão – "então Deus se compadeceu da terra" (21,14) – indica que o que se fez se justifica no âmbito de um sistema de valores partilhado entre os narradores e os primeiros destinatários deste relato. Numa palavra, Davi representa a "lei" e a sua decisão é "legítima".

Contudo, vale acrescentar que Davi tira proveito do suplício dos dois filhos e dos cinco netos de Saul. De fato, assim eram eliminados alguns membros de uma família rival que poderiam alimentar pretensões ao trono. Indiscutivelmente as motivações políticas da sua decisão em nada maculam a sua "legitimidade", embora lancem uma sombra sobre o seu comportamento. Davi, nos diz o texto, poupou Meribaal, filho de Jônatas, por causa do juramento que o ligava ao filho de Saul, seu aliado e amigo (21,7). Mas a sua nobreza de alma termina aí, parece satisfeito com a proposta dos gabaonitas, não busca outras soluções e não sai enaltecido desse episódio, sobretudo se confrontado com Rizpá, que tem um comportamento completamente diferente.

Rizpá, na verdade, personifica neste relato a vítima de decisões certamente legítimas, e talvez até necessárias, mas que entram em choque com o "direito" inscrito no próprio ser de sua maternidade. Não protesta, é verdade; não se rebela, e de maneira nenhuma pode se opor à sentença do rei. Não pode impedir a terrível morte de seus filhos e tampouco pode procurar para eles uma sepultura decente. Os corpos devem permanecer expostos até que a chuva retorne, ou seja, até quando terminar a carestia, já que foi por esta razão que o suplício foi ordenado. Mas, mesmo na sua impotência, Rizpá encontra algo que ainda possa fazer, e leitor algum de qualquer época poderá ficar indiferente diante da nobreza de alma de uma mãe que deve viver a prova mais cruel que lhe possa ser infligida. Rizpá quer impedir que os corpos de seus filhos sofram a última ignomínia e que sejam devorados pelos pássaros do céu e pelos animais dos campos[40]. À razão de Estado e à "lei" se contrapõe o direito de uma mãe de assegurar a seus filhos o mínimo de respeito e de dignidade na morte. E, como todos os leitores deste relato, nem mesmo Davi pode ficar indiferente à tenacidade de Rizpá, que por meses vigia os corpos de seus filhos.

A seu modo, com um estilo extremamente sóbrio e conciso, o relato exalta o "direito" de uma mãe, vítima inocente das decisões do soberano. É verdade, como vimos, que a decisão do rei pode ser justificada. Mas vale sublinhar o fato de que, longe de pretender legitimar a qualquer custo esta medida e de glorificar uma política eficaz, o relato bíblico não fica insensível ao aspecto humano do episódio e, ao contrário, julga indispensável descrever detalhadamente a reação da mãe, personagem que pode parecer insignificante aos olhos de uma mentalidade puramente pragmática.

Este breve relato demonstra que a Bíblia é um livro pluridimensional e que é sempre perigoso pretender fazer com que um escrito esteja a serviço unicamente de uma ideologia. Breves apontamentos, como o que destaca a presença de Rizpá, são antídotos eficazes a uma exaltação simplista do poder.

O sistema do *Rîb*

Paralelo à ordem jurídica gerida pelo órgão judicial, e, aliás, em antagonismo à disciplina repressiva da punição forense, existe em Israel um outro modo de proceder no caso de um crime. Trata-se de um sistema diferente de fazer justiça, uma via mais nobre, um *iter* mais eficaz do que o do direito puro. Em certos casos paralelo ao tribunal, e em outros casos articulado com esse, o sistema do *rîb* tem uma fisionomia própria a ser descoberta e compreendida. Também este tem em mira o restabelecimento do direito violado, mas, em relação ao "julgamento" (*mišpāṭ*), ao invés de concluir com a "morte"

---

40 Era, p. ex., a sorte que Golias queria infligir a Davi: "Vem cá, e darei a tua carne às aves do céu e às alimárias do campo" (1Sm 17,44).

(ao menos simbólica) do réu, é capaz de respeitar e promover a vida e a dignidade do ser humano que cometeu um delito. Menos aparente que o processo forense, pois se exerce na intimidade da casa, no lugar significativo das relações interpessoais marcadas pelo amor, este procedimento é o que mais respeita o direito, compreendido na sua mais pura intenção de promoção do bem. [...]

O termo *rîb* em certas ocasiões significa simplesmente a rixa em si (Ex 21,18; Pr 30,33), a contenda, tanto verbal quanto física, sem regras e sem a exclusão de violência, que tem como simples escopo a submissão do adversário. Em outros casos, ao contrário – e são estes que mais nos interessam e que, dentre outros, são os mais atestados na Bíblia –, a disputa toma a forma de um verdadeiro procedimento jurídico, reconhecido pelos dois contendentes, que podemos chamar de "querela", ou simplesmente discussão, conflito, litígio, pendência, controvérsia, e termos equivalentes. Nesta segunda acepção do termo, é importante sublinhar (em oposição à rixa) que o procedimento é e deve ser fundado sobre o direito.

Para que uma querela (*rîb*) tenha lugar é necessário que haja entre os dois contendentes um *vínculo* de mútuo pertencimento, a partir do qual serão definidos direitos e deveres. Na terminologia bíblica podemos dizer que a disputa surge emoldurada pela *aliança*, mesmo que raramente seja explicitado o termo técnico para este conceito (*berît*), ou que nem sempre seja formalizada com precisão a relação entre os sujeitos da disputa. Os laços de aliança transparecem a partir de uma terminologia que a invoca de modo mais ou menos evidente, e sobretudo a partir da referência frequente às obrigações ("Mandamentos", "Leis") que, supõe-se, ambas as partes devem observar.

BOVATI, P. *Vie della giustizia secondo la Bibbia* – Sistema giudiziario procedure per la reconciliazione. Bolonha: EDB, 2014, p. 69-71.

PARA APROFUNDAR

BOVATI, P. *Vie della giustizia secondo la Bibbia* – Sistema giudiziario procedure per la reconciliazione. Bolonha: EDB, 2014.

LEVERING, M. *Biblical Natural Law*: A Theocentric and Teleological Approach. Oxford/Nova York: University Press, 2008.

OST, F. *Du Sinaï ao Champ-de-Mars* – L'autre et le même au fondement du droit. Bruxelas: Lessius, 1999 [Donner raison, 7].

SEMPLICI, S. (org.). *Pace, sicurezza, diritti umani*. Pádua: Messagero, 2005.

ZAGREBELSKY, G. *Il diritto mite*. Turim: Einaudi, 1992.

11
O PODER

A divisão dos poderes é um conceito moderno introduzido pelo Barão Charles-Louis de Montesquieu na sua obra *L'esprit des lois* (1748)[41]. A ideia lhe ocorreu depois de ter observado o funcionamento das instituições inglesas: "O poder absoluto corrompe absolutamente", disse Montesquieu, e por este motivo lhe parece muito mais sensato que os poderes sejam divididos entre diversas estruturas independentes (poder legislativo, poder executivo, poder judiciário). O estudo da Bíblia mostra que esta ideia já está presente em algumas leis bíblicas, ainda que sob uma forma diferente e bem menos desenvolvida.

> O berço da democracia não deve ser procurado apenas em Atenas, mas também em Jerusalém. O advento da nossa liberdade dependerá da nossa vontade e da nossa capacidade de nos recordarmos desta origem.

Com esta afirmação peremptória se encerra um importante estudo sobre o Deuteronômio escrito por um dos maiores especialistas sobre esta questão, Eckart Otto. A afirmação pode surpreender, à primeira vista, pois contradiz a ideia que associa a democracia à Grécia antiga e a teocracia à Bíblia[42]. Como se sabe, as aparências podem enganar, e este também é o caso para a origem da democracia. Algumas de suas raízes, como afirma Otto, são encontradas na Bíblia: é isto que pretendo mostrar agora, ocupando-me das leis de Dt 16,18–18-22. A nossa pesquisa se concentrará, em primeiro lugar, sobre o texto bíblico e sobre o contexto histórico. Não poderemos estudar todos os detalhes sobre como estes elementos do direito bíblico influenciaram o direito ocidental moderno. Tampouco será possível descrever todas as

---

41 O livro pode ser encontrado em várias traduções para o português. Cf., p. ex., MONTESQUIEU, C. *O espírito das leis*. São Paulo: Saraiva, 2008 [N.T.].

42 O historiador hebreu Flávio Josefo foi quem cunhou pela primeira vez o termo "teocracia" para descrever o "regime político" do Israel pós-exílico no seu escrito *Contra Apionem* 2, 165.

etapas do longo e complexo processo que alguns princípios fundamentais do direito bíblico sofreram quando entraram em contato com as outras fontes do direito ocidental moderno, a saber, o direito romano e o direito germânico, e foram integrados em primeiro lugar no direito canônico da Igreja e depois nas legislações das diversas nações europeias. O nosso escopo é mais limitado: queremos mostrar que as leis do Deuteronômio introduzem um princípio essencial e muito novo no modo de conceber o poder político no antigo Oriente Médio, princípio segundo o qual o poder não pode ser concentrado somente na pessoa do soberano, mas deve ser partilhado com outras instituições. Mais importante ainda, a mais alta autoridade em uma nação não é mais a pessoa do monarca, nem a instituição de monarquia, mas sim a lei. O poder não é mais pessoal, uma vez que é regulamentado por um documento legislativo ao qual todos se referem e ao qual todos se submetem, inclusive o rei.

Rei Davi e Rei Artur

Um exemplo supreendentemente similar à história de Davi sobre os temas do desenvolvimento e impacto político e que pode, portanto, ajudar a contextualizá-la como obra literária é o da história arturiana, igualmente complexa. A história do Rei Artur, que teria vivido 1.500 anos depois do Rei Davi, chegou até nós na sua forma madura através da *Historia Regum Britanniae* de Geoffrey de Monmouth, escrita em algum momento entre os anos de 1135 e 1140. Esta obra histórica, que contém uma longa seção sobre as façanhas de Artur, pode ser considerada a contraparte da história bíblica da monarquia do Deuteronômio, que começa com Davi. Como Davi, o Artur de Geoffrey reuniu ao redor de si um grupo de combatentes, foi coroado rei ainda jovem e defendeu a sobrevivência e a liberdade do seu povo das incursões saxônicas, tal como Davi em relação às incursões dos filisteus e de outros povos vizinhos. Além disso, Artur era piedoso, prestava atenção às sugestões e admoestações do vidente Merlin, contraparte de Samuel, e consultava regularmente o clero local, exatamente como Davi na obra do Cronista. A morte de Golias por Davi tem sua contraparte na morte de um gigante no Monte de São Miguel por Artur, e a espada de Golias, que se transformou no troféu de Davi (1Sm 21,9-11), corresponde à celebre Ex-

calibur (originalmente, Caliburn) de Artur, de procedência sobrenatural. E há também o lado obscuro. A rebelião de Mordred, sobrinho de Artur, e o adultério da mulher Ginevra com Mordred ou, em versões posteriores, com Lancelot, corresponde à rebelião de Absalão e ao adultério de Davi com Betsabeia. Artur, ferido mortalmente em batalha, foi transportado para a Ilha de Avalon, posteriormente identificada como Glastonbury, onde, em 1191, os monarcas aí residentes, interessados em atrair turistas, afirmaram ter descoberto a sua tumba. Mas continuou-se a duvidar de sua morte, e desde então "a sua lenda o transformou em messias, em resposta a um antigo modelo da imaginação".
BLENKINSOPP, J. *Davide e la tradizione dinastica* – Dall'esilio alla rivolta di Bar Kokhba. Bolonha: EDB, 2015, p. 16-17.

As leis sobre os servidores públicos no Deuteronômio

As leis sobre a organização civil de Israel distinguem vários servidores: os juízes (16,18-20 e 17,8-13), o rei (17,14-20), os sacerdotes (18,1-8) e os profetas (18,9-22). A seção 16,21–17,7, que trata sobre a idolatria e sobre alguns casos jurídicos particulares, forma, à primeira vista, uma espécie de parêntese dentro do parágrafo dedicado aos serviços. Em seguida, veremos qual é a sua função. No momento, analisamos a lei sobre o rei, porque revela, com mais clareza do que as outras, o espírito que anima toda a legislação deuteronômica e, em particular, as leis sobre o poder civil.

A lei mais surpreendente dentre as normas sobre as principais funções administrativas em Israel é a lei sobre o rei (17,14-20). É única, porque o conjunto de leis da Antiguidade nunca falam do rei. O soberano é, com efeito, o único e verdadeiro legislador e, por esta razão, é considerado superior à lei e não submisso a ela. Isto é evidenciado no prólogo de alguns conjuntos de leis mesopotâmicas, por exemplo, no do famoso "Código de Hamurabi". Em Dt 17,14-20 o cenário é diferente. Trata-se da única lei sobre o rei presente nos códigos bíblicos, se excluído o genérico texto de Ex 22,27: "Não blasfemarás contra Deus, nem amaldiçoarás um chefe do teu povo".

Um segundo aspecto deve ser levado em conta: em Dt 17 os poderes e as responsabilidades do rei são limitados ao máximo, e lhe são negadas algumas funções que são absolutamente normais em todo o antigo Oriente Médio.

Geralmente um monarca concentra em si todos os poderes importantes: é legislador e juiz supremo, tem função central no culto e é o chefe do exército, em última instância toma as decisões sobre a política interna e externa, assim como no campo administrativo, econômico e financeiro. Em Dt 17,14-20, ao contrário, não se fala sobre os poderes quase ilimitados do rei. Por exemplo, o rei de Dt 17, não se ocupa da justiça que é confiada aos juízes de profissão (16,18-20; 17,8-13). O exército não é mais o exército profissional ou os mercenários a serviço do rei, pois o Deuteronômio restabelece o antigo exército por convocação, exército das tribos convocado pelos seus chefes tradicionais (cf. Dt 20,1-9). Desse modo, o rei deuteronômico é privado de duas funções essenciais que, no entanto, são identificadas na monarquia do antigo Oriente Médio, as funções judiciária e militar. Além disso, a lei impede ao rei de possuir muitos cavalos (17,16), ou seja, ele não pode promover para si um exército ou uma guarda pessoal de carros e cavalos. Não pode, tampouco, ter muitas mulheres ou possuir muitos tesouros (17,17). Por que proibir o rei de ter um grande harém? (17,17a). A verdadeira razão deve ser buscada nos costumes e nas práticas da política internacional da época. Um modo muito difundido de criar laços e de firmar alianças era o matrimônio. Os soberanos importantes tinham um harém que correspondia ao número de aliados e de vassalos que possuíam. Era um sinal de grande prestígio que servia como propaganda real. O Deuteronômio é contrário a este tipo de política e, neste sentido, é herdeiro dos profetas que por longo tempo combateram os reis que buscavam alcançar a salvação por meio de alianças com potências estrangeiras. Enfim, o rei não pode acumular riquezas, também essas, sinal de grande prestígio e prova de poder na Antiguidade (17,17b). Tudo isto é resumido em Dt 17,20: "O seu coração não se levantará orgulhosamente sobre seus irmãos". O monarca não é um personagem que pertence a uma outra classe social e não tem uma natureza diferente daquela dos seus súditos. Estas palavras cancelam a distinção fundamental que separava o soberano de seus súditos no antigo Oriente Médio. Vale lembrar que o rei era considerado "filho de Deus", e, portanto, tendo uma origem diferente daquela do comum dos mortais. Diversos salmos testemunham esta ideologia real; por exemplo, o Sl 2,7: "Vou proclamar o decreto do Senhor: Tu és meu filho, eu hoje te gerei". Dt 17,20, ao contrário, investe sobre a igualdade fundamental de todos os membros do povo, inclusive do rei, porque todos são "irmãos".

O retrato do rei traçado através das normas de Dt 17,14-20 evoca, na mente dos destinatários do texto, uma figura conhecida: Salomão; mas a evoca por antífrase, pois Salomão tinha adquirido carros e cavalos (1Rs 10,26.28-29; cf. 9,19-22), os quais, coincidentemente, adquiriu do Egito (10,28). As riquezas de Salomão eram proverbiais (1Rs 9,28; 10,11-25.27), assim como o número de suas mulheres (1Rs 11,1-10). O futuro rei de Israel deve, portanto, colocar-se exatamente em posição oposta à de Salomão.

A única verdadeira tarefa do rei é fazer para si uma cópia da *Torah* ("Lei": Dt 17,18-19), a qual deve ler e observar acuradamente durante toda a sua vida. Em palavras simples, o rei deve ser um rabino modelo, um piedoso israelita que lê, estuda e observa a *Torah*. O cidadão mais importante de Israel não é um soberano no sentido próprio do termo, mas um rabino, um estudioso, um "doutor da Lei". A única câmara importante do seu palácio não é a sala do trono, mas a sua biblioteca, o único livro nesta biblioteca é a *Torah*, e a única ocupação séria do rei é a leitura, o estudo e a observância rigorosa desta *Torah*.

As prescrições de Dt 17,17-18 recordam outros textos similares, por exemplo Js 1,7-8:

> Tão somente sê de fato firme e corajoso, para teres o cuidado do agir segundo toda a Lei que te ordenou Moisés, meu servo. Não te apartes dela, nem para a direita nem para a esquerda, para que triunfes em todas as tuas realizações. Que o livro desta Lei esteja sempre nos teus lábios: medita nele dia e noite, para que tenhas o cuidado de agir de acordo com tudo que está escrito nele. Assim serás bem-sucedido nas tuas realizações e alcançarás êxito.

A expressão "desviar para a direita e para a esquerda" é comum aos dois textos (Js 1,7; Dt 17,20). Encontramos o mesmo estilo e a mesma mentalidade no Sl 1,1-3:

> Feliz o homem que não vai ao conselho dos ímpios, não para no caminho dos pecadores, nem se assenta na roda dos zombadores. Pelo contrário: seu prazer está na Lei do Senhor, e medita sua Lei, dia e noite. Ele é como árvore: plantada junto de água corrente, dá fruto no tempo devido e suas folhas nunca murcham; tudo o que ele faz é bem-sucedido.

Josué, segundo o livro homônimo 1,7-8, é um exemplo a ser seguido: a conquista da terra prometida foi alcançada porque ele foi fiel à Lei durante toda a sua vida. A "longa vida do rei e dos seus filhos sobre o trono" é, também, condicionada à leitura e à escrupulosa observância da Lei (Dt 17,19.20b; cf. Js 1,8). E o rei deve comportar-se como todo "justo" em Israel, meditando a Lei dia e noite (Sl 1,2; Dt 17,19). Aliás, neste sentido, deve ser um modelo para os "justos" do seu reino.

O juízo de Salomão

Na linguagem comum, um "juízo salomônico" é um veredito que não dá a vitória a nenhuma das partes, pondo, assim, fim ao litígio confuso que as opõe, talvez até em prejuízo da justiça. Da história narrada no Primeiro Livro dos Reis, esse significado recorda a imagem da espada que põe fim a um caso aparentemente insolúvel. Todavia, descuida daquilo que no relato é essencial: a palavra do sábio, que permite o triunfo da verdade sobre a mentira, e da vida sobre a morte. Um dos elementos fundamentais do relato, de fato, é este: mostrar até que ponto vida e morte se entrelaçam com verdade e mentira. Tanto é verdade que "se reconhecem os efeitos da verdade ou da mentira do discurso somente considerando os efeitos que a vida ou a morte produzem no corpo". A história das duas prostitutas que reivindicam o mesmo filho vivo tem todos os aspectos de um relato popular. O fato de que os atores – o rei inclusive – sejam anônimos é um sinal disto. Desde o início do século passado, James George Frazer comparava esta página a um paralelo indiano, enquanto Hugo Gressmann examinava algumas dúzias de versões do tema na literatura do folclore universal. Denis Vasse, por sua vez, mostra a sua proximidade com um relato chinês no qual, para dirimir um imbróglio parecido, um juiz afasta o filho de ambas as mães: ao seu sinal, estas se precipitam para tomar o menino, mas quando esse põe-se a gritar, a verdadeira mãe renuncia e não o toma da outra para evitar feri-lo. Com frequência se sabe, este gênero de relato é portador de uma profunda sabedoria. Portanto, não impressiona que esta breve narrativa tenha sido escolhida exatamente para ilustrar a sabedoria de Salomão no início do seu reinado.

WÉNIN, A. *Il bambino conteso* – Storia biblica di due donne e un re. Bolonha: EDB, 2014, p. 5-6 [Trad. de E. di Pede].

A monarquia e a Lei

Segundo esta descrição utópica do livro do Deuteronômio, o rei se distingue da figura tradicional do soberano da época de dois modos essenciais: (1) não proclama a lei e (2) deve observá-la, enquanto o soberano tradicional era a fonte do direito e das leis e não era submisso a esses como os cidadãos normais. O rei de Dt 17,18 deve, ao contrário, providenciar para si uma cópia da Lei: isto significa que a Lei não é uma criação sua. Não é, tampouco, encarregado por Deus para proclamar a Lei, pois ela já existe, e é mais antiga que o rei e até mesmo que a própria monarquia. A Lei da qual fala Dt 17,18 é evidentemente a de Moisés, proclamada pelo próprio Deus sobre o Horeb. Uma vez transmitida por Moisés ao povo e "comentada" uma última vez nas estepes de Moab antes de entrar na terra (Dt 1,1-15; 4,44-49; 5,1-5; 28,69). Na mentalidade antiga isto significa que o rei, sendo mais "jovem" do que a Lei, é também inferior a ela, e, portanto, submisso. Aqui descobrimos o princípio democrático segundo o qual todo os cidadãos são submissos à Lei, mesmo aqueles que têm nas mãos as rédeas do poder.

Ademais, assistimos a uma primeira tentativa de introduzir um princípio de partilha dos poderes, pois o rei, entre outros, não é juiz. Na verdade, o "juiz" em Israel, assim como em todo o antigo Oriente Médio, não era apenas juiz no sentido moderno da palavra. O juiz "fazia" a lei e não apenas era responsável por aplicá-la. A sua liberdade era limitada e regulada pelo direito consuetudinário, por costumes bem-estabelecidos e por alguns princípios conhecidos e respeitados por todos. Contudo, é verdade que o seu poder não era somente judiciário, pois ele era, na verdade, responsável pela ordem pública e pelo bem-estar de todos aqueles que lhe eram confiados. "Julgar", em outras palavras, era sinônimo de "governar".

O principal papel do juiz era obviamente o de "julgar", no sentido moderno da palavra, pelo simples fato de que delitos e conflitos abundam em toda sociedade humana. Sua função, todavia, se estendia a todos os campos da vida pública: competia-lhe legislar, fazer com que se respeitasse a lei, administrar a justiça e aplicar as sentenças. Em outras palavras, o "juiz" era responsável pela ordem pública em toda a região a ele confiada. Sendo assim, segundo Dt 17,14-20, o poder do rei era partilhado com os juízes. As leis do Deuteronômio introduzem, portanto, um importante princípio democrático, a saber, o do "poder participado" ou "poder partilhado", chamado também "princípio da subsidiariedade". A responsabilidade de governo é partilhada com mais de uma pessoa, em particular com os "juízes", profissionais que não são investidos para este cargo pelo soberano, não são responsáveis perante ele e, assim, são independentes do poder real (cf. 16,18-20; 17,8-13). As leis de Dt 16,18–18,22 pressupõem a constante luta entre poder central e poderes locais, entre capital e província, entre dinastia real e aristocracia local, com frequência representada pela corte. Por outro lado, vale dizer que tais leis são capazes de criar também um novo equilíbrio e propõem soluções originais a um problema tão antigo quanto o mundo.

Ao lado dos juízes, encontramos ainda os "sacerdotes levitas" (18,1-8) e os profetas (18,9-22). Neste caso, poderemos falar de uma "divisão dos poderes" vizinha àquela descrita, em particular, pelo Barão Charles-Louis de Montesquieu na sua obra bem conhecida *L'esprit des lois*.

Os juízes

> Estabelecerás juízes e escribas em cada uma das cidades que YHWH, o teu Deus, vai dar para as tuas tribos. Eles julgarão o povo com justiça (Dt 16,18).

Como vimos, os juízes são nomeados pelo "povo" e não pelo rei. Estão presentes em todas as cidades do reino e "julgam", ou seja, governam e fazem justiça. Como serão constituídos estes "juízes" e "magistrados" ou "escribas"?[43] O texto diz, mas refere-se ao "tu" do Código Deuteronômico (Dt 12–26): "[Tu] nomearás". Este "tu" representa, na maioria dos casos, um membro da classe dirigente do povo, um grande proprietário de terras, um *pater familias*, ou patriarca. Basta reler o mandamento sobre o sábado no Decálogo para convencer-se da sua identidade:

> O sétimo dia, porém, é o sábado do Senhor teu Deus. Não farás nenhum trabalho, nem tu, nem teu filho, nem tua filha, nem teu escravo, nem tua escrava, nem teu boi, nem teu jumento, nem qualquer dos teus animais, nem o estrangeiro que está em tuas portas. Deste modo, o teu escravo e a tua escrava poderão repousar como tu (Dt 5,14).

Aqui, o "tu" é um pai de família, um agricultor – usa o boi para arar e o asno para transportar as colheitas – e um patrão que emprega seus servos nos trabalhos dos campos e para pastorear os rebanhos ("o teu servo e a tua serva"). Que o "tu" seja, além disso, um homem, pode-se deduzir do último mandamento do Decálogo que proíbe desejar "a mulher do próximo" (Dt 5,21). As leis sobre as festas são igualmente claras:

> Te alegrarás diante de YHWH teu Deus, tu, teu filho, tua filha, teu servo, tua serva, o levita que vive em tua cidade, e o estrangeiro, o órfão e a viúva que vivem no meio de ti, no lugar que YHWH teu Deus houver escolhido para aí fazer habitar o seu nome (Dt 16,11).

---

43 O termo hebraico – *šōṯerîm* – é difícil de traduzir. De qualquer modo, trata-se de uma função subalterna à dos juízes.

Podemos dizer, depois de ter lido estes textos, que o poder emana de uma certa oligarquia fundiária, mais do que do "povo", no sentido usado pelas nossas modernas democracias. No entanto, é verdade que o poder descrito nas leis do Deuteronômio está em vias de democratização, pois mais do que uma pessoa participa do governo do país e essas não são nomeadas pelo rei.

A lei de Dt 17,8-13 prevê, enfim, a existência de uma espécie de "suprema corte" que deve julgar os casos mais difíceis, "casos duvidosos de sangue e sangue, de direito e direito, de lesões mortais, ou causas controvertidas em tua cidade" (Dt 17,8). Os casos previstos são homicídio ("sangue e sangue"), os conflitos de direito civil ("direito e direito"), problemas de violência e lesões mortais (lesões mortais), ou causas controvertidas, isto é, qualquer conflito público de caráter jurídico. Não se trata de uma corte de apelo, mas de uma corte que deve resolver casos nos quais o juiz não é capaz de proclamar a sentença por falta de provas ou, talvez, porque as testemunhas se contradizem. De fato, segundo Dt 17,2-7, são necessárias pelos menos duas testemunhas concordes para promulgar uma sentença.

Vale notar que na lei de Dt 17,8-13 o juiz supremo não é o rei. Para quem conhece o julgamento de Salomão (1Rs 3,16-28), no qual, graças à sua perspicácia, o soberano pôde resolver um caso aparentemente insolúvel, o texto de Dt 17,8-13 realmente impressiona. A suprema corte ou corte central é composta por juízes leigos e por "sacerdotes levitas" (cf. Dt 19,17). Estamos, portanto, no santuário central, previsto pela lei de Dt 12, sobre o qual se fala um pouco antes em Dt 16,21. O "sacerdote" também é mencionado (17,12). Esses juízes não são estabelecidos para esta função pelo rei, e, por isto, trata-se de uma instituição independente da monarquia. Mais uma vez, a lei insiste sobre a "divisão" dos poderes, mantendo clara a separação entre monarquia e administração da justiça.

Os sacerdotes levitas

O texto da lei sobre os levitas não fala tanto de seus poderes quanto de seus direitos. Especifica quais serão seu meio de subsistência, visto que não terão território como as outras tribos e dependerão do culto para o provimento de seus víveres. Antes, no entanto, o texto especificara sua função na administração da justiça (17,9.12; cf. 19,17), particularmente nos casos complicados e apresentados à corte central. Este papel por ser relacionado ao fato de que os levitas também são os custódios da Lei posta por escrito por Moisés segundo Dt 31,9. Portanto, os sacerdotes levitas ocupam posições-chave na distribuição das funções públicas: são juízes da corte suprema e custódios da Lei. A Lei demonstra que são independentes do poder real quando afirma que o rei fará para si uma cópia da Lei, literalmente, "de diante dos sacerdotes e levitas"[44]. Braulik traduz: "uma cópia da Lei conservada pelos sacerdotes e levitas". A tradução pode variar, mas o sentido geral da expressão é bastante claro: o rei deve procurar a cópia da Lei junto aos sacerdotes e levitas. A Lei não está em posse dele, e, por isto, não pode manipulá-la ou alterá-la. Como no caso dos juízes, podemos dizer que os deveres e competências do rei e dos sacerdotes levitas são bem distintos.

Os profetas

O texto da Lei sobre os profetas é pouco explícito, como em tantos outros casos. No entanto, o início do texto oferece uma chave de interpretação, pois condena alguns meios populares de consulta aos espíritos ou à divindade (18,9-13). Portanto, o tema da Lei é claro: trata-se do modo legítimo de "consultar Deus". Dt 18,11 usa dois verbos característicos a respeito da adivinhação: "interrogar" (*š'l*) e "consultar" (*drš*). O problema subjacente a estas leis é o de determinar com precisão quais são os meios "seguros" que permitem conhecer a "vontade de Deus" (ou a vontade dos deuses). Em palavras mais atuais, trata-se de um problema de "parecer" ao qual se recorre para resolver questões complexas sobre a vida pública e privada. Mais do que uma vez, na Bíblia, os reis recorrem aos profetas para pedir conselhos antes de tomar uma decisão importante[45]. Os "profetas" são, portanto, na sua maioria, membros da corte real, ou seja, "conselheiros" do monarca. Neste sentido, o profetismo está muito ligado à corte.

Dt 18,9-22 estabelece quem são os conselheiros legítimos e os modos lícitos de consultar Deus. Antes, exclui a adivinhação praticada pelas nações pagãs (18,9-14). Em seguida, estabelece qual profeta fala em nome do único

---

44 Boa parte das traduções portuguesas do texto prefere a construção: "ditada pelos sacerdotes e levitas", já que a tradução literal do texto hebraico não soaria bem em língua portuguesa. O sentido, contudo, ainda é claro [N.T.].

45 Cf., p. ex., 2Sm 7,1-2; 1Rs 20,13-14; 22,5.15; Jr 21,2; 37,17 etc. Em Ezequiel são os anciãos que consultam o profeta (Ez 14,1-5; 20,1-4). Sobre os demais membros do povo, cf. 2Rs 4,23, que pressupõe o hábito de ir consultar os "profetas" por ocasião de algumas festas, como o sábado e a neomênia. Cf. tb. Jr 18,18, segundo o qual o sacerdote é encarregado da "Lei" (*tôrâ*), o sábio do conselho (*'etsá*) e o profeta da palavra (*dābār*).

verdadeiro Deus de Israel, o Senhor YHWH (18,15-22). Por fim (18,21-22), fornece um critério para distinguir um verdadeiro de um falso profeta: só a palavra de um verdadeiro profeta se cumpre. Claro, só se pode aplicar este critério *post factum*. Talvez o Deuteronômio pretenda permitir que os seus destinatários distingam os verdadeiros dos falsos profetas da sua história e justificar a escolha dos profetas e dos "livros proféticos" que farão parte da Escritura e, em última instância, do cânone.

O texto insiste, sobretudo, sobre o "modelo Moisés" (18,15.18) para sugerir que todo profeta em Israel é na verdade um herdeiro da função mosaica ou uma "cópia fiel" do maior profeta dentre os profetas (cf. 34,10-12). O profeta é um intermediário entre Deus e o povo e, também este, por sua vez, ocupa o lugar do rei que, em geral, é o único canal entre a divindade e o povo. É verdade que em várias ocasiões o rei utiliza as competências dos seus ministros e servidores, em particular dos seus "profetas". Mas o Deuteronômio exalta a figura do profeta muito acima da figura do rei, pois, como visto, o profeta é um substituto de Moisés, o homem de Deus que proclamou a Lei à qual o próprio rei deve se submeter. Em outras palavras, o rei é convidado a "ouvir" o profeta como todos os outros membros do povo (18,18-19). A história deuteronomista demonstrará em seguida que os reis que não ouviram os profetas, nunca foram assertivos (cf. 2Rs 17,13-14). Os profetas de Dt 18,19-22 – especialmente "o profeta" misterioso similar a Moisés – desempenham uma função que foge ao controle do rei e que é regulada unicamente pela *Torah*. Também neste caso a lei separa os poderes em um modo que antecipa as nossas constituições modernas.

Pode-se realmente pensar que os profetas, na qualidade de conselheiros do rei, sejam, de algum modo, longínquos antepassados dos membros dos nossos parlamentos modernos. De fato, alguns desses parlamentos se chamam ainda hoje "conselhos", como por exemplo o *Bundesrat* da Alemanha (literalmente "conselho da confederação") e a *Duma* da Rússia (palavra que também significa "conselho" e vem do verbo *dumat*, que significa "pensar")[46]. Com efeito, há algumas semelhanças entre os profetas de Dt 18,9-22 que devem ser ouvidos, inclusive pelo rei, e os nossos parlamentos que exercem o poder legislativo independentemente do poder executivo. Pode-se dizer, portanto, que as leis do Deuteronômio põem em funcionamento um

---

46 As duas palavras, o alemão *Rat* e o russo *duma*, podem significar "conselho" em dois sentidos diferentes: o conselho que se dá e a assembleia dos "conselheiros".

movimento que, após uma longa e atormentada evolução, desembocará nos nossos modernos parlamentos[47]. Mas vale acrescentar que os profetas de Dt 18 não agem como grupo e que, inclusive, o texto evidencia o papel do "profeta como Moisés" (18,15.18), um indivíduo, portanto, que parece dever assumir todas as responsabilidades do "maior dos profetas" (cf. 34,10). Estamos ainda muito distantes do regime parlamentar atual.

PARA APROFUNDAR

BLENKINSOPP, J. *Sapiente, sacerdote, profeta* – La leadership religiosa e intellettuale nell'Israele antico. Bréscia: Paideia, 2005.

CARRIÈRE, J.-M. *Théorie du politique dans le Deutéronome*. Frankfurt am Main: Peter Lang, 2001, p. 22-40.

FILIPI, A. (org.). Il potere. In: *Parola Spirito e Vita*, 51, 2005.

GINGERICH, R. & GRIMSRUD, T. (orgs.). *Transforming the Powers* – Peace, Justice, and the Domination System. Mineápolis, MN: Fortress Press, 2006.

LUCIANI, D. & WÉNIN, A. (orgs.). Le pouvoir: enquêtes dans l'un et l'autre Testament. In: *Lectio Divina*, 248. 2012. Paris: Le Cerf.

SKA, J.-L. *Il libro sigillato e il libro aperto*. Bolonha: EDB, 2005, p. 463-479.

---

47 Pode-se inclusive pensar que as polêmicas no mundo profético, p. ex., entre "verdadeiros" e "falsos profetas", não sejam discussões apenas teológicas, mas também controvérsias entre diversos partidos e grupos de interesse.

12
A CIDADE E A TORRE

A imagem da "cidade" não é plurivalente somente na Bíblia em geral e no livro do Gênesis em particular, mas é também ambígua, e geralmente negativa. Basta recordar que a primeira cidade foi construída por Caim (Gn 4,17), ou seja, pelo primeiro assassino da história humana. Esta cidade surge, portanto, em um mundo onde se ouviu o sangue inocente de Abel gritar aos céus (4,10), a primeira vítima de uma violência cega, e esta é a primeira grande obra de um homem que se tornou "errante" e "fugitivo" por causa de seu crime (4,14). O próximo construtor de cidade será Nimrod, um descendente de Cam, o filho de Noé que desonrou seu pai no episódio da esbórnia do patriarca (9,20-27; cf. a maldição de 9,24-25), dentre outras, ele construirá as famigeradas Babel e Nínive (10,10-12). Em Gn 11,1-9 encontramos uma versão alternativa sobre a construção de Babel. Depois de alguns capítulos aparecem outras cidades, os nomes das quais se tornam proverbiais, pois são sinônimos de terríveis catástrofes provocadas por uma depravação desenfreada. Trata-se de Sodoma e Gomorra, e de outras cidades vizinhas ao Mar Morto (13,13; 19,1-29), destruídas por um "fogo celeste" após serem condenadas por Deus pelos costumes devassos de seus habitantes (19,24). "Ser destruído como Sodoma e Gomorra" é uma expressão comum na Bíblia para descrever a terrível sorte que espera as pessoas libertinas e incapazes de mudar sua conduta.

Mais adiante, no Pentateuco, encontramos as cidades de Pitom e Ramsés, as cidades-celeiro construídas pelos hebreus, forçados à escravidão no Egito pelo faraó "que não conhecia José" (Ex 1,11; cf. 1,8). Os nomes destas duas cidades certamente não deixaram recordações muito positivas na memória de Israel. Enfim, segundo o livro de Josué, os israelitas destruíram completamente as primeiras cidades que encontraram no seu caminho, a saber, Jericó e Ai (Js 6 e 8).

Existe, portanto, na Bíblia, especialmente nos primeiros livros, uma certa antipatia ou desconfiança em relação à "cidade", antipatia que desaparece naturalmente quando se fala em Jerusalém, a cidade santa conquistada por Davi (2Sm 5,6-10). Como explicar isto? É difícil apresentar uma interpretação que satisfaça. Para alguns exegetas encontra-se nesses textos indícios do velho antagonismo entre campo e cidade, ou seja, entre um povo rural que tinha uma vida relativamente simples, e a cultura da cidade, mais rica, mais culta e mais desenvolvida, mas que também se apresentava como lugar da tentação e da corrupção. Esta mentalidade aparece, por exemplo, na descrição de Sodoma e Gomorra (Gn 13,10.13; 18,20-21; 19,4-11). Alguns lançam a hipótese de um antagonismo mais profundo entre as colinas da terra de Israel, onde vivem os antepassados do povo de Israel, povo fiel ao seu Deus, e as cidades das planícies povoadas por cananeus pagãos[48]. À diferença de religião acrescentava-se a disparidade econômica e social: as cidades que dispunham de um exército de mercenários dominavam e exploravam os campos. Além disso, os antepassados de Israel que encontramos nos primeiros livros da Bíblia são pastores que vivem nas zonas agrícolas e não na cidade. É o caso dos patriarcas, mas também dos hebreus no Egito (cf. Ex 9,7.26; 10,9.24-26; 12,38), e sobretudo do Israel que passa quarenta anos no deserto. Como visto, as cidades das quais fala o Pentateuco ou o livro de Josué são povoadas por estrangeiros pagãos.

A cidade pode também ser apresentada como um lugar onde reina a violência, como no caso descrito no Sl 55,10-12:

> [...] violência e discórdia na cidade:
> dia e noite elas rondam
> por cima de suas muralhas.
> Dentro dela há maldade e tormento,
> dentro dela há ruína;
> a opressão e a fraude
> nunca se afastam de sua praça.

Vale recordar que o campo está longe de ser um lugar idílico onde reina a paz e a concórdia no contato direto com a natureza e com Deus. Esta imagem ideal é talvez característica do romantismo, mas não da Bíblia. O campo é, também este, maculado pelo sangue. O primeiro assassinato, o de Abel, teve lugar em um campo aberto (Gn 4,8). As leis bíblicas, por sua vez, pressupõem diversos delitos cometidos "no campo" (cf. Dt 22,1; 22,25.27; 2Sm

---

48 Sobre as origens dos israelitas pode-se consultar o livro de FINKELSTEIN, I. & SILBERMAN, N.A. *Le trace di Mosè* – La Bibbia tra storia e mito. Roma: Carocci, 2002.

14,6). Contudo, ainda assim, é evidente que nos primeiros livros da Bíblia existe um sentimento em geral negativo em relação à cidade. Agora, a nossa tarefa será examinar um dos episódios mais famosos da Bíblia ligado a uma cidade, o assim chamado relato da "Torre de Babel" (Gn 11,1-9), episódio de natureza claramente negativa.

O texto do livro do Gênesis é muito conhecido e, à primeira vista, pareceria não demandar uma longa exegese. Um breve confronto entre duas traduções mostrará, no entanto, que não é assim. Portanto, é necessário delongar-se sobre este relato para tentar colher o seu significado exato. A velha tradução da CEI[49] apresenta o texto de Gn 11,1 de modo bastante tradicional e muito conhecido: "Toda a terra tinha uma só língua e as mesmas palavras"[50].

Segundo esta tradução, o relato descreve um percurso simples: inicialmente toda a humanidade falava a mesma língua; ao final, ao contrário, cada uma das diversas nações falam uma língua diferente, e Gn 11,1-9 explica a razão desta mudança[51].

Mas existe uma outra proposta de tradução, a da *Nuovissima Versione della Bibbia* (Roma, 1995): "Então toda a terra era de um único lábio e de façanhas comuns"[52].

Esta tradução de Emanuele Testa supõe uma interpretação diferente do original hebraico. A formulação talvez não seja de todo feliz e o seu significado requer uma explicação. De qualquer modo, veremos que, segundo Testa, o problema não é apenas uma questão de língua. Mas no momento convém retornar à tradução e exegese tradicionais para perceber seus limites.

A torre que alcança o céu

"Vinde! Construamos uma cidade e uma torre cujo ápice alcance os céus! Façamo-nos um nome e não sejamos dispersos sobre toda a terra!" (Gn 11,4). Este discurso dos homens reunidos no Vale de Senaar (Mesopo-

---

49 CEI é a Conferência Episcopal Italiana que, assim como a CNBB, a Conferência Nacional dos Bispos do Brasil, também propõe uma tradução oficial da Bíblia [N.T.].

50 *La Sacra Bibbia*. Roma: CEI, 1974 [Ed. oficial].

51 Alguns exegetas lançaram a hipótese de que esta língua única fosse uma "língua franca", como o sumérico, o acádico, o babilônico, o aramaico e o grego.

52 No seu comentário, Testa traduz assim: "Então toda a terra era de um único lábio e feitos iguais" (Genesi. Introduzione – Storia primitiva. In: *La Sacra Bibbia*. Turim, 1969, p. 433).

tâmia Central) é geralmente interpretado à luz de descobertas arqueológicas relativamente recentes. A cidade, com base em Gn 11,9, é identificada com Babel, e a torre "cujo ápice alcance os céus" com um famoso templo dessa cidade chamado em sumério de *Etemenanki*, que quer dizer "casa do fundamento da terra e do céu"[53]. O templo era uma *ziqqurat*, templo com degraus, uma espécie de montanha artificial muito alta que dava a impressão de pretender propriamente alcançar o céu, morada dos deuses[54]. Segundo o nosso relato, esta "torre" nunca foi terminada porque Deus impediu que os homens levassem a sua empresa a bom termo. Por qual motivo?

Deus intervém para frustrar o empreendimento dos homens, uma vez que querer alcançar o céu é uma iniciativa presunçosa. Segundo a maioria dos exegetas, o texto descreve um típico caso de "delito e castigo" como muitos outros citados nos primeiros capítulos de Gênesis. Basta recordar a história da queda (Gn 3), do assassinato de Abel (Gn 4) ou do dilúvio (Gn 6–9). O pecado, no caso de Gn 11,1-9, seria o orgulho, a *hybris* da humanidade que tenta alcançar o céu, morada de Deus, com suas próprias forças. A soberba da humanidade é castigada por Deus que defende os seus privilégios e proíbe os homens de transpor a fronteira que separa o mundo humano do mundo divino. Assim como Adão e Eva foram condenados, pois quiseram "ser como Deus" (Gn 3,5.22), os homens de Gn 11,1-9 foram castigados por terem ousado aventurar-se em "espaços reservados" à divindade.

O castigo divino, como tal, não requer uma longa explicação. Segundo o modo habitual de ler o texto, os homens podiam se entender no início da história humana, pois falavam a mesma língua. Deus os castiga por terem pretendido usurpar um dos seus privilégios divinos e "confunde" as suas línguas, de modo que não são mais capazes de se entenderem e qualquer iniciativa em comum se torna impossível. A grande variedade de línguas seria, ainda segundo esta interpretação, um posterior efeito negativo do pecado que impregna a história humana desde suas origens.

Em linhas gerais, esta interpretação é bastante antiga e foi muito popular por séculos. Alguns elementos já estão presentes nas paráfrases dos targu-

---

53 Em sumério, *e* significa "casa", *temen*, "fundamento", *na*, "céu", e *ki*, "terra". Esta construção fazia parte do grande templo chamado *Esagila*, "casa que levanta alto a sua cabeça".

54 *Ziqqurat* é uma palavra acádica formada pela mesma raiz do verbo *zaqaru* – "elevar", "erigir".

159

mim[55] e serão desenvolvidos em seguida em diversos escritos, por exemplo, nos comentários rabínicos. Como exemplo da exegese hebraica, podemos citar alguns trechos da *Antiguidades judaicas*, de Flávio Josefo (*ANT* 1,111-117):

A discórdia das línguas

Depois que a população jovem floresceu em grande número, Deus novamente os aconselhou que construíssem colônias; mas não acreditavam que todo o seu bem derivasse da benevolência dele: pensavam que a sua felicidade fosse advinda da sua própria força e não obedeceram; aliás, além da violação da vontade de Deus, levantaram a suspeita de que era por inveja que Deus os incitava a estabelecer as colônias, a fim de que, divididos, fosse mais fácil sujeitá-los. Quem os induziu a ultrajar Deus e não lhe dar atenção foi Nebrode [Nimrod], neto de Cam, filho de Noé, homem astuto e de mão forte. Ele lhes persuadiu a não atribuir a Deus a autoria da sua fortuna, mas de concebê-la como derivada da própria força, e pouco a pouco transformou as coisas em tirania, convicto de que somente desse modo teria dissuadido os homens do temor a Deus, tornando-lhes confiantes na própria força, ameaçando querer vingar-se de Deus: assim que quisesse novamente alagar a terra, ele teria erguido uma torre mais alta do que as águas pudessem subir e também vingaria a chacina de seus antepassados.

Uma multidão estava pronta para seguir as propostas de Nebrode, compreendendo a submissão a Deus como servil. E começaram a construir a torre com muita diligência e não considerando qualquer fadiga. E a torre subia às alturas mais rápido do que se previa, pelo grande número de mãos, e era tal a sua espessura que, àqueles que a observavam, a sua altura parecia menor que sua espessura. Era construída com tijolos assados, unidos com betume a fim de que a água não infiltrasse entre os tijolos. Vendo-os assim estranhamente enlouquecidos, Deus pensou bem e não os destruiu, visto que, mesmo depois do extermínio dos antepassados, não tinham aprendido a ter bom-senso. Lançou sobre eles a discórdia das línguas, fazendo-lhes falar línguas diferentes, e esta variedade lhes tornou

---

55 Primeiras traduções do texto hebraico em aramaico para uso litúrgico nas sinagogas quando, após o exílio, as comunidades não falavam mais o hebraico. Cf. o texto de Ne 8,7-8.

incompreensíveis uns para com os outros. O lugar onde fabricavam a torre agora se chama Babilônia, pela confusão que surgiu no modo de falar primitivo então compreensível a todos; os hebreus, de fato, chamam "Babel" a confusão.

Antichità Giudaiche di Giuseppe Flavio, 1: Libri I-IX. Turim: Utet, 1998, p. 66-67 [Ed. bras.: *Antiguidades dos judeus*. Curitiba: Juruá, 2001 [Trad. e adaptação de A.C. Godoy]].

A "paráfrase" de Flávio Josefo é muito interessante, pois reúne diversas linhas interpretativas presentes na tradição hebraica, muitas das quais serão retomadas pela tradição cristã e transmitidas pelos Padres da Igreja. Podemos evidenciar quatro elementos principais.

1) Os homens se negam a obedecer a Deus e a espalhar-se para fundar colônias.

2) O líder dos rebeldes é Nimrod (Gn 10,8-10), construtor de Babel em Gn 10,10, que se torna também o primeiro "tirano" da história humana. Flávio Josefo, como a tradição rabínica, lê o texto de Gn 11,1-9 no seu contexto literário e cria ligações que são ausentes no texto bíblico como tal.

3) A construção da torre tem como escopo escapar de um eventual segundo dilúvio. Também neste caso, Flávio Josefo lê Gn 11,1-9 à luz de Gn 6–9, o relato do dilúvio, e procura a razão da construção da torre neste contexto.

4) O pecado dos homens é a insubordinação derivada de um falso conceito sobre Deus: os homens creem que Ele tenha "inveja" da sua felicidade, um tema muito presente no mundo grego. Flávio Josefo mostra como um relato bíblico pode ser "parafraseado" com a ajuda de outros textos bíblicos ou até não bíblicos, como, por exemplo, a temática da inveja dos deuses.

Sem dúvida há muitos elementos válidos na exegese tradicional e seria pouco inteligente criticá-la e sobretudo considerá-la completamente superada. Alguns elementos, contudo, não resistem a uma verificação.

1) A tradução habitual, "uma só língua" (Gn 11,1), não é precisa. Na verdade, o texto hebraico usa uma expressão particular, "um só lábio", e não "uma só língua". As duas expressões não têm o mesmo significado. Se o autor do relato tivesse pretendido dizer "todos os homens falavam a mesma língua", ele teria tranquilamente podido empregar essa palavra em hebraico, e não a palavra "lábio". Ele não o fez, e, portanto, vale

161

perguntar-se sobre a intenção desta expressão particular que, em toda a Bíblia, de fato se encontra apenas aqui.

2) O título habitual da história bíblica, "A Torre de Babel", pode levar ao erro, pois induz muitos leitores a esquecerem que a empresa descrita no texto também comporta a construção de uma cidade. Deus desce dos céus não só para ver a torre, mas também a cidade. Ambas despertam a sua suspeita e criam um certo incômodo (11,5-6). Por outro lado, o texto hebraico fala explicitamente de uma torre, não de um templo. O vocabulário, portanto, não favorece a interpretação "religiosa". Mais uma vez, a verificação atenta do vocabulário induz a tomar distância da interpretação tradicional para perguntar-se qual é o significado preciso do trecho.

Dois exegetas, independentemente um do outro, apresentaram uma nova interpretação. O primeiro é Emanuele Testa; o segundo é um estudioso suíço, especialista em epigrafia hebraica, Christoph Uehlinger[56]. Ambos apoiam a sua leitura sobre paralelos acádicos, ou seja, textos que provêm da Mesopotâmia.

Paz e concórdia

As expressões "um só lábio" e "única palavra", ou seja, "única iniciativa", encontram-se com muita frequência nos documentos do Império Neoassírio (883-606 a.C.). Estas expressões têm como objetivo descrever a unidade do império em torno do rei, que foi capaz de pacificá-lo. O problema não é, portanto, o da língua falada, mas, mais especificamente, da paz e da concórdia que existe em um grande império submisso à vontade de um só soberano.

Os textos não têm o escopo de documentar a atividade do rei, mas de magnificar a sua obra e de, desse modo, convencer as populações submissas a não se rebelarem. Portanto, em palavras simples, trata-se de peças de propaganda.

Sargão de Agade (ca. 2300 a.C.), um dos primeiros soberanos da Babilônia na Mesopotâmia Central, é recordado por ter conquistado um imenso império e ter imposto um governo central. O texto da crônica descreve esta

---

56 UEHLINGER, C. *Weltreich und "eine Rede"* – Eine neue Deutung der sogenannten Turmbauerzählung (Gen 11,1-9). Freiburg/Schweiz-Göttingen: Universitätsverlag/Vandenhoeck & Ruprecht, 1990.

obra de conquista e de centralização com uma expressão que, traduzida, recita: "Ele fez a boca [do seu império] uma só"[57].

O rei assírio Teglat-Falasar I (1115-1077 a.C.) derrotou 42 príncipes durante os primeiros cinco anos de seu reinado, conquistou os seus reinos, os reuniu todos num único império e os submeteu a um só governo. O texto original diz: "Uma boca os fez ter", ou seja, "Um só discurso os fez ter". A mesma expressão se encontra nos anais dos reis assírios Adad-Nirari II (911-891 a.C.), Assurbanipal II (883-859 a.C.), Teglat-Falasar III (745-727 a.C.) e Sargão II (721-705 a.C.), o rei que se orgulha de ter conquistado a cidade de Samaria (cf. 2Rs 17,1-6). Em muitos textos, segundo Uehlinger, a expressão aparece ligada a dois temas: de um lado as conquistas e de outro as importantes construções. A organização e a unificação do império é, portanto, uma das três atividades essenciais das quais se orgulham os reis da Mesopotâmia, em particular os reis assírios. Encontramos certamente acenos a alguns destes temas em Gn 11,1-9, como a construção de uma cidade e de uma torre para formar um só império compacto e bem unido.

A expressão "ter uma boca", ou seja, "ter o mesmo discurso" é ambivalente e pode significar, em alguns contextos, "organizar uma rebelião", "conjurar", "conspirar"[58]. Por exemplo, o Rei Sargão II (721-705 a.C.) fala em uma inscrição de uma rebelião de um certo Jaubidi de Hamat e diz textualmente:

> Jaubidi de Hamat, um oportunista sem direito ao trono, um sírio maligno, procurou tomar o reino de Hamat e incitou Arpad, Smirra, Damasco e Samaria contra mim, *fez determinar uma boca* [fez ter um só discurso, tramou uma conjuração] e se preparou para a batalha.

A mesma expressão se encontra em um texto que descreve uma conspiração contra Assurbanipal (668-625 a.C.), herdeiro de Esarradon (680-669 a.C.). Em outros casos, a expressão é usada para descrever a unidade e a estabilidade do reino sob a guia do rei assírio. O contexto, de qualquer modo, é tipicamente político e faz parte do formulário utilizado pela propaganda real para afirmar o poderio do soberano e incitar as populações submetidas a não se rebelarem.

---

57 Cf. a "Cronaca di Sargon", texto neobabilônico escrito por volta do VI século a.C. In: PRITCHARD, J.B. *Ancient Near Eastern Texts Relating to the Old Testament*. 3. ed. Princeton (NJ): Princeton University Press, 1969. Cito esta edição de textos do antigo Oriente Médio, pois é muito difundida e muito conhecida com a abreviação Anet. Existem edições mais recentes, mas menos acessíveis.

58 UEHLINGER, *Weltreich...* Op. cit., p. 438-444.

A situação descrita pelas formulações "um só lábio" "uma só boca" e "única palavra" ("uma só iniciativa") representa um ideal a ser alcançado, especialmente pelos reis da Assíria; todavia, esta "concórdia" é obtida com a força e a violência. Nenhum indício nesses textos permite entrever uma vontade popular. A paz é imposta pelo poder dos grandes reis da Assíria e não é de fato o fruto de um consenso ou de um acordo livre entre as populações. Certamente podemos falar de uma "comunhão de interesses, de sentimentos, de governo e de religião", sendo, pois, necessário que a comunhão signifique submissão completa a um poder totalitário bem conhecido na Antiguidade pela sua impiedosa crueldade.

As construções magníficas

Diversos documentos testemunham uma política frequente entre os grandes reis da Assíria. Depois de subir ao trono, a sua tarefa era a pacificação de um imenso reino. De fato, a morte de um rei era, em geral, sinônimo de uma rebelião em todo o império. Muitos vassalos aproveitavam o momento delicado da sucessão para provar e reconquistar a independência. O odiado soberano não mais existia, a luta pela sucessão tinha início, e isto constituía o momento oportuno para tentar se desvencilhar de vínculos suportados de mau gosto.

No início de seu reinado, muitos reis assírios se encontravam, portanto, diante de uma primeira tarefa importante, a de submeter os vassalos rebeldes. Alguns iam ainda além: uma vez destruídos os que incitavam as revoltas, aumentavam os seus domínios graças a novas conquistas.

A fase dos grandes empreendimentos assírios nos interessa muito. Uma vez pacificado ou conquistado um grande império, o rei se dedicava à construção de uma capital sua. Esta cidade era dotada de uma cinta dupla de muros, uma externa e outra interna. Ao redor da "cidadela" onde, em geral, se encontravam os palácios do rei e dos seus funcionários, assim como os templos dos deuses. Encontramos em Gn 11,1-9 a mesma imagem quando o texto fala de "cidade" e de "torre".

O escopo destas construções magníficas e impressionantes era claramente político. Assim fazendo, o rei afirmava o seu poder sobre territórios conquistados e a sua autoridade sobre seus súditos. A obra de propaganda política desta cidade é inegável. Vendo as imponentes construções, os muros e as fortificações, as populações do império hesitavam antes de intentar qualquer movimento de ruptura.

A interpretação habitual da "Torre de Babel" deve necessariamente ser corrigida se aceitamos a opinião de Testa e Uehlinger[59]. A torre não seria um templo, mas uma cidadela. Poder-se-ia se falar de um "castelo" ou de uma "cidadela" dentro da cidade, como encontramos em tantas cidades importantes que remontam ao medievo. O vocabulário utilizado em Gn 11,4-5 corrobora esta hipótese. A palavra "torre" em hebraico se encontra em alguns textos onde designa um baluarte de defesa (Jz 8,9.17; 9,46-52; Sl 48,13; 61,4; Pr 18,10; Is 2,15; Ez 26,9). O texto de Jz 8,17 é um dos mais claros neste sentido. O texto remete a um episódio da vida de Gedeão, um dos juízes de Israel, que se vinga de uma cidade chamada Succot ("tenda") porque o tinha escarnecido. O texto diz: "Em seguida [ele] destruiu a cidadela de Fanual e massacrou os habitantes da cidade". A "cidadela" da tradução corresponde à palavra hebraica "torre". Portanto, encontramos neste texto o mesmo binômio "torre" e "cidade", presente em Gn 11,4-5.

Um outro texto, Jz 9,50-51, fala da cidade de Tebes que Abimelec, filho de Gedeão, quis tomar. Ele conseguiu conquistar a cidade (9,50), mas não a cidadela, ou torre, que se encontrava nela (9,51)[60]:

> Havia no meio da cidade uma torre fortificada, onde se refugiaram todos os homens e mulheres e todos os notáveis da cidade. Tendo fechado a porta atrás de si, subiram ao terraço da torre. Abimelec aproximou-se da torre e atacou. Ao chegar perto da porta da torre para lhe atear fogo, uma mulher atirou-lhe uma mó de moinho sobre a cabeça e lhe quebrou o crânio.

O texto não deixa qualquer dúvida: havia uma cidadela no meio da cidade, ou seja, a cidade era circundada por uma cinta dupla de muros, a primeira ao redor da cidade como tal, e a segunda constituída pela cidadela dentro da cidade. Abimelec primeiro assedia e toma a cidade, em seguida é morto enquanto tenta tomar a "torre" ou "cidadela" dentro da cidade. Existem algumas representações gráficas de cidades mesopotâmicas que sufragam esta opinião, e estes detalhes permitem compreender melhor o texto de Gn 11,1-9 que também fala, por sua vez, de sua cidade como a sua "cidadela", e não de um templo.

---

59 Ibid., p. 230-236; 372-378.

60 Ibid., p. 376.

Um último detalhe particular merece uma breve explicação. Gn 11,4 afirma que os homens pretendiam construir uma torre "cujo ápice alcançasse o céu". Esta formulação foi comumente interpretada como expressão da presunção humana que pretendia alcançar o céu. Para Uehligner, ao contrário, trata-se apenas de uma imagem hiperbólica. A expressão se encontra em outros lugares na Bíblia em contextos onde é evidente que se trata de uma hipérbole. Portanto, não se deve interpretá-la literalmente, mas segundo aquilo que é, ou seja, uma expressão metafórica, como se fala hoje sobre os "arranha-céus". Em Dt 1,28, por exemplo, os israelitas descrevem a cidade que viram durante a exploração da terra prometida: "as cidades são grandes e fortificadas até o céu". Nesse caso, o relato dos "exploradores" contém um claro exagero, pois eles pretendem convencer o povo que a conquista da terra é impossível. A mesma expressão reaparece em Dt 9,1, em um contexto parecido: "Escuta, Israel: hoje estás atravessando o Jordão para ires conquistar nações mais numerosas e poderosas do que tu, cidades grandes e fortificadas até o céu". Jr 51,53 adota a mesma metáfora a respeito de Babel: "Mesmo que a Babilônia suba até os céus, mesmo que ela torne inacessível a altura de sua cidadela, ao meu comando virão a ela os devastadores". Estes textos afirmam a mesma coisa: as fortificações imponentes das cidades cananeias, assim como as de Babel, não poderão resistir ao poderio divino. Estas cidades, não obstante as aparências, não são invencíveis. Nenhum destes textos fala explicitamente de "orgulho" ou de "presunção", eles no fundo aludem a um excesso de confiança em obras humanas.

Imortalizar o nome

A nova capital do rei assírio uma vez concluída, recebia um "nome" que tinha como objetivo imortalizar a fama do soberano. Na Antiguidade, e particularmente na Bíblia, havia dois modos de sobreviver à morte. O primeiro, mais comum, era a descendência. Os filhos perpetuam o "nome" dos genitores[61]. O segundo, menos comum e reservado a grandes personagens, era a construção de um monumento, que podia ser uma cidade. Absalão, por exemplo, construiu para si um monumento, pois "tinha dito: Não tenho um filho que conserve o meu nome". Chamou a estela com o seu nome, e por isso

---

61 Cf., p. ex., Rt 4,5.10; Dt 5,5-10.

ainda hoje se chama "Monumento de Absalão" (2Sm 18,18)[62]. Sr 40,19 resume esta doutrina de modo lapidar: "Filhos e fundação de uma cidade perpetuam o próprio nome, mais do que isso vale uma mulher irrepreensível"[63].

No mundo antigo há diversos exemplos de soberanos que construíram uma cidade para imortalizar o seu nome. Basta lembrar de Ramsés, Alexandria (Alexandre Magno), Antioquia (Antíoco), Barcelona (fundada pela família de Amílcar Barca, pai de Anibal e de Asdrubal), Aosta (Augusta), Saragoça (Caesaraugusta), Constantinopla (Constantino). Poder-se-ia mencionar ainda cidades mais modernas, como Washington e Petersburgo.

O "nome", neste contexto, significa, antes de mais nada, "fama", "reputação", "glória", aspectos ligados à realização de obras grandiosas, construções impressionantes que testemunham o poderio de um império bem-organizado. Ademais, a expressão "fazer o nome" significa também "fundar um império, "organizar um Estado" que possa perdurar no tempo e deste modo assegurar ao fundador uma certa "imortalidade". O "nome" tem, portanto, conotações claramente políticas, pois é relacionado à organização de um império e, particularmente, à construção de uma capital como centro administrativo.

Por fim, segundo a interpretação de Uehlinger, o vocabulário de Gn 11,4-5 é mais "político" do que religioso. As alusões à "soberba" ou à *hybris* da humanidade têm um caráter secundário[64]. O texto de Gn 11,1-9 descreve de modo paradigmático as iniciativas totalitárias dos grandes reis da Assíria e a sua confiança (excessiva?) em grandes construções que se revelam, cedo ou tarde, frágeis e efêmeras. O relato se apresenta como uma dura crítica a essas iniciativas imperialistas e como uma veemente defesa da diversidade cultural.

Apresentamos em linhas gerais as teorias de Testa e sobretudo a de Uehlinger, que se afastam muito da *opinio communis* sobre Gn 11,1-9. É chegado o momento de submeter estas teorias a um breve exame crítico. Este exame se apoiará sobre dois elementos fundamentais do relato: a sua construção, ou seja, o movimento geral ou a dinâmica do texto, e a ironia, traço essencial deste famoso relato. O contexto fornecerá outros elementos

---

62 Contudo, segundo uma outra tradição, Absalão tinha três filhos e uma filha (2Sm 14,27).

63 Tradução do texto grego. O hebraico e o siríaco apresentam um texto diferente no final do versículo: "mas vale mais a descoberta da sabedoria".

64 A meu ver, a interpretação "política" não exclui a teológica, ao contrário, a implica. É exatamente o projeto político que se revela "presunçoso" e, portanto, condenado à falência.

de interpretação; em particular, será útil um breve confronto com a assim chamada "Tábua das nações" (Gn 10), onde já se descreve a população de todo o universo.

A construção do relato

O relato se desenvolve em quatro etapas. As duas primeiras descrevem a "construção" e as duas últimas a "desconstrução" da torre e da cidade. A história contém, portanto, dois movimentos opostos. Além disso, é possível identificar em Gn 11,1-9; uma combinação de movimentos horizontais e verticais[65]. A narrativa inicia com um primeiro movimento horizontal, o movimento de toda a humanidade que, indo em direção ao oriente, chega à Planície de Senaar (11,2). Ali inicia o primeiro movimento vertical e de ascensão com a construção da cidade e sobretudo da torre, "cujo ápice alcance o céu" (11,4). A este movimento vertical responde um outro movimento vertical, desta vez não de ascensão, mas de descida, quando Deus desce para "ver a cidade e a torre" (11,5) e depois impede os homens de cumprirem sua iniciativa (11,7). A decisão divina provoca a dispersão da humanidade, ou seja, um movimento horizontal que assiste às diversas nações irem para todas as direções povoarem o universo. Este último movimento é o oposto do movimento descrito em 11,2: a dispersão causada por Deus "desfaz" aquilo que os homens tinham pretendido no início do relato, quando quiseram permanecer juntos para sempre.

A segunda parte do relato, a partir da intervenção divina do vers. 5, corresponde, portanto, à primeira, mas de modo negativo. A empresa humana dos vers. 1-4 foi frustrada por Deus nos vers. 5-9 e os movimentos da segunda parte (vers. 5-9) invertem os da primeira (vers. 1-4).

Este primeiro contato com o texto já permite observar que o relato supõe uma forte interação entre o mundo humano e o divino, entre "política", no sentido amplo da palavra, e "teologia". É, contudo, possível analisar o relato sob diversas perspectivas, e, por exemplo, indagar sobre o seu contexto histórico para acentuar o aspecto político. No entanto, ainda assim é verdade que o relato bíblico também oferece uma interpretação teológica do evento. Em breves palavras, a tarefa do exegeta será também de interpretar, o quanto

---

65 Cf. HARLAND, P.J. Vertical or Horizontal? – The Sin of Babel. In: *VT*, 48, 1998, p. 515-533. • WITTE, M. *Die biblische Urgeschichte*. Berlim: De Gruyter, 1998, p. 97.

possível, o significado da palavra "Deus" neste texto e indagar sobre a importância da sua intervenção.

A ironia do relato

Um elemento essencial do relato é a ironia, e o texto bíblico, na sua brevidade, foi escrito por alguém que observa com um sorriso irônico as realizações mais impressionantes da civilização mesopotâmica: as suas formidáveis cidades.

O primeiro sorriso do autor se esconde no vers. 3: "'Vinde! Façamos tijolos e cozamo-los ao fogo'. O tijolo lhes serviu de pedra e o betume de argamassa". Este detalhamento, no qual à surpresa se soma uma discreta nuança de escárnio e talvez de comiseração, trai a origem do seu autor. Ele não é oriundo da Mesopotâmia, mas de uma região onde se constrói com pedra e argamassa (argila). Vendo aquilo que os pedreiros fazem na Planície de Senaar, não pode esconder sua admiração. Como é possível que não conheçam a pedra e a argamassa? Em Israel, ao contrário, o mais humilde dos pedreiros sabe muito bem onde encontrar pedras e como preparar a argamassa. O autor procura dar uma nova impressão sobre a civilização mesopotâmica, tão admirada. Parece dizer: não devemos invejar esses homens, pois, a despeito de toda a sua cultura e as suas imensas riquezas, não possuem aquilo que se encontra em abundância em cada canto da terra de Israel.

Um outro toque de ironia, destacado por diversos autores, aparece no contraste entre os vers. 4 e 5. De um lado, os homens intentam construir uma torre da qual "o ápice alcance o céu"; de outro, Deus, para ver esta torre e a cidade que a circunda, deve "descer". Tal é a desproporção entre as obras humanas e a grandeza de Deus que este último é obrigado a "vir para baixo" para poder ver as maiores construções da mais importante civilização de então, a babilônica.

O último ataque ao orgulho mesopotâmico e sobretudo babilônico: o nome de Babel que representou por um certo tempo no mundo antigo, em particular em Israel, o suprassumo do poder, é interpretado a partir de uma raiz que significa "confusão" (vers. 9). O grande ideal de Babel, de unir uma multidão de nações em um só grande império, fortemente centralizado, nada gera além de um ridículo emaranhado de línguas e de populações que devem se dispersar por todo o universo, pois são incapazes de se entenderem. A humanidade queria conquistar um "nome" (vers. 4) e é bem-sucedida nesta empresa. No entanto, este nome que imortalizará a sua empresa não perpetuará a glória, mas a vergonha deste projeto presunçoso: Babel significa "confusão"![66]

A ironia deste trecho dificilmente não será percebida pelo leitor atento. É bem sabido que esta é uma das armas prediletas dos fracos contra os fortes. Por esta razão, pode-se perceber facilmente neste trecho uma crítica ao poderio babilônico. Neste sentido, pode-se dizer que a exegese de Uehlinger não é inquestionável. De fato, ele pretende remeter a redação do texto mais antigo ao tempo de Sargão II (721-705 a.C.) e à frustração do seu projeto de construir a cidade de Dur-Sharrukin, enquanto o texto alude claramente à cidade de Babel, e isto desde o início[67]. Ademais, este trecho não é um "escrito de circunstância", pois é muito vago e genérico. Se fosse o caso, ele teria falado com clareza e teria citado pessoas com nome e sobrenome, ou, ao menos, teria deixado sinais inequívocos sobre seu desejo de criticar a política de Sargão II. Por outro lado, Gn 11,1-9 não atribui o plano de construir uma cidade e uma torre a um soberano. Somente a tradição rabínica posterior introduziu no relato a figura de Nimrod, pois, segundo o texto de Gn 10,8-10, este primeiro "potentado sobre a terra" (10,8) havia construído diversas cidades na Planície de Senaar (10,10; cf. 11,2-9), dentre as quais Babel. A figura de Nimrod é encontrada com frequência na tradição posterior, e, inclusive, nos romances do século XX[68]. Enfim, há pouquíssimos indícios da cidade de Dur-Sharrukin na Bíblia. Qual foi a incidência da sua falida construção sobre o povo de Israel? Babel, ao contrário, representa no imaginário bíblico uma das maiores potências que este mundo conheceu.

Portanto, o relato se apresenta em certo modo como uma "parábola", um relato paradigmático que descreve o final trágico de um sonho de onipotência. Não é uma crítica sarcástica a Sargão II, mesmo que ele e o Império Neoassírio possam ter oferecido alguns elementos narrativos ao autor da

---

66 A etimologia popular de Babel, na Mesopotâmia, é muito diferente. Significaria "Porta dos deuses". *Bab* é uma raiz semítica que se encontra em árabe e significa "porta"; *el* é a raiz semítica que quer dizer "deus".

67 Com efeito, alguns jogos de palavras do vers. 3 são baseados em consoantes do nome "Babel", em hebraico (*bbl*), como p. ex. as palavras "fazer tijolos" e "tijolo" (raiz *lbn*), e a palavra "pedra" (*'bn*). Encontramos estas consoantes no verbo "confundir" do vers. 7 (raiz *bll*), na ordem inversa daquela da palavra "tijolo" (*lbn*), pois a forma verbal sem vogal se lê *nbl*.

68 É encontrado também nas duas famosas representações da torre de Babel, de Pietro Brueghel o Velho, uma encontrada no Museu de Viena e outra em Roterdã, no Museu Boymans-van Beunengen. Brueghel inspirou-se no Coliseu de Roma para a sua pintura.

história. Também não é uma sátira de Babel em si, é antes uma sátira de Babel como encarnação de um projeto destinado a falir irremediavelmente. Neste sentido se pode falar em "presunção" (*hybris*). Ao mesmo tempo "política" e "teológica", pois se trata de um projeto humano desmesurado que se revela, justamente por isto, contrário ao desígnio divino.

O contexto literário

Um breve confronto com Gn 10 (a "Tábua das nações") mostra que existem pelo menos duas versões paralelas sobre o povoamento da terra nos primeiros capítulos de Gênesis. Segundo Gn 10,5.20.31-32 a dispersão das nações sobre a terra é o resultado de um processo natural, não a consequência de uma particular intervenção divina, e não é certamente causada por um "pecado" da humanidade. Todas as listas de populações se concluem de modo a não deixar qualquer equívoco sobre a natureza positiva deste fato: as nações que descendem dos três filhos de Noé são elencadas "segundo as suas famílias e as suas línguas, nos seus territórios, segundo as suas nações". Nessas linhas não há qualquer aceno sobre um eventual pecado.

A existência de diversas nações, de diversas culturas e especialmente de diversas línguas é, portanto, vista como um fenômeno natural e não indica qualquer razão negativa. É a apresentação de um fato e nada mais: cada nação fala a própria língua e ocupa um território próprio. A Bíblia justapôs as diversas versões sem tentar harmonizá-las, como em tantos outros casos, e o julgamento final da história é deixado ao leitor.

A teologia do relato

É chegado o momento de fornecer uma interpretação global do relato. Três pontos merecem se evidenciados.

1) O relato descreve de modo paradigmático o sonho totalitário e imperialista da Babilônia, vale dizer, um dos mais famosos impérios da Mesopotâmia, e o mérito de ter evidenciado este aspecto é de Testa e Uehlinger. O trecho reflete de modo particular a surpresa e a reação irônica dos hebreus frente às grandes cidades da Mesopotâmia, sobretudo Babel. O modo de construir, as dimensões gigantescas dos edifícios, a presença de muitas nações reunidas em uma única cidade, o fervilhar e formigar de tanta gente em pouco espaço, são todas as coisas que geraram o estupor dos habitantes de Israel, habituados a ver cidades muito menores e populações dispersas em

vários territórios. Nas regiões semidesérticas da terra de Israel, os grandes conglomerados urbanos são quase impensáveis. A população de agricultores e pastores vive em geral em pequenos vilarejos dispersos no campo.

2) A intervenção divina que frustra os planos da humanidade e impede de concluir a construção da cidade e da torre para em seguida obrigar as nações a se dispersarem sobre toda a terra tem um significado preciso: Deus é contrário a este tipo de "globalização" que necessariamente implica a anulação das diversas culturas. Deus não quer que a humanidade se concentre e se refugie em uma só cidade para se defender (de quem?) e deste modo procure imortalizar o próprio "nome". Um sonho inspirado pelo temor de se dispersar e pelo medo de morrer não é um sonho que vem de Deus, tampouco o insaciável desejo de segurança. Em outras palavras, o desejo de um império que unifique toda a humanidade é uma quimera, e este império jamais existirá, pois é irrealizável. Deus é contrário, pois o totalitarismo tende a cancelar o caráter único de cada povo e de cada cultura.

3) A diversidade das culturas, por sua vez, e a "dispersão" das nações sobre toda a superfície da terra é desejada por Deus e se deve considerar como um desenvolvimento positivo da história humana (cf. 10,32 e 11,8). Segundo estes textos, Deus quer que cada nação tenha o seu próprio espaço e desenvolva a própria cultura. A variedade infinita das línguas e das culturas que se encontram em cada canto deste mundo é uma riqueza, e não um obstáculo à comunicação e à união entre os povos. Deus certamente não se opõe à união dos povos, mas seguramente se opõe à uniformidade forçada de um império totalitário.

PARA APROFUNDAR

BEN ZVI, E. & EDELMAN, D.V. (orgs.). *Memory and the City in Ancient Israel*. Winona Lake, IN: Eisenbrauns, 2014.

DOLCE, R. & PELLITTERI, A. (orgs.). *Città nel vicino Oriente e nel Mediterraneo – Linee di storia e simboli dall'antichità ad oggi*. Palermo: Flaccovio, 2011.

FRICK, F.S. *The City in Ancient Israel*. Missoula, MT: Scholars Press, 1977 [Society of Biblical Literature – Dissertation Series, 36].

FRITZ, V.O. *The City in Ancient Israel*. Sheffield: Academic Press, 1995 [The Biblical Seminar, 29].

GEORGI, D. *The City in the Valley* – Biblical Interpretation and Urban Theology. Atlanta, GA: Society of Biblical Literature, 2005 [Studies in Biblical Literature, 7].

PEZZOLI-OLGIATI, D. *Immagini urbane* – Interpretazioni religiose della città antica. Göttingen: Vandenhoeck & Ruprecht, 2002 [OBO].

ROGERSON, J. & VINCENT, J. *The City in Biblical Perspective*. Londres: Equinox, 2010 [Biblical Challenges to Contemporary World].

13
Os anciãos

Quando o Evangelho de Mateus fala sobre o complô contra Jesus e sobre a decisão de pôr fim à sua vida, diz que

> Os sumos sacerdotes e os anciãos se reuniram no palácio do sumo sacerdote que se chamava Caifás e decidiram juntos que prenderiam a Jesus por um ardil e o matariam (Mt 26,3).

Os dois grupos que são mencionados no momento da decisão fatal são os sumos sacerdotes e os anciãos. Quem são? Qual sua função? O nosso escopo não é indagar sobre a composição e as competências das instituições do Novo Testamento, mas desvendar a sua origem no Antigo Testamento, e especialmente no Pentateuco.

Testemunhas e destinatários

Em alguns textos importantes, os anciãos aparecem como as testemunhas privilegiadas de eventos-chave da história de Israel. Em outros, eles são os primeiros destinatários de mensagens divinas muito importantes. A primeira menção dos "anciãos de Israel" se encontra em Ex 3,16.18, na cena da sarça ardente. Quando YHWH explica a Moisés os detalhes sobre seu plano de salvação para Israel (Ex 3,16-22), inicia seu discurso do seguinte modo: "Vai, reúne os anciãos de Israel e dize-lhes..."

A mensagem é endereçada em primeiro lugar aos anciãos. Portanto, são eles, dentre todos os membros do povo de Israel que em primeiro lugar saberão qual é o desígnio de Deus. Eles acompanharão Moisés diante do faraó para lhe transmitir esta mensagem (3,18). O trecho revela a sua importância quando confrontado com Ex 4,27-31 e 5,1-2. Nestas duas situações, Moisés dá início à sua missão segundo as instruções divinas. Mas, não vai ter com os anciãos e sim com Aarão (4,28). Apenas em seguida Moisés e Aarão irão juntos encontrar os anciãos para lhes comunicar o plano divino (4,29-30). E será Aarão quem falará em nome de Moisés (4,30), tal como previsto por

YHWH em 4,15, onde foi estabelecido que Aarão seria o porta-voz de seu irmão. Logo em seguida, quando Moisés comparece diante do faraó, ele será acompanhado apenas por Aarão e os anciãos não serão mais mencionados, contrariamente ao que Deus ordenara em 3,18.

Esses textos revelam, uma certa tensão entre dois grupos diversos: os anciãos de um lado e Aarão de outro. Ora, Aarão é o primeiro sumo sacerdote e o antepassado de todas as famílias sacerdotais. A partir de Ex 4,27, Aarão toma o lugar dos anciãos. Por que esta concorrência ou rivalidade? Provavelmente os personagens do texto bíblico representam forças que estiveram em oposição em certos momentos da história de Israel. Entravam em contenda por uma função importante: ser os herdeiros legítimos de Moisés e os porta-vozes oficiais da tradição do Êxodo. Em palavras mais simples, os dois grupos reivindicavam a autoridade, religiosa e política, sobre o povo de Israel. Ambos se remetiam à tradição de Moisés para provar que suas prerrogativas eram justas. Outros textos confirmam esta hipótese.

Encontraremos os anciãos novamente em um outro momento de grande importância para a história de Israel: a Páscoa. YHWH confia as instruções sobre a celebração da Páscoa a Moisés e Aarão (Ex 12,1). Em seguida, Moisés convoca os anciãos para lhes transmitir estas instruções (12,21). A ordem é novamente a mesma encontrada em Ex 4,27-31: Aarão ou o sacerdócio, precedem os anciãos. Desta vez, contudo, os anciãos recebem as instruções diretamente de Moisés.

Quando chegamos à teofania do Sinai, outro momento de grande importância para a história de Israel, os anciãos estão presentes desde o início, em um texto, Ex 19,3-8, que contém a proposta da aliança de YHWH ao seu povo. Moisés comunica esta proposta em primeiro lugar aos anciãos (19,7). Este dado tem consequências importantes, pois significa que os anciãos serão a partir de então os guardiões desta aliança frente ao povo. Em outras palavras, será o fundamento da sua autoridade. Se a aliança é proposta a eles, e não a Aarão e aos sacerdotes, significa que os anciãos terão um direito particular de representar esta instituição em Israel. Se os anciãos, e não os sacerdotes, são ligados de modo intrínseco à aliança, é por uma razão simples. O sacerdócio está mais ligado às instituições cultuais do templo, e menos às instituições jurídicas contidas na aliança e no código que estipula as suas condições (Ex 21–23).

Todavia, em Ex 24,3-8, o texto que celebra a solene conclusão da aliança, os anciãos não aparecem. Também Aarão é ausente na cena, Moisés está sozinho com o povo. Mas em um texto que apresenta esta liturgia, Ex 24,1-2.9-11, sacerdotes e anciãos participam uns ao lado dos outros de uma refeição diante do Senhor, a quem podem contemplar juntos (24,9-11). A cena é de grande importância e deveremos analisá-la com cuidado. Trata-se de uma investidura oficial que é colocada ao final da parte mais importante da perícope do Sinai. YHWH revelou sua vontade a Israel através do Decálogo (Ex 20,1-17 e no assim chamado "Código da Aliança" (Ex 21,1–23,19). Em seguida, YHWH convida à sua mesa autoridades às quais será confiada a legislação de Israel que acabara de ser promulgada, Moisés, Aarão, e os seus filhos e setenta anciãos. Sacerdotes e anciãos são, então, encarregados juntos de aplicar e fazer com que as leis transmitidas por Deus a Moisés sejam respeitadas.

Alguns versículos depois, os anciãos são novamente subordinados a Aarão. De fato, antes de subir novamente a montanha, Moisés lhes diz:

> Esperai aqui até a nossa volta; tendes convosco Aarão e Hur; quem tiver alguma questão, dirija-se a eles (Ex 24,14).

A "questão" de que fala o texto é a questão jurídica, isto é, a disputa, a causa levada ao tribunal. Nesse texto, na ausência de Moisés, os juízes supremos são, portanto, os sacerdotes, e os anciãos devem levar a eles as causas a serem julgadas. Esta hierarquia agora já é conhecida, é a mesma de Ex 4,27-31, onde os anciãos são subordinados aos sacerdotes.

Nas tradições sobre a permanência de Israel no deserto, poucos textos indicam a presença dos anciãos. Contudo, alguns são bastante importantes. Em ordem se trata de Ex 17,5-6; 18,12; Lv 9,21; Nm 11,14.17.24b-30.

Ex 17,1-7, o episódio de Massa e Meriba, descreve um dos milagres ocorridos no deserto: Deus instrui Moisés sobre como fazer jorrar água da rocha. Mas as testemunhas dos milagres são os anciãos (17,6-7), pois Moisés age "diante dos seus olhos". Se os anciãos são chamados como testemunhas, a sua função em seguida será certamente de recordar ao povo as "maravilhas" do deserto. Desse modo, os anciãos serão os herdeiros da tradição de Moisés e os mensageiros das ações salvíficas de Deus no deserto.

O texto de Ex 18,1-2 apresenta uma outra situação. Jetro, o sogro de Moisés, junta-se a ele no deserto. A família toda se reencontra, pois Moisés revê a mulher e seus filhos. Em seguida Moisés relata a Jetro todos os acontecimentos do êxodo e da permanência no deserto (18,5-8). Depois celebra-se um sacrifício e uma refeição ritual, dos quais participam Aarão e os anciãos. O momento é solene, pois são oferecidos os primeiros sacrifícios no deserto, antes ainda das instruções sobre o culto em Israel. Por isso as autoridades não podem estar ausentes. Isto explica por que Aarão e os anciãos são mencionados em Ex 18,12. Por outro lado, isto põe em destaque que o sacerdócio de Aarão e a instituição dos anciãos são os dois organismos mais importantes na história do povo de Israel.

Lv 9,1-24 supõe um contexto similar ao de Ex 18,1. A passagem descreve as primeiras celebrações cultuais no deserto, ou seja, a inauguração oficial do culto em Israel, depois da consagração de Aarão e de seus filhos. Estes oferecem os primeiros sacrifícios da história de Israel. A cena se conclui com uma aparição da glória de YHWH (9,23), seguida pelos cantos de alegria e de adoração do povo (9,24). Mas a cena é aberta com uma convocação de Moisés, convocação endereçada a Aarão, aos filhos e aos anciãos. Estes últimos serão, portanto, presentes como testemunhas nessa inauguração solene do culto, confirmando, assim, a posição privilegiada do sacerdócio de Aarão em Israel. Em Lv 9 Aarão é ativo, os anciãos são passivos.

Nm 11,14-17.24b-30 é talvez a passagem mais importante para o nosso escopo. O capítulo une dois relatos. O primeiro, similar a Ex 16, descreve o dom do maná e sobretudo das codornizes (Nm 16,4-10.13.18-24a.31-35). O outro (11,11-12.14-17.24b-30) responde a uma outra pergunta: Moisés tem necessidade de ajuda para dirigir o povo. Um relato paralelo se encontra em Ex 18,13-17. Dessa vez, YHWH preside à instituição oficial dos "setenta anciãos", conferindo-lhes uma parte do espírito de Moisés. O ponto-chave do trecho não é tanto o "dom do espírito", ou o início da profecia em Israel, profecia esta ligada de modo especial a Moisés. O escopo de Nm 11 é especificamente o de ancorar a instituição dos setenta anciãos na tradição mosaica. São eles os verdadeiros herdeiros e representantes de Moisés, pois possuem o seu "espírito". Este, mais do que qualquer outro fato, legitima e autentica a sua autoridade diante do povo de Israel. De fato, o dom do Espírito é limitado no tempo (11,25). Não será este o caso se os anciãos tivessem se tornado verdadeiros profetas. Além disso, nenhum texto estabelece um relacionamento estreito entre profecia e anciãos. A sua função é jurídica e o espírito de Moisés é o mesmo que está presente na tradição do êxodo e em toda a legislação promulgada no Sinai e transmitida por Moisés ao povo. O próprio texto de Nm 11,14.17 estabelece o seu papel: "levar" com Moisés o peso do povo, isto é, julgar, administrar a justiça, "governar" no sentido amplo da palavra. Com Moisés, serão "responsáveis" pelo bom andamento da vida do povo.

Esses textos estão entre os mais significativos que encontramos na seção central do Pentateuco, isto é, a saída do Egito e a teofania do Sinai. Nesses dois momentos, os anciãos estão presentes na primeira fila, como testemunhas dos eventos e como destinatários das mensagens de YHWH. Mas este privilégio é frequentemente contestado por Aarão, que várias vezes toma o seu lugar. Na maioria das passagens estudadas, Aarão e os sacerdotes gozam de uma posição ou de uma autoridade superior à dos anciãos. Isto significa que Aarão e os sacerdotes foram inseridos nos textos em uma época mais recente e que nem sempre ocuparam o lugar que lhes é reservado em textos como Ex 4,27-31 ou 24,14. A autoridade mais antiga era a dos anciãos.

Os anciãos do Deuteronômio

No livro do Deuteronômio os anciãos estão presentes em duas séries de textos: legislativos e narrativos. Os analisaremos nesta ordem.

Nas leis do Deuteronômio os anciãos exercem a função de juízes em alguns casos particulares, especialmente no âmbito do direito familiar. Esses casos são o do filho rebelde (Dt 21,18-21); "a honra de uma virgem" acusada ou caluniada pelo marido (Dt 22,13-21); a assim chamada "lei do levirato", que obriga um membro da família a desposar uma viúva sem descendência (Dt 25,5-10). Os anciãos devem intervir quando um assunto, que, via de regra, diz respeito apenas à família, se torna público e contradiz o senso moral de Israel.

Dois outros casos são de competência dos anciãos. Nesses casos, passamos ao direito criminal. Trata-se das cidades de refúgio (19,1-13) e do homicídio anônimo (Dt 21,1-9). No primeiro caso, a legislação prevê uma série de providências para os casos de homicídio involuntário. Para evitar a "vingança" que exige a morte do homicida, este último pode passar a viver em alguma "cidade de refúgio", onde o "vingador do sangue" que, segundo o costume, deve aplicar-lhe a sentença de morte, não poderá persegui-lo. Mas quando alguém que comete homicídio premeditado e voluntário procura refúgio em uma dessas cidades, os anciãos da cidade do homicida devem enviar alguns para prendê-lo, a fim de entregá-lo ao "vingador do sangue".

O segundo caso trata do "assassino anônimo" (Dt 21,1-9). Quando por acaso se encontrar o corpo de uma pessoa assassinada sem que seja possível identificar o assassino, deve-se cumprir um rito arcaico de purificação durante o qual se sacrifica uma novilha; em seguida, os anciãos juram serem inocentes e pedem a YHWH que sejam absolvidos desta culpa.

Provavelmente a lei do Deuteronômio cita os casos mencionados, pois não era suficientemente claro de quem era a competência. De qualquer modo, os anciãos aparecem como guardiães da integridade da família (21,21; 22,2) e da "terra de Israel" que não pode ser contaminada pelo sangue do inocente (19,12-13; 21,9). Podemos dizer que representam uma certa concepção do direito e da moral pública.

No resto do Deuteronômio, os anciãos estão presentes em alguns momentos que têm alguma relação com a Lei ou a aliança. Os anciãos assistem à proclamação do Decálogo e ficam impressionados, assim como todo o povo de Israel (Dt 5,23). Segundo Dt 27,1, Moisés e os anciãos dão ao povo instruções sobre a grande liturgia de Siquém, onde acontecerá uma cerimônia majestosa com recitação pública das maldições e das bênçãos da aliança. Todavia, um pouco mais tarde, no mesmo capítulo, os levitas tomam o lugar dos anciãos junto a Moisés, quando este exorta o povo com o qual se firmara aliança, a observar a Lei (27,9-10), ou para proclamar as maldições e as bênçãos (27,14). Na mesma liturgia de Siquém (Js 8,30-35), o próprio Josué escreve todas as palavras da Lei, depois faz uma leitura pública diante de todos os representantes do povo; dentre outros, os anciãos e os levitas (8,33). Na lista, os anciãos estão no topo, antes de todos os outros oficiais.

As lutas pela precedência não terminam aqui. Em Dt 31 se firma a aliança na terra de Moab. Moisés escreve toda a Lei e a confia aos levitas e aos anciãos (31,9). Mas, em 31,24-25, Moisés se dirige apenas aos levitas para lhes entregar o livro da Lei, depois lhes pede que reúnam os anciãos e os oficiais antes de pronunciar palavras pessimistas sobre a futura infidelidade do povo. Parece, portanto, que os levitas estejam ao lado de Moisés como porta-vozes de YHWH e os anciãos, de certo modo, representam o povo.

Portanto, os anciãos fazem parte dos notáveis mais importantes de Israel. Estão ao lado de Moisés no momento em que se pede ao povo que observe a Lei (27,1) e o livro da Lei lhes é confiado, assim como aos levitas, segundo 31,9, o que corresponde seguramente a uma função jurídica e legislativa desempenhada por eles em Israel. Com os levitas, deverão ler a todo o povo as palavras da Lei de Moisés a cada sete anos (31,9-10). Por outro lado, estão junto ao povo como responsáveis por sua fidelidade ou infidelidade segundo 31,28. Por isso, são ao mesmo tempo legisladores e responsáveis diante de Deus pela observância da Lei.

Nos livros históricos (Js–2Rs), os anciãos não faltam a nenhum evento de maior importância. Estão presentes para a proclamação da Lei em Siquém (Js 8,33), para a conclusão da aliança, mais uma vez em Siquém (Js 24,1). Pedem um rei a Samuel (1Sm 8,4); firmam aliança com Davi em Hebron e o proclamam rei do Norte (2Sm 5,4). Em seguida, os encontramos na primeira fila para a inauguração do Templo de Jerusalém (1Rs 8,1.3). Salomão aguardou a chegada dos anciãos de Israel para iniciar a cerimônia, o que confirma a importância da sua presença (8,3). Siquém parece ser um lugar particularmente frequentado por este grupo, pois Roboão virá consultar-lhes neste lugar por ocasião do episódio que levará, enfim, à divisão entre o Reino do Norte e o do Sul (1Rs 12). Uma leitura atenta do texto mostra que teria sido possível evitar o cisma se Roboão tivesse acolhido o conselho dos anciãos de Israel de fazer concessões às tribos do Norte (12,6-8). O ideal político dos anciãos de Israel é uma monarquia a "serviço" do seu povo, a fim de que este esteja a "serviço" do rei (12,7).

Mais tarde, os anciãos reaparecem em um outro dos poucos capítulos luminosos e positivos da história de Israel; ou seja, 2Rs 22–23, que descreve a reforma de Josias, o último esforço para salvar o povo antes do exílio. Aqueles que estiveram presentes quando YHWH propôs a aliança ao povo (Ex 19,7), quando foi proclamada a aliança de Siquém (Js 24,1), não poderiam faltar na cerimônia na qual o rei de Israel reata por um breve momento o seu reino a este fio da aliança deuteronomista (2Rs 23,1.2). Os anciãos são realmente os guardiães fiéis desta instituição da qual depende, para o Deuteronômio, a existência de Israel.

A este respeito três textos são fundamentais: Js 23,2; 24,31; Jz 2,7. Segundo Js 23,2, Josué, antes de morrer, dá suas últimas recomendações "aos anciãos, aos príncipes, aos juízes e aos escribas". Pede-lhes que permaneçam fiéis à Lei de Moisés. Js 24,31 afirma que, em verdade, o povo de Israel "serviu a YHWH durante toda a vida de Josué e durante a vida dos anciãos que viveram depois dele e que conheciam os feitos que YHWH tinha realizado em favor de Israel". Realmente foram os anciãos que garantiram a fidelidade de Israel ao seu Senhor e Deus. Jz 2,7 retoma a mesma afirmação antes de dizer que, infelizmente depois da morte de Josué e de toda a sua geração, deu-se início um período de decadência. O compromisso dos anciãos do tempo de Josué, uma espécie de "idade de ouro" para Israel, não podia ser melhor destacado.

Durante e depois do exílio

Depois da destruição do templo e do final da monarquia, apenas duas instâncias jurídicas sobreviveram: os anciãos e o sacerdócio. Este segundo adquirirá mais importância depois do exílio, a partir da reconstrução do templo. No que tange aos anciãos, temos algumas provas da sua função na comunidade de Israel.

Durante o período turbulento que precede imediatamente ao exílio, os anciãos desempenham um papel determinante em um episódio significativo da vida do Profeta Jeremias. Em Jr 26, os sacerdotes e os profetas, juntamente com o povo, querem matar Jeremias, pois havia anunciado a destruição do Templo de Jerusalém (26,8-9). Somente os anciãos tomam sua defesa (26,17). Ora, sabe-se que Jeremias era muito ligado à reforma deuteronomista. Não é estranho, portanto, encontrar Jeremias em companhia dos anciãos, também estes ligados de modo muito estreito ao movimento deuteronômico.

Durante o exílio, Jeremias e Ezequiel testemunham o papel dos anciãos para a comunidade dos exilados. Jeremias endereça uma carta aos anciãos exilados (29,1). Os anciãos se reúnem mais de uma vez em torno do Profeta Ezequiel para interrogá-lo (Ez 8,1; 14,1; 20,1). Contudo, o profeta que pertence à classe sacerdotal não mostra muita simpatia para com eles. Ao contrário, os acusa de serem os responsáveis pela queda de Jerusalém. Acusa, por exemplo, os "setenta anciãos" de atos de idolatria no templo (8,11-12). Os oráculos de Ez 14 e 20 são oráculos de condenação pelos pecados cometidos por Israel. Mais do que isso, YHWH instrui a que não se deixe consolar pelos anciãos (14,3; 20,3). Talvez tenhamos nesses textos um outro exemplo da rivalidade entre círculos sacerdotais e anciãos que se acusavam reciprocamente de serem os responsáveis pela queda de Jerusalém.

Depois do exílio, as reformas de Esdras e Neemias também se apoiam sobre a instituição dos "anciãos". O próprio Neemias não fala em nenhuma ocasião dos anciãos, mas de "notáveis" e "magistrados". Esdras, ao contrário, fala de "senadores", que poderiam ser os herdeiros dos "anciãos". Estes "senadores" estão envolvidos sobretudo na reconstrução do templo (Esd 5 e 7).

Comer diante do rei

Para concluir este capítulo, acrescentamos algumas reflexões sobre uma cena na qual os anciãos alcançam o topo da sua glória, porque podem "contemplar YHWH", uma vez que comem e bebem na sua presença, privilégio absolutamente único em todo o Antigo Testamento.

O fato de comer diante de YHWH tem um significado fortemente jurídico que legitima e sela a autoridade daqueles que participam da refeição. Temos a confirmação disto em alguns textos que falam da "refeição diante do rei". Davi oferece este privilégio a Urias nas circunstâncias de 2Sm 11,13. No final do Segundo Livro dos Reis, o último soberano de Jerusalém no exílio da Babilônia foi agraciado pelo Rei Evil-Merodac e convidado a "comer diante dele [Evil-Merodac] todos os dias da sua vida" (2Rs 25,29 = Jr 52,33). Enfim, o Rei Assuero da Pérsia, no livro de Ester, convida todos os dignatários do seu império a partilhar um banquete "diante dele" (Est 1,3). Em todos esses casos se come não com o rei, mas diante dele. Em Ex 24,11 também se come diante de Deus, e Ele não participa da refeição.

Outros textos usam um linguajar análogo e falam em "comer à mesa do rei". São novamente personagens de destaque que pertencem aos círculos dos íntimos do rei e da sua família. Podem ser pessoas de um certo mérito, ou, ao contrário, pessoas que o rei pretende observar de modo particular. O ancião Berzelai, que ajuda Davi durante a sua fuga de Jerusalém, será convidado pelo rei para "comer à sua mesa". Ele nega, mas o privilégio será estendido aos seus filhos (1Rs 2,7; cf. 2Sm 19,34). Mefiboset, filho de Jônata e neto de Saul, será acolhido na corte de Davi e, portanto, "comerá à mesa do rei" (2Sm 9,7.11.13). Será tratado "como um dos filhos do rei (9,11). Significa que fará parte da família do rei em sentido amplo e que estará sob responsabilidade da casa real. Desse modo, Davi podia manter sob seus olhos um eventual rival. O próprio Davi comia à mesa do Rei Saul, e qualquer ausência sua era percebida. Também ele era um hóspede perigoso, e por isso, vigiado (1Sm 20,29; cf. vers. 25-34). Os profetas de Baal e Astarte comiam à mesa de Jesabel (1Rs 18,19), enquanto YHWH nutria Elias, seu profeta, com a ajuda dos corvos (1Rs 17,4) ou da viúva de Sarepta (1Rs 17,9). Os primeiros dependiam da rainha; o profeta, apenas de Deus. O relato sugere que os profetas de Baal tinham boas razões para não dizer aquilo que poderia aborrecer a rainha. Elias, ao contrário, falava com absoluta liberdade.

A modo de conclusão podemos dizer que poder comer "diante do rei" era um favor reservado a certas pessoas privilegiadas, especialmente aos altos oficiais do reino, que faziam parte da corte do rei ou do seu conselho. Quando YHWH convida Moisés, Aarão, Nadab e Abiu com os setenta anciãos para comerem e beberem diante dele, a cerimônia equivale a um ato de investidura que lhes confere autoridade. Os sacerdotes da família de Aarão e os anciãos são, portanto, os legítimos representantes de YHWH e da tradição mosaica em meio a Israel.

A visão de Deus (*visio Dei*) também tem a mesma função em Israel. A missão de um profeta pode iniciar com uma visão inaugural, como no caso de Moisés (Ex 3,1–4,17), Jedeão (Jz 6,11-24) e Isaías (Is 6,1-11). A palavra de um profeta é autenticada por uma visão, por exemplo para Miqueias ben Yimla (1Rs 22,19-22). A qualidade superior da visão de Moisés corresponde à sua posição particular em Israel, como o próprio YHWH reafirma a Aarão e a Miriam que criticam e invejam o seu irmão (Nm 12,6-8). Os profetas normais têm visões e sonhos (12,6). Moisés, ao contrário, "contempla a forma de YHWH" (12,8), e por isso ocupa uma posição única em Israel.

Um único texto no ciclo de Elias e Eliseu valida a nossa opinião a respeito da função da visão. Quando Elias está por subir ao céu, pede ao seu discípulo Eliseu o que quer receber em herança. Este diz: "Dois terços do teu espírito", isto é, a parte da herança que cabe ao primogênito (2Rs 2,9; cf. Dt 21,17). Em outras palavras, Eliseu deseja receber o espírito de Elias para ser seu sucessor e herdeiro. Elias responde que isto era difícil, mas que poderia acontecer se Eliseu "visse" quando ele subisse ao céu, e isto acontece. Eliseu o vê subir ao céu sobre um carro de fogo puxado por cavalos de fogo (2Rs 2,12), e depois continua a missão profética de seu pai espiritual.

A "visão" sobre o Monte Sinai tem uma função análoga. Quem viu YHWH se torna membro do conselho divino, como os profetas, ou como os anciãos, acompanhados em Ex 24,9-11 por Moisés e Aarão e dois de seus filhos.

No Novo Testamento diversos episódios se prestam a ilustrar a ideia que acabamos de desenvolver. Ao redor de Jesus Cristo ressuscitado não encontramos mais os anciãos e os sacerdotes que o abandonaram. Forma-se um outro grupo, o dos discípulos, que se define de vários modos. Mas também para os discípulos o fato de "ver" o Ressuscitado e de "comer" com Ele terá uma função essencial. A Última Ceia é um momento solene nos evangelhos sinóticos com um significado muito rico. Dentre outros, cumpre a função de constituir o grupo de testemunhas legítimas da mensagem de Jesus Cristo antes de sua morte. Mas a importância da refeição e da visão pode ser percebida ainda mais claramente nos Atos dos Apóstolos. As verdadeiras e legítimas testemunhas do Evangelho são aquelas às quais Jesus Cristo "se fez ver" e que "com Ele comeram e beberam depois da sua ressurreição" (At 10,41). At 1,4 diz, de fato, que Jesus literalmente "partilhou o sal" com os seus discípulos depois da ressurreição, isto é, comeu com eles. Quanto à visão de Jesus que sobe ao céu (At 1,9-10) – Jesus subiu ao céu "enquanto estavam olhando" (1,9) e "tinham o olhar fixo em direção ao céu enquanto Ele se ia" (1,10) –, também temos um caso de paralelismo com o que aconteceu com Elias e Eliseu. Com Eliseu, estes discípulos receberão o Espírito em Pentecostes para continuar a missão de seu mestre. Pentecostes era a festa judaica que comemorava o dom da Lei no Sinai. Os dois eventos são paralelos. Como no Antigo Testamento, assim no Novo o grupo encarregado da condução da comunidade dos fiéis é formado por meio da "refeição" e da "visão" (cf. tb. 1Cor 15,4-8 e Gl 1,16).

PARA APROFUNDAR

BETTENZOLI, G. Gli "Anziani" di Israele. In: *Biblica*, 64, 1983, p. 47-72.

_____. Gli "Anziani" di Giuda. In: *Biblica*, 64, 1983, p. 211-224.

COCCO, P. *Sulla catedra di Mosè* – La legittimazione del potere nell'Israele post-esilico (Nm 11; 16). Bolonha: EDB, 2007 [Collana Biblica].

REVIV, H. *The Elders in Ancient Israel* – A Study of a Biblical Institution. Jerusalém: The Magnes Press, 1983 [Text and Studies].

WILLIS, T.M. *The Elders of the City* – A Study of the Elders-Laws in Deuteronomy. Atlanta, GA: Society of Biblical Literature, 2001 [Society of Biblical Literature Monograph Series, 55].

14
OS SACERDOTES

Na história das religiões, o papel do sacerdote só pode ser compreendido no universo do sagrado distinto do profano. Portanto, é salutar partir das categorias fundamentais do "sagrado" para poder definir o "sacerdote" ou o "sacerdócio" de uma religião não revelada. No que se refere ao "sagrado", muitos autores o definem a partir da ideia de separação. O sagrado é aquilo que é "separado" do profano. Mas muitos estudiosos mais recentes o definem de maneira um pouco diferente: é sagrado aquilo que é único. Como se define Deus no Antigo Testamento: "Sou Deus e nenhum outro, nenhum é comparável a mim" (cf. Is 43,11; 44,6; 45,5-6.14). Ele é único porque possui a vida em plenitude.

Os outros seres não possuem a vida em plenitude: são limitados e mortais. O "sagrado" seria o universo da vida sem limites; o profano, o universo governado pela morte. Do mesmo modo se definem o "puro" e o "impuro". Aquilo que pertence ao mundo do sagrado e da vida na sua plenitude é "puro", ao passo que tudo aquilo que está em contato com a morte se torna "impuro" e torna impuro. Estas categorias são fundamentais em todas as religiões, ainda que existam variações nos detalhes, especialmente no modo com que definem que coisa é sagrada e pura ou profana e impura.

O mundo sagrado é também o mundo primordial, o tempo antes do tempo, o espaço antes do espaço, ou seja, o mundo eterno dos deuses e das divindades que existiam antes da fundação ou criação do nosso universo.

Portanto, aquilo que pertence ao mundo sagrado, pertence a um mundo único e acima de qualquer comparação, pertence ao mundo do ilimitado, do infinito. Assim o "tempo sagrado" é imagem da eternidade e o "espaço sagrado" é um espaço ilimitado. Todavia, este "sagrado" se faz presente no nosso mundo em alguns tempos, em alguns espaços que são os tempos sagrados e os espaços sagrados: os santuários, as festas, a liturgia. Estas categorias são universais e por isso pertencem também ao cristianismo. Também nós conhecemos os tempos sagrados e os espaços sagrados que permitem entrar regular e ciclicamente em contato com a fonte da vida. Nós não possuímos a plenitude da vida e, portanto, para poder viver, temos necessidade de estar em contato com esta fonte que é o mundo sagrado.

No mundo do sagrado os opostos coincidem, como dizia Nicola Cusano, que falava da *coincidentia oppositorum*. Por exemplo, esse mundo atrai, mas também amedronta. Atrai porque contém aquilo que desejamos e não possuímos: a vida na sua plenitude. Amedronta porque o percebemos como totalmente distinto. É o famoso *mysterium tremendum et fascinans* ("mistério tremendo e fascinante") da história das religiões. Este fato é ilustrado na cena da sarça ardente (Ex 3,1-6). Quando Moisés vê a sarça ardente, aproxima-se "atraído" pela visão, mas quando o Senhor lhe revela a sua presença, cobre a sua face, pois "teme olhar para Deus" (Ex 3,6).

Mas quem pode viver neste espaço sagrado, celebrar os ritos sagrados, as festas e presidir os tempos sagrados se não uma pessoa sagrada, uma pessoa que é "consagrada", isto é, separada, para pertencer a este mundo único?

Na realidade, este mundo sagrado é um mundo perigoso porque é "diferente". Quem nele entra sem ser habilitado, corre risco de morte. O contato com o sagrado pode ser estabelecido somente seguindo algumas regras e por meio de pessoas particulares. Estas pessoas pertencem a uma tribo, a um clã de famílias especiais. Em Israel uma tribo de sacerdotes; na Índia, a casta dos brâmanes.

Um sacerdote é um ser separado que vive de modo diferente e deve mostrar isto. Deve seguir regras especiais, ter uma vestimenta diferente e viver em lugares a ele reservados. O sacerdote não é tanto um homem da palavra, mas, sim, um homem do rito, pois sabe como entrar em contato com o sagrado e obter o favor dos deuses. "Religião" significa, de fato, "ligação", "relação", e a religião cria uma ligação com o mundo do sagrado segundo os rituais estabelecidos pela tradição. O sacerdote tem diversas funções: pode ser consultado para obter oráculos e saber o que Deus diz: pode ser um "bruxo", um mago, um curandeiro, e assim por diante.

As formas do sacerdócio nas religiões são várias. Contudo, o sacerdote normalmente está ligado a um lugar sagrado, a um santuário, onde permanece sem esposar-se. Em certos casos, o santuário pode ser uma tenda, como no Antigo Testamento, durante a permanência de Israel no deserto. Neste caso, o sacerdote acompanha a tenda.

Estas são características fundamentais do homem religioso de todos os tempos, de todas as culturas, de todas as civilizações. Não devemos nos surpreender por encontrá-los também nas religiões reveladas como na do Antigo e do Novo testamentos.

As três funções no sacerdócio

No Antigo Testamento, o sacerdote não aparece logo no início. Não há, por exemplo, sacerdotes entre os patriarcas. Se há sacerdotes, estes são estrangeiros como o rei-sacerdote Melquisedec de Gn 14,18 ou Putifar (Gn 41,50), o sogro de José. O culto parece ainda não estar organizado. Indivíduos como Caim e Abel (Gn 4,3-5), Noé (Gn 8,20-21) ou os patriarcas, oferecem sacrifícios sem dever recorrer a algum ministro do culto. Em Israel, o sacerdócio aparece no deserto: Moisés institui o sacerdócio quando consagra a tribo de Levi. Os sacerdotes pertencem todos a esta tribo, que é, portanto, "colocada à parte". Por esta razão tem um estatuto especial: por exemplo, não terá herança alguma na terra prometida. Quando Josué conquista a terra, todas as tribos recebem um patrimônio, à exceção de Levi, porque fora colocada à parte para ocupar-se do culto. Os sacerdotes e os levitas devem também seguir regras particulares para se manterem "puros", vale dizer, separados do mundo "profano" e "impuro". Essas regras são elencadas sobretudo pelo livro do Levítico. Quais são os deveres dos sacerdotes do Antigo Testamento? O livro do Deuteronômio, no cap. 33, descreve as suas três funções principais (Dt 33,8.10). A primeira é ser o canal dos oráculos (Dt 33,8). O sacerdote é aquele que é consultado quando se quer saber qual é a vontade de Deus. No tempo de Saul e Davi, por exemplo, antes de declarar guerra ou de tomar uma decisão importante, o rei consultava um sacerdote que tirava a sorte e dizia se a coisa era factível ou não (cf. 1Sm 14,1; 23,9-13; 30,7-8; 2Sm 2,1; 5,19).

A segunda função é mais típica do sacerdócio em Israel: o sacerdote é aquele que ensina a Lei (Dt 33,10a). A Lei, em hebraico *Torah*, significa, na verdade, "instrução", "ensinamento". No plural, as "leis", são os ensinamentos sobre aquilo que é necessário fazer em casos particulares: por exemplo, qual animal deve ser oferecido em determinada situação, quais são os rituais próprios para cada uma das festas, quais alimentos podem ser comidos e quais não podem, quais são as regras a serem seguidas para se casar.

O ensinamento da *Torah* é essencial em Israel, porque toda a vida tem um componente religioso. A própria origem de Israel é uma experiência de fé, pois remonta a uma intervenção de Deus na história do povo. Isto é demonstrado claramente em textos como Ex 13,7-10, onde encontramos algumas prescrições sobre a celebração dos Ázimos (outro nome para a Festa da Páscoa) e sobre a oferta dos primogênitos. Nestas duas séries de leis é previsto que o filho faça uma pergunta ao pai. Na resposta, o pai faz referência à história: fomos escravos no Egito, Deus nos libertou e hoje nos recordamos de quanto o Senhor fez por nós quando saímos do Egito. Por exemplo, oferecemos os primogênitos do nosso rebanho, pois o Senhor nosso Deus fez perecer todos os primogênitos dos egípcios que não queriam nos deixar partir. Ou ainda, comemos os ázimos para recordar quanto o Senhor fez por nós quando estávamos no Egito.

A experiência religiosa de Israel está enraizada na história, especialmente na história do êxodo. Em Israel, o mundo cíclico das estações e das festas a esse correlatas adquire uma dimensão "histórica". O Deus do Antigo Testamento é antes de mais nada "o Senhor que nos fez sair do Egito". Como tal, esta experiência é única e irrepetível. O mundo das religiões naturais é, ao contrário, o mundo do "eterno retorno", o das festas e dos ritos que regularmente colocam em contato com o mundo sagrado.

Toda grande festa em Israel é, portanto, ligada a um evento da história da salvação: a Páscoa, que é ao mesmo tempo a festa do primeiro pão no início da colheita do centeio e a festa do nascimento dos primeiros cordeiros, comemora a saída do Egito; Pentecostes, que celebra o final da colheita, comemora o dom da Lei sobre o Monte Sinai; a Festa dos Tabernáculos, que é a grande Festa da Vindima, recorda a permanência de Israel no deserto.

Os guardiães da história de Israel são os sacerdotes. O Pentateuco, ou a *Torah*, que contém as tradições fundamentais do povo de Israel, da criação até a morte de Moisés, está nas mãos dos sacerdotes, que são a "memória" do povo. Eles sabem como o povo nasceu e a quais condições pode sobreviver se quer permanecer como "o povo de Deus".

A terceira função do sacerdote é a mais comum e conhecida: é responsável pelo culto, especialmente pela oferta dos sacrifícios. No Deuteronômio, contudo, esta função não é colocada em primeiro lugar, mas em terceiro (Dt 33,10b).

Lei e sacrifícios

No decorrer da história estas três funções nem sempre tiveram a mesma importância. Também em Israel as coisas conhecem uma certa evolução. Por exemplo, a primeira função do sacerdote, a de emitir oráculos em certas circunstâncias, não parece ter durado muito. Fala-se dela nos livros de Samuel, depois o oráculo passa a ser relacionado ao profeta e não ao sacerdote (cf. 2Sm 7,3-17; 12,1-12.25; 24,11-14; cf. 1Rs 11,29-39; 13).

A segunda função, a de ensinar a Lei, era fundamental, pois radicava a religião de Israel na história dos interventos de Deus a seu favor; mas também essa conhece rapidamente uma evolução. Na prática, os sacerdotes preterirão sempre mais esta sua função para dedicar-se ao culto no templo, especialmente aos sacrifícios. Esta evolução se percebe sobretudo depois do exílio, quando o templo se torna, pouco a pouco, o centro mais importante da vida religiosa de Israel. Na verdade, depois do exílio, Israel não conquistará plenamente a autonomia política. A monarquia de Davi não pôde ser restaurada. Todavia, Israel obtém, graças a Neemias, a permissão para reconstruir a cidade de Jerusalém com seus muros e – algo importante – também o templo (cf. Ne 1–7). Ora, o fundamento da identidade do povo será primeiramente religioso e ligado em grande parte ao culto do templo. Este culto é confiado ao sacerdócio que assume, consequentemente, um papel-chave na vida do povo. Pode-se dizer, sem exageros, que depois do exílio Israel ressurge e sobrevive sobretudo graças ao templo e ao sacerdócio, ainda que não somente graças a eles.

Nesse momento, um novo personagem aparece na vida de Israel: Esdras[69]. Esdras, que depois do renascimento de Israel após o exílio se contrapõe a Neemias, não é o homem do templo, mas da Lei. O famoso cap. 8 do livro de Neemias descreve a primeira leitura pública da Lei na Jerusalém reconstruída. É o escriba e sacerdote Esdras quem lê a *Torah* diante do povo (Ne 8,1-2). Segundo esse texto, Israel renasce porque recomeça a ler a *Torah* e a observá-la. Nesta nova situação aparece o escriba, o homem que lê,

---

69 A cronologia destes acontecimentos é muito discutida. A Bíblia parece sugerir que a reforma de Esdras precede a de Neemias, pois o livro de Esdras precede o de Neemias. No entanto, numerosos exegetas pensam que seja mais razoável adotar a ordem inversa. Esdras se tornou o personagem mais importante – e por isto precede Neemias – porque introduz a Lei que permanecerá como o único fundamento da vida de Israel depois da queda de Jerusalém em 70 d.C. A ordem dos livros no cânone hebraico remonta, de fato, a esta época, e com toda probabilidade reflete essa preocupação.

escreve, estuda, "perscruta" e explica a *Torah* (cf. Ne 8,4.13.18). Não foram os sacerdotes que puseram a Lei ao alcance do povo, mas somente Esdras e os escribas. E se alguém traduz e explica a Lei, deverá ser o levita e não o sacerdote (Ne 8,7). Os levitas, no entanto, são de condição social inferior. Significa, em palavras pobres, que os sacerdotes não colocam o ensinamento da Lei em primeiro plano dentre os seus encargos. As ofertas e os sacrifícios, atividades também economicamente mais interessantes, ocupam um lugar privilegiado na sua vida.

Na época do Novo Testamento, a situação muda um pouco. Os sacerdotes se empenham antes de mais nada a administrar o templo. O ensinamento da Lei e das tradições de Israel passa a ser um dever dos escribas e dos "doutores da Lei" que são, na sua maioria, membros do grupo dos fariseus e, portanto, "leigos". Os "saduceus" se contrapõem a eles, membros da classe sacerdotal.

Os escribas, os doutores da Lei e os fariseus, de modo geral, são frequentemente criticados nos evangelhos. Mas o cristianismo nasceu neste âmbito e não nas famílias sacerdotais ligadas ao templo. Em outras palavras, o cristianismo é um novo modo de ler e interpretar a Lei, mais do que um modo diferente de celebrar o culto.

Esta evolução é interessante por mais de uma razão. Surpreende em particular que o sacerdócio em Israel tenha abandonado aquela que parece ser a sua missão essencial, ou seja, o ensinamento da Lei. A oferta dos sacrifícios e o serviço ao templo são, ao contrário, deveres comuns aos sacerdotes de todas as religiões.

O "reino sacerdotal"

Em Ex 19,6 o Senhor dirige uma proposta ao seu povo por meio de Moisés:

> Se ouvirdes a minha voz e guardardes a minha aliança, sereis para mim uma propriedade peculiar[70] entre todos os povos, porque toda a terra é minha, e sereis para mim um reino sacerdotal[71] e uma nação santa (Ex 19,5-6).

Estas palavras contêm o artigo essencial da "constituição" de Israel depois do exílio. Na verdade, a comunidade do Israel pós-exílico encontra

---

70 A palavra hebraica significa: "propriedade privada de um soberano", "patrimônio da coroa".

71 Esta tradução é preferível àquela mais tradicional: "reino de sacerdotes". A palavra importante é "reino", e a expressão seguinte a classifica.

muitas semelhanças entre a sua situação e aquela do Israel que vivia no deserto. Israel vivia no deserto antes de entrar na terra prometida. O Israel pós-exílico não possui mais a sua terra porque não restabeleceu sua autonomia política, a sua monarquia, mas permanece como uma província do Império Persa. Como o Israel do deserto, o Israel pós-exílico "caminha" em direção à terra. Enfim, o Israel pós-exílico se encontra sem monarquia da mesma forma que o Israel do deserto.

O povo que volta do exílio procura construir a própria identidade sobre um fundamento religioso, pois não pode dispor de uma autonomia política completa. Por esta razão se fala de "nação santa" (Ex 19,6). Israel será uma "nação", não apenas um povo. Nação, na linguagem bíblica, significa uma entidade política autônoma e reconhecida como tal por outras nações. Se Israel não pode ser uma "nação" no sentido pleno da palavra, será uma "nação santa" que se distinguirá das outras nações por meio da sua fé. Será a "propriedade peculiar" pessoal do seu verdadeiro rei, o Senhor, assim como todo soberano do tempo tinha em meio ao seu reino ou ao seu império, uma "propriedade particular da coroa" que lhe pertencia. O Criador do universo virá morar no meio do seu povo, na tenda do encontro (Ex 40), assim como um rei habita em meio ao seu povo, ou, pelo menos, como um rei nômade acompanha o seu povo nas suas peregrinações e nas campanhas militares.

Israel também é caracterizado como "povo sacerdotal". No seu contexto original, esta expressão tem um significado duplo: primeiro, Israel vive como um povo de sacerdotes porque foi colocado à parte e está "separado" das nações – como os sacerdotes em todas as religiões – para viver a serviço exclusivo do seu Deus; segundo, Israel tem um "governo" próprio, o que faz dele uma "nação santa": o seu sacerdócio.

Israel foi separado e santificado quando Deus o fez sair do Egito (Lv 11,44-45; 18,2-5; 20,26; 22,32-33). Agora o sacerdócio é encarregado de manter Israel no estado de "santidade". Em outras palavras, Israel é uma "nação santa", que pertence a Deus porque é "governada" pelos seus sacerdotes.

Os dois principais meios desta "santificação" que distinguem Israel das nações são o culto no templo e a observância da Lei. Na época do Novo Testamento, o cenário não é diferente. Naturalmente, os saduceus, ou seja, o partido composto por famílias sacerdotais de Jerusalém, insistiam com mais ênfase sobre o primeiro aspecto, enquanto os fariseus, os leigos que se recrutavam sobretudo entre o povo, mantinham o acento sobre o segundo que, em si, não se constituía somente como um mero legalismo, mas como a existência de acordo com uma "história", ou seja, as antigas tradições sobre a origem de Israel.

Sobre este ponto, o Evangelho se distancia das outras religiões, e também do Antigo Testamento. Temos visto que a categoria essencial das religiões naturais é a distinção entre sagrado e profano. Também em Israel a "santidade" do povo significa "separação" das nações (Lv 20,24.26). O Novo Testamento introduz uma novidade revolucionária: elimina do mundo da religião todas as "separações" (cf. Ef 2,11-17). Paulo, "o apóstolo dos gentios", é certamente o autor do Novo Testamento que mais insistiu sobre esta novidade e dela tirou maiores consequências. Por esta razão foi também contestado e até perseguido pelas autoridades do povo. Para Paulo, Cristo suprimiu a separação entre Israel e as nações (os "gentios"), entre sagrado e profano, entre quem observa a Lei e quem não a observa em todos os seus detalhes, e, portanto, ele elimina também a distinção entre "sacerdócio" no sentido técnico da história das religiões e "gente comum". Quando Paulo lança mão de uma linguagem cultual, ele descreve na verdade toda a vida cristã (cf. Rm 12,1-3). Desse modo, qualquer um pode ser "sacerdote" e fazer ofertas a Deus: toda a vida se torna "hóstia", "oferta".

PARA APROFUNDAR

ANDERSON, G.A. & OLYAN, S.M. (orgs.). *Priesthood and Cult in Ancient Israel*. Sheffield: Academic Press, 1991 [JSOTSS, 125].

BLENKINSOPP, J. *Sapiente, sacerdote, profeta* – La leadership religiosa e intellettuale nell'Israele antico. Bréscia: Paideia, 2005 [Studi Biblici, 146].

BRUTTI, M. *The Development of the High Priesthood during the Pre-Hasmonean Period* – History, Ideology. Leiden: Brill, 2006 [Theology, 108].

CODY, A. *A History of Old Testament Priesthood*. Roma: Pontifical Biblical Institute, 1969 [AnBib, 35].

GRABBE, L.-L. *Priests, Prophets, Diviners, Sages*: A Socio-Historical Study of Religious Specialists in Ancient Israel. Valley Forge, PA: Trinity Press International, 1995.

LEUCHTER, M. & HUTTON, J.M. (orgs.). *Levites and Priests in History and Tradition*. Atlanta, GA: Society of Biblical Literature, 2011 [Ancient Israel and its Literature, 9].

ROCCHI, M.; XELLA, P. & ZAMORA, J.A. (orgs.). *Gli operatori cultuali* – Atti del II Colloquio del Gruppo di contatto por lo studio delle religioni mediterranee. Verona: Essedue, 2007 [Storia delle Religioni, 3].

ROOKE, D.W. *Zadok's Heirs*: The Role and Development of the High Priesthood in Ancient Israel. Oxford: Oxford University Press, 2000 [OTM].

SABOURIN, L. *Priesthood*: A Comparative Study. Leiden: Brill, 1973 [Studies in the History of Religions, 25].

15
Os sacrifícios

O grande rabino espanhol Moshe Maimonide, também chamado Rambam (1135-1204), nos permite compreender rapidamente qual é o sentimento ambivalente que um leitor da Bíblia pode provar diante das numerosas instruções sobre os sacrifícios contidas no Pentateuco. Rambam, com efeito, escreveu um comentário à *Torah* (palavra hebraica que significa "instrução", "ensinamento", "lei"; e o nome dado pelos hebreus ao Pentateuco), intitulado *Mishneh Torah*, isto é, "Cópia da *Torah*", "Comentário à *Torah*". Nesse ele trata longamente todas as leis sobre os sacrifícios, em particular aquelas que encontramos no livro do Levítico. O seu tratado é talvez o mais longo, o mais cuidadoso e o mais sistemático que foi escrito no medievo. Rambam, de fato, pôde recompor todo o sistema dos sacrifícios da *Torah*, ainda que isto possa parecer quase impossível.

Por outro lado, na sua obra mais conhecida, o *Guia para os perplexos*, o próprio Rambam condena terminantemente a instituição dos sacrifícios. Ele cita alguns textos para dizer que esta instituição nunca foi desejada por Deus. Os textos citados são bem conhecidos e com frequência são utilizados quando se fala sobre a oposição aos sacrifícios na Bíblia. Trata-se de 1Sm 15,22; Is 1,11; Jr 7,22-23. Segundo Rambam, Moisés instituiu os sacrifícios porque os israelitas eram fascinados pelas cerimônias de sacrifícios pagãs. Portanto, Maimônide reconhece no culto sacrificial um influxo estranho à tradição bíblica. Pode-se dizer ainda que, sobre este ponto, o comportamento de Moisés foi pelo menos bastante ambíguo, ainda segundo a interpretação de Rambam.

Se voltamos no tempo e procuramos o que os Padres da Igreja pensavam sobre o argumento, nos deparamos – por exemplo – com reflexões feitas por Orígenes no início do seu comentário sobre o Livro dos Números. Na *Homilia* 17, ele diz que, quando se tenta ensinar e explicar a alguém o sistema sacrificial da *Torah*, provoca-se reações de desgosto. Tudo adquire sentido e a pessoa rejeita o ensinamento como refutaria um alimento que não lhe apraz. Mais à frente Orígenes acrescenta considerações muito severas:

> Quando se lê o livro do Levítico ou um trecho dos Números... os que ouvem podem escandalizar-se e dizer: Que necessidade há de ler estas coisas na Igreja? Estas são coisas judaicas, que os judeus se ocupem delas (ORÍGENES. *Omelie sui Numeri*. Roma: Città Nuova, 1988, p. 88 [Org. de M.I. Danieli)].

O mundo cristão dos primeiros séculos prova uma verdadeira aversão pelos sacrifícios da antiga aliança.

Demos um passo atrás e interroguemos o Novo Testamento. Lemos na Carta aos Hebreus, escrita depois da destruição do templo em 70 d.C. (Hb 10,5-10):

> Por isto, ao entrar no mundo, ele afirmou: "Tu não quiseste sacrifício e oferenda. Tu, porém, formaste-me um corpo. Holocaustos e sacrifícios pelo pecado não foram do teu agrado. Por isto eu digo: Eis-me aqui – no rolo do livro está escrito a meu respeito –, eu vim, ó Deus, para fazer a tua vontade".

Depois de ter dito: "Tu não quiseste sacrifício e oferenda. Tu, porém, formaste-me um corpo. Holocaustos e sacrifícios pelo pecado não foram do teu agrado" (que são oferecidos segundo a Lei), acrescenta em seguida: "Eis-me aqui, eu vim, ó Deus, para fazer a tua vontade". Em virtude desta "vontade" nós fomos santificados, mediante a oferta definitiva do corpo de Jesus Cristo. A Carta aos Hebreus não peca por carregar demais as palavras. Para o seu autor, a instituição dos sacrifícios da antiga aliança foi simplesmente "abolida". Há um "antes" e um "depois". O sacrifício de Jesus sobre a cruz, oferecido "de uma vez por todas", torna caduco o sistema sacrificial da *Torah*.

Para confirmar sua opinião, a Carta aos Hebreus cita o Sl 40,7-8. E há um outro salmo, o 51, que cita na sua conclusão, pois justapõe, no espaço de cinco versículos, duas opiniões contraditórias a respeito dos sacrifícios. Eis o texto do Sl 51,17-21:

> Ó Senhor, abre os meus lábios, e a minha boca proclamará o teu louvor.
> Pois Tu não queres sacrifícios e um holocausto não te agrada.
> Sacrifício a Deus é o espírito contrito, coração contrito e esmagado, ó Deus, Tu não desprezas.
> Faze o bem a Sião, por teu favor, reconstrói as muralhas de Jerusalém.
> Então te agradarás dos sacrifícios de justiça – holocaustos e ofertas totais – e em teu altar se oferecerão novilhos.

Os últimos dois versículos provavelmente foram acrescentados depois da reconstrução do Templo de Jerusalém. Tratar-se-ia, portanto, de uma correção feita pelos sacerdotes do templo. Mas o forte contraste entre "Pois tu não queres sacrifício" do vers. 18 e "Então te agradarás dos sacrifícios" do vers. 21 continua evidente. Não é fácil conciliar as duas opiniões.

Na mesma época da Carta aos Hebreus, um célebre rabino, Yohanan ben Zakkai, considerado por alguns como o fundador do hebraísmo depois da queda de Jerusalém no ano 70 d.C., tem uma reação muito parecida com a que encontramos nos textos citados acima. Segundo um dito rabínico, um certo Rabino Josué, vendo as ruínas do templo, se lamentava, dizendo:

> Ai de nós porque foi destruído o lugar onde podíamos oferecer sacrifícios para expiar os pecados de Israel.

O Rabino Yohanan ben Zakkai lhe respondeu:

> Não, meu filho, não sabes que temos um outro meio para expiar os nossos pecados? E qual seria? São as boas obras advindas da lealdade à aliança, tal como foi dito: "Quero a lealdade à aliança e não os sacrifícios" (Os 6,6) (*Avot d'Rabbi Natan* A 4).

Os textos acima citados provêm de épocas e ambientes diferentes. Todos demonstram quão difícil é abordar o tema dos sacrifícios no Antigo Testamento. A nossa tarefa será a de introduzir-nos mais adiante nesse mundo para compreender melhor as reações que provocaram nos séculos sucessivos. Em primeiro lugar procurarei tratar as diversas teorias sobre os sacrifícios. Em segundo lugar, falarei sobre a crítica dos profetas. Por fim, proporei uma explicação sobre a função do culto na *Torah*.

O alimento da divindade

Em muitas culturas, assim como no mundo bíblico, as divindades são imaginadas com traços antropofágicos. Nem sempre é fácil compreender até que ponto se acreditava que os deuses realmente comessem ou se se pensasse apenas nisso como um gesto simbólico. De qualquer modo, há muitos textos que falam a respeito de "comer" a divindade. Isto acontece também na Bíblia. Nm 28,2, por exemplo, é bastante explícito:

> Ordena aos israelitas o seguinte: Tereis o cuidado de me trazer no tempo determinado a minha oferenda, o meu *manjar*, na forma de oferenda queimada de perfume agradável.

Neste texto o hebraico usa a palavra *leḥem* ("alimento", "pão").

No relato da vocação de Gedeão, em Jz 6,19-24, o herói do relato prepara alimentos para um anjo do Senhor que lhe apareceu. O alimento não será consumido, pois o anjo do Senhor desaparece no meio do fogo que consumia as ofertas. No entanto, o texto dá a entender que Gedeão preparou um alimento para o seu hóspede divino. Mas o relato é ambíguo porque se pode interpretar a pessoa do anjo de YHWH como um homem que revela a presença de Deus. Apesar disso, a impressão de que se pode preparar alimento para um ser divino continua evidente.

Outros textos são mais claros. Lv 3,11, por exemplo, recita: "O sacerdote queimará esta parte sobre o altar como alimento, como oferta queimada para o Senhor".

Também Lv 21,22 tem o mesmo sentido: "Ele [o sacerdote] poderá comer do *alimento* [pão] de seu Deus, coisas santíssimas e coisas santas".

O Levítico é um livro escrito durante o período do segundo templo, depois do exílio. Pode surpreender encontrar nele concepções que pareceriam de certo modo, arcaicas. As mesmas ideias são ainda presentes em um dos textos mais recentes do Antigo Testamento, o livro de Malaquias, que fala da "mesa do Senhor" (Ml 1,7). A expressão é novamente encontrada em Ez 44,16, onde Deus fala da "sua mesa".

À lista de textos que acabamos de citar poder-se-ia acrescentar aqueles sobre o uso dos assim chamados "pães da oblação" que se costuma levar diariamente ao santuário, segundo as prescrições de Ex 25,30: "E colocarás para sempre sobre a mesa, diante de mim, os pães da oblação".

1Sm 21,7, um texto mais antigo, também fala sobre estes pães oferecidos a Deus:

> Então o sacerdote lhe [a Davi] deu o que havia sido consagrado, porque não havia outro pão, salvo os pães da oblação, os que se retira de diante do Senhor para serem substituídos por pão quente, quando aqueles são retirados.

É difícil não pensar que o pão fresco levado a cada manhã ao santuário não seja considerado como uma espécie de alimento para a divindade. Lv 24,7 confirma esta impressão quando fala destes pães: "Será alimento oferecido em memorial, uma oferenda queimada para o Senhor".

Por outro lado, existem textos que testemunham uma posição diametralmente oposta a essa que se acaba de apresentar. O texto mais claro é Sl 50,9-13:

> Não tomarei um novilho de tua casa, nem um bode dos teus apriscos.
> Pois são minhas todas as feras da selva, e os animais das montanhas, aos milhares.
> Conheço as aves todas do céu, e o rebanho dos campos me pertence.

Se eu tivesse fome não o diria a ti, pois o mundo é meu, e o que nele existe.

Acaso comerei eu carne de touros, e beberia sangue de bodes?

O texto não poderia ser mais claro. A nossa surpresa é que seja possível encontrar na Bíblia estas duas opiniões que, à primeira vista, pareceriam absolutamente inconciliáveis.

A teoria do dom

A segunda teoria também é muito difundida no mundo antigo. O ser humano é frágil e carente, mas para a divindade nada falta, e essa possui tudo aquilo que o ser humano deseja. Em outras palavras, o ser humano vive em uma constante dependência em relação ao mundo dos deuses. Para obter aquilo que deseja, o ser humano oferece à divindade alguns "presentes". Aqui não se considera a moralidade. O necessário é procurar o justo para obter o que se deseja.

O problema que surge de imediato é o da assimetria. Um presente oferecido por um ser humano nunca poderá satisfazer uma divindade. Toda oferta humana é indigna para uma divindade. O problema se resolve com astúcia. A divindade se mostra verdadeiramente como divindade, quando se mostra generosa. Uma divindade não pode ser cautelosa e avarenta. A avareza é um defeito dos pobres, a generosidade é um traço dos ricos. Para um ser humano, ao contrário, dar pouco significa – proporcionalmente – dar muito. Para ele, de fato, até mesmo uma oferta simples pode representar um esforço considerável.

No mundo bíblico, a ideia de um dom apresentado à divindade para obter um favor está presente de modo particular nos "votos". Em todos os exemplos encontramos a mesma construção gramatical: "Se Tu [Deus] me fizeres este favor, então eu te retribuirei outro favor". É o caso de Jacó depois da visão de Betel (Gn 28,20-22):

> Jacó fez este voto: "*Se* Deus estiver comigo e me guardar no caminho por onde eu for, *se* me der pão para comer e roupas para me vestir, *se* eu voltar são e salvo para a casa de meu pai, então o Senhor será meu Deus e essa pedra que ergui como uma estela será uma casa de Deus, e de todo o que me deres, eu te *darei* fielmente o dízimo.

Em alguns casos se faz um voto antes de uma batalha. Veja Nm 21,2:

> Então Israel fez o seguinte voto ao Senhor: "*Se* entregares este povo em meu poder, consagrarei suas cidades ao extermínio"

ou o famoso voto de Jefté (Jz 11,30-31):

> Jefté fez um voto ao Senhor: "*Se* entregares os amonitas nas minhas mãos, aquele que sair primeiro da porta da minha casa para vir ao meu encontro quando eu voltar são e salvo do combate contra os amonitas, esse pertencerá ao Senhor, e eu o oferecerei em *holocausto*".

Ana, a mãe de Samuel, fez um voto para gerar um filho (1Sm 1,11):

> [Ana] fez um voto dizendo: "Senhor dos exércitos, *se* quiseres dar atenção à humilhação da tua serva e te lembrares de mim, e *se* não te esqueceres da tua serva e lhe deres um filho homem, então eu o consagrarei ao Senhor por todos os dias da sua vida, e a navalha não passará sobre a sua cabeça".

O último exemplo é o de Absalão (2Sm 15,7-9):

> Ao fim de quatro anos, Absalão disse ao rei: "Permite que eu vá a Hebron, a fim de cumprir um voto que fiz ao Senhor. Porque, quando eu estava em Gessur, em Aram, o teu servo fez este voto: *Se* o Senhor me conceder voltar a Jerusalém, prestarei um culto ao Senhor em Hebron.

Contudo, há uma diferença entre o voto como tal e o sacrifício. No caso do voto, promete-se uma oferta *se* a divindade fornecer o favor pedido. A conjunção *se* está presente em todas as fórmulas de votos que encontramos na Bíblia. No caso do sacrifício, ao contrário, faz-se uma oferta para obter um favor.

A mesma ideia está presente no tributo. Os soberanos do antigo Oriente Médio costumavam se fazer representar enquanto recebiam os seus vassalos oferecendo-lhes tributos[72]. O Deus de Israel é ocasionalmente representado nos textos bíblicos como o verdadeiro soberano da terra ou do seu povo. As ofertas, as primícias, por exemplo, podem ser consideradas como "tributos" apresentados ao soberano no seu palácio, neste caso, o seu santuário. Dt 26 é um texto que vale citar neste contexto:

> Quando entrares na terra que o Senhor teu Deus te *dará* como herança, e a possuíres e nela habitares, tomarás as primícias de todos os frutos que recolheres do solo que o Senhor teu Deus houver escolhido para aí fazer habitar o seu nome. Virás ao sacerdote em função naqueles dias e lhes dirás: "Declaro hoje ao Senhor meu Deus que entrei na terra que o Senhor, sob juramento, prometera aos nossos pais que nos *daria*!" O sacerdote receberá o cesto de tua mão, o colocará diante do altar do Senhor teu Deus, e tomando a palavra, tu dirás diante do Senhor teu Deus: "Meu pai era

---

72 Uma destas célebres representações pode ser encontrada no famoso *Black Obelisk* (Obelisco Negro), uma inscrição assíria do tempo de Salmanasar III, na qual está entalhado o tributo pago por "Jeú, filho de Omri", ao rei assírio. Trata-se, inclusive, da primeira representação que possuímos de um rei de Israel [N.T.].

um arameu errante: ele desceu ao Egito e ali residiu com poucas pessoas; depois tornou-se uma nação grande, forte e numerosa. Os egípcios, porém, nos maltrataram e nos humilharam, impondo-nos uma dura escravidão. Gritamos então ao Senhor, Deus dos nossos pais, e o Senhor ouviu a nossa voz: viu nossa miséria, nosso sofrimento e nossa opressão. E o Senhor nos fez sair do Egito com mão forte e braço estendido, em meio a grande terror, com sinais e prodígios, e nos trouxe a este lugar, *dando-nos* esta terra, uma terra onde mana leite e mel. E agora, eis que trago as primícias dos frutos do solo que Tu *me deste*, Senhor. E as depositarás diante do Senhor teu Deus, e te prostrarás diante do Senhor teu Deus.

O texto insiste muito sobre o "dom da terra". A terra é dada por Deus ao seu povo e, portanto, Ele é o seu verdadeiro proprietário e soberano. A oferta das primícias não é nada mais do que o reconhecimento da soberania de Deus sobre a terra. A analogia com as procissões dos tributários, um motivo comum na arte antiga, é inevitável. Todavia, o tema do *dom* oferecido à divindade é justificado neste caso, pois se trata de retribuir um dom que já fora dado, no caso de Dt 26, o dom da terra.

Comunhão com a divindade

Uma terceira teoria sobre a origem dos sacrifícios insiste sobre a ideia de comunhão. Essa ideia foi desenvolvida por um grande conhecedor das religiões semitas, William Robertson Smith (1889), e depois por dois de seus seguidores, Henri Hubert e Marcel Mauss (1899).

Robertson Smith vê o sacrifício de modo positivo. O seu ponto de partida é o chamado sacrifício totêmico. A tribo oferece em sacrifício o animal totêmico que, ao mesmo tempo, representa a tribo e o seu deus. Depois do sacrifício, a tribo come a carne do animal sacrificado e, desse modo, estabelece um forte vínculo de comunhão com a divindade e, ao mesmo tempo, reforça os vínculos que unem os diversos membros da tribo.

Robertson Smith distingue três etapas na evolução dos sacrifícios: 1) o sacrifício de comunhão: a divindade come à mesa com os seus fiéis e com o seu povo; 2) o sacrifício expiatório: o animal toma o lugar da pessoa ou da tribo culpada; 3) o sacrifício místico: a própria divindade é sacrificada e comida pelos seus adoradores.

A teoria foi criticada por diversos motivos. Alguns censuraram o estudioso escocês por ter sido demasiadamente influenciado pela teologia católica da Eucaristia. Além disso, o único texto sobre o qual se apoia – no que tange o sacrifício totêmico – é um relato transmitido pelo Abade Nilo, que fala sobre um sacrifício de um camelo em algumas tribos sarracenas. Portanto, faltam provas para confirmar com mais consistência a sua tese.

Os sociólogos da Escola de Durkheim, Hubert e Mauss, aprofundaram o aspecto de comunhão formulado por Robertson Smith. Para eles, a oferta cria um vínculo entre humanidade e divindade. O raciocínio é simples. O corpo do animal pertence a este mundo, ou seja, ao mundo físico do qual também a humanidade faz parte. A vida do animal – o seu sangue na Bíblia – pertence ao mundo divino. A pessoa que sacrifica se identifica com a vítima no momento da consagração. Alguns pensam que o gesto de impor as mãos sobre a vítima, atestado na Bíblia, tenha exatamente este significado. Quem oferece um sacrifício designa a vítima que "toma o seu lugar" (cf. Ex 29,10; Lv 3,2.8; 4,4; Nm 8,13).

Assimilação da força do animal sacrificado

Para o antropólogo britânico Sir Edwin Oliver James, o sacrifício tem como principal escopo procurar alimento e energia. Quem come o animal sacrificado assimila a sua força vital.

A teoria, que à primeira vista parece muito prosaica, tem seu *fundamentum in re*. Não devemos nos esquecer que todo abate na Antiguidade era um ato sagrado. Disso provêm as inúmeras regras sobre o abate dos animais. Disso também as dificuldades encontradas pelos primeiros cristãos que viviam na cidade, na sua maioria não cristãos e que deviam obrigatoriamente adquirir carne provinda dos templos do lugar, sacrificada aos ídolos dos templos pagãos. São Paulo trata deste problema na Primeira Carta aos Coríntios, cap. 8, 9 e 10. Paulo, como se sabe, resolve esta questão de modo prático. Para ele, o mais importante é não escandalizar os fracos. Mas um cristão não deveria ter problemas quando adquire carne proveniente de um templo pagão, pois sabe que os ídolos não existem.

René Girard e o bode expiatório

As teorias de René Girard são muito conhecidas, e por este motivo me parece importante mencioná-las, mesmo que brevemente. Especialista da literatura, Girard demonstra que a violência sempre esteve presente no mundo e na humanidade. Não é possível erradicá-la completamente. Por outro lado, é perigoso ignorá-la, pois, então, se desencadearia de modo cego e incontrolável. A única verdadeira solução consiste em encontrar modos aceitáveis de exercitar a violência onipresente. Desse modo, a violência é exitosa, mas é também canalizada e, portanto, não gera danos. As sociedades criaram diversos sistemas, ou seja, rituais e cerimônias, para canalizar a violência e ao mesmo tempo torná-la útil e aceitável.

Segundo Girard, um dos rituais mais conhecidos é o do "bode expiatório". Este ritual está presente em muitas manifestações cultuais, e, pasme, inclusive no carnaval. No ritual do bode expiatório se escolhe uma vítima inocente que é ritualmente sacrificada. A vítima pode ser um animal ou, em certos casos, um ser humano. A violência da sociedade é inteiramente imposta sobre a vítima escolhida, e assim é descarregada por um tempo determinado.

A grande novidade do Evangelho e do mundo cristão, segundo Girard, é que Cristo desmascarou o mecanismo do bode expiatório, ou seja, da vítima inocente sobre a qual a sociedade descarrega cegamente toda a sua violência. Cristo, aceitando ser a vítima, denuncia a perversão deste procedimento.

Pode-se aplicar a teoria de Girard sobre os sacrifícios. Com efeito, em um sacrifício, a violência é exercida sobre um animal, mas de um modo ritualizado e regido por regras, não selvagem. Além disso, em um grande número de casos, a carne do animal sacrificado é consumada. O escopo do sacrifício é, portanto, "útil", pois serve para nutrir.

Procurou-se aplicar a teoria de Girard ao caso de Caim e Abel (Gn 4). Por que Deus aceita o sacrifício de Abel e não o de Caim? O texto não o diz, e é muito difícil encontrar uma explicação satisfatória. Aplicando a teoria de Girard, nota-se que Caim oferece somente vegetais, enquanto Abel oferece as primícias do seu rebanho. O sacrifício de Caim não é cruento, o de Abel, sim. Desse modo, Caim não deu vazão à violência que tinha em si (cf. Gn 4,7). Abel, ao contrário, permite que a violência seja exercida de modo aceitável e positivo, pois oferece sacrifícios cruentos. O relato mostra que a violência de Caim será descarregada, mas contra o seu irmão. A explicação de Girard certamente tem o mérito de introduzir uma certa lógica em um texto de difícil interpretação.

O mesmo vale para o relato do dilúvio. Como se sabe, o dilúvio foi provocado pela "violência" que reina no universo (Gn 6,11.13). Não mais será possível erradicar completamente a violência então presente no universo (cf. Gn 6,5; 8,21). Por isso encontramos, no final do relato do dilúvio, a menção do sacrifício de Noé, que agrada a Deus (Gn 8,20-22).

A instituição dos sacrifícios pode ser vista como a solução institucional ao problema da violência e da perversidade humana. Na mesma linha, a possibilidade de abater animais para a alimentação – seguindo regras claras – se constitui como uma outra resposta, análoga ao mesmo problema. É a solução que encontramos, mais uma vez, no final do relato do dilúvio, em Gn 9,1-7.

Os manipuladores e as massas

Tão logo reflitamos sobre a expressão "bode expiatório" ou a situemos fora do contexto persecutório, tendemos a modificar o sentido. Vem-nos em mente o rito; já que se trata de uma cerimônia religiosa celebrada por um sacerdote que se dava em um período preestabelecido, pensemos em uma manipulação deliberada. Imaginemos hábeis estrategos aos quais nada escapa dos mecanismos de vitimização, prontos a sacrificar vítimas inocentes com conhecimento de causa e hipocrisia maquiavélica. Que coisas parecidas aconteçam, sobretudo na nossa época, é possível, mas não aconteceriam tão pouco hoje se os eventuais manipuladores não tivessem à sua disposição, para organizar os seus golpes baixos, uma massa eminentemente manipulável, ou seja, gente suscetível a se deixar enredar no sistema da ilusão persecutória, gente capaz de crer em um bode expiatório.

GIRARD, R. *Il capro espiatorio*. Milão: Adelphi, 1987, p. 71 [Trad. de C. Leverd e F. Bovoli [Ed. bras.: *O bode expiatório*. São Paulo: Paulus, 2015].

Sacrifício de expiação

Há um tipo de sacrifício importante na Bíblia, o sacrifício de expiação, ou, na linguagem da Bíblia, o "sacrifício pelo pecado". A legislação sobre o assunto, bastante detalhada, encontra-se em grande parte nos cap. 4 e 5 do livro do Levítico.

A ideia fundamental é baseada sobre a função do sangue no culto de Israel. No mundo bíblico o sangue é sagrado. O sangue é a vida (Gn 9,4; Lv 17,11; Dt 12,16; Sl 30,10). Perder o sangue significa morrer. A vida e o sangue pertencem de modo especial a Deus. Como elemento sagrado, o sangue serve para consagrar (cf. Lv 8) ou para purificar, ou seja, para reintegrar no mundo de Deus aquilo que foi separado. O pecado, no mundo bíblico, é, por sua vez, uma força de morte. O pecador é uma pessoa que está sob o domínio da morte. Para integrar uma tal pessoa no mundo dos vivos, a Bíblia prevê uma série de rituais de purificação nos quais o sangue adquire uma função essencial, porque o sangue, sendo princípio de vida, é capaz de fazer passar do mundo da morte para o mundo da vida.

Na Bíblia existem dois tipos de sacrifícios por ocasião do pecado. O primeiro se chama "sacrifício pelo pecado" (*ḥaṭṭāt*, em hebraico). O segundo se chama, de acordo com a tradução mais comum do termo, "sacrifício de reparação". Literalmente se deveria traduzir como "sacrifício pela culpa" (*'āšām*, em hebraico). O sacrifício pelo pecado tem como objetivo libertar da impureza – o pecado – e restabelecer a pessoa na sua integridade. O sacrifício de reparação se assemelha ao nosso sistema de "multa". O pecado é uma violação da esfera sagrada, do domínio de Deus, e é, portanto, necessário oferecer um sacrifício para "reparar" a ofensa contra a divindade.

Nos últimos tempos se tem discutido muito sobre o verdadeiro significado do primeiro tipo de sacrifício, o sacrifício pelo pecado. Jacob Milgrom, grande especialista no assunto e autor de um vultuoso comentário sobre o livro do Levítico, afirma que o sacrifício pelo pecado (*ḥaṭṭāt*) oferecido no caso de culpa involuntária tem apenas uma função de purificação e não de expiação. Em outras palavras, a sua função é ritual e não moral, pois esse abranda as consequências do pecado, mas não o pecado em si, sobretudo quando se trata de uma culpa não voluntária, de uma culpa cometida por inadvertência (*šᵉgāgâ*, em hebraico). A sua interpretação se baseia sobre o fato de que o sangue nunca é derramado ou aspergido sobre o pecado. Por que expiar uma culpa que segundo a mentalidade moderna não existe, já que se trata de uma ocasião na qual não há intenção de transgredir?

Vários autores sustentaram que os textos não confirmam a teoria de Milgrom. Em particular Lv 4,20.26.31:

> Fará com este novilho como fez com o novilho do sacrifício pelo pecado. Assim se fará com ele, e, tendo o sacerdote feito o rito de expiação pelos membros da comunidade, *serão eles perdoados* [...]. Fará queimar toda a gordura no altar, com a gordura do sacrifício de comunhão. O sacerdote fará assim o rito de expiação pelo chefe, para livrá-lo do seu pecado, *e ser-lhe-á perdoado* [...]. O sacerdote tirará toda a gordura, como se tira a gordura de um sacrifício de comunhão, e a queimará no altar em odor agradável ao Senhor. O sacerdote fará assim o rito de expiação para esse homem, *e ele será perdoado*.

Nestes três versículos citados o texto hebraico emprega o verbo "perdoar" (*slḥ*, em hebraico). Trata-se, portanto, de "perdão" do pecador, e não apenas de purificação dos efeitos do pecado. Outros estudiosos insistiram sobre o fato de que o sacrifício de reparação seja oferecido em uma fase posterior, quando se descobre a responsabilidade. Este dado, contudo, nem sempre é claro.

Talvez valha a pena, como insistem outros exegetas, sublinhar que a noção de culpa na Bíblia, é mais objetiva do que subjetiva. Em outras palavras, trata-se de um "estado", mais do que de uma intenção. Alguns exemplos demonstram isto com clareza. Três vezes, no livro do Gênesis, um soberano toma para si, no seu harém – mas às escondidas –, a mulher de um patriarca. Trata-se do faraó em Gn 12,10-20 e de Abimelec em Gn 20,1-18 e 26,6-11. Nos três casos ele age em perfeita e plena consciência. Ele foi enganado porque lhe fora dito que a matriarca era irmã e não mulher de Abraão ou de Isaac. Abimelec afirma isto claramente em Gn 20,4-5, quando contesta Deus, que lhe anuncia um castigo eminente:

> Senhor, vais exterminar uma nação, mesmo que justa? Acaso não foi ele [Abraão] que me disse: "É minha irmã" e ela, ela mesma, não disse: "É meu irmão"? Foi *com boa consciência e mãos puras* que fiz isso!

O texto, contudo, fala de "pecado" e de "culpa" (cf. 20,6.9: *ḥāṭā'â*; cf. 26,10: *'āšām*). Neste caso, trata-se claramente de uma situação de pecado: Sara não pode fazer parte do *harém* de Abimelec porque é mulher de Abraão. No entanto, vale retomar a situação inicial, ou seja, restituir a mulher ao seu legítimo marido.

Em Gn 20,16 Abimelec oferece a Sara uma espécie de reparação pelo ocorrido. O texto é de difícil compreensão, mas é muito claro que o rei pretende "reparar" ou ressarcir Sara por um dano objetivamente causado.

Em 1Sm 5 o texto é ainda mais claro. Os filisteus, após uma vitória sobre os israelitas (1Sm 4), tomam posse da arca da aliança e a levam ao santuário do deus Dagon. No entanto, a arca da aliança provoca graves danos ao templo. Os filisteus levam a arca de cidade em cidade, mas onde quer que a levem prorrompe epidemias. Obviamente os habitantes das cidades onde se encontra a arca não sabem por que são vitimados por calamidades de diversas naturezas. Não são "culpados" no sentido moderno da palavra. Pedem, então, aos seus adivinhos o que devem fazer. Estes dão duas respostas: primeiro, devem devolver a arca aos israelitas; segundo, devem fazer uma oferta de reparação (1Sm 6,3: *'āšām*). Assim, serão curados. O caso é claro. O sacrifício de reparação é indicado porque havia uma "culpa objetiva", um "mal" objetivo. A arca da aliança não pode estar em terras não israelitas. Se a culpa é intencional ou não, é um problema secundário.

Concluindo, vale dizer que a questão da "culpabilidade subjetiva" certamente está presente nos relatos bíblicos. Mas o dado mais importante é sempre a situação anômala que deve ser corrigida. O sacrifício tem como escopo remediar ou retificar esta situação.

A crítica dos profetas

Os textos bíblicos que criticam o culto são numerosos. Mencionamos somente 1Sm 15,22; Am 4,4-5; 5,21-25; Os 5,6; 6,6; 8,13; Mq 6,6-8; Is 1,11-17; 56,3; Jr 6,20; 7,21-23; 14,12; Sl 40,7-9; 50,8-14; 69,32. Há múltiplas opiniões sobre o assunto. Em geral os exegetas dizem que os profetas não rejeitam *in toto* a instituição dos sacrifícios. Trata-se, na verdade, de uma questão de prioridade: O que é mais importante, o culto ou a lei e a ordem social? A classe dirigente deve se ocupar, antes de mais nada, das questões da justiça e equidade ou da organização do culto?

Também neste caso, J. Milgrom propõe uma interpretação bastante pessoal. Trata-se de uma teoria intimista. Para o grande estudioso hebraico, a crítica profética tem em mira somente os sacrifícios individuais, não o culto público. A sua análise se baseia sobre o vocabulário. Ele afirma que os termos usados nos textos proféticos, ou seja, "holocausto" (*'ôlâ*) e "sacrifício" (*zebaḥ*), são reservados ao contexto do culto individual. Portanto, os profetas pedem que os indivíduos renunciem ao seu culto corrompido por uma conduta imoral.

Contudo, uma análise mais atenta do vocabulário não confirma a opinião de Milgrom. O sintagma "holocausto e sacrifício" muitas vezes tem a função de um merismo (dois termos que designam uma totalidade) que o indica o culto como tal, inclusive o culto oficial. Veja textos como Ex 18,12; Lv 17,8; Nm 15,3.5.8; Dt 12,11; Js 22,26-29; 1Sm 6,15; 15,22; 2Rs 5,17; 10,24; Is 56,7; Jr 7,21-22; 17,26; 2Cr 7,1.

Dt 12,11 é o texto mais convincente. Trata-se da lei sobre a centralização do culto que, portanto, diz respeito a todos os sacrifícios e não faz qualquer distinção entre sacrifícios públicos ou privados.

> É no lugar que o Senhor nosso Deus houver escolhido para aí fazer habitar o seu nome que trareis *tudo o que* eu vos ordenei: *vossos*

holocaustos, vossos sacrifícios, vossos dízimos, os dons das vossas mãos e todas as oferendas escolhidas que tiverdes prometido como voto ao Senhor.

Segundo outros exegetas, os profetas criticam uma concepção do culto segundo a qual um sacrifício permitiria obter automaticamente a proteção divina segundo o princípio do *do ut des*[73]. Portanto, trata-se de uma concepção quase mágica do culto.

Não se pode esquecer que em Israel, assim como em todos os reinos da região, o rei era ao mesmo tempo sumo sacerdote. O Sl 110,4, por exemplo, com toda certeza se refere ao rei no oráculo divino que diz: "Tu és sacerdote para sempre segundo a ordem de Melquisedec". De fato, Melquisedec era um rei e sacerdote, segundo Gn 14,18. Em palavras mais modernas, o rei era responsável pelo culto e pelas tarefas religiosas, quase como nos países nos quais o soberano é o chefe da Igreja nacional.

A crítica ao culto se insere, portanto, no quadro mais amplo da crítica contra a monarquia, em particular contra a ostentação da propaganda real. Assim, o Sl 20,4, por exemplo, faz referência aos sacrifícios oferecidos pelo soberano no santuário: "Que [o Senhor] recorde tuas ofertas todas e aprecie o teu holocausto".

O texto de Am 7,12-13 ainda afirma:
Amasias [o sacerdote do santuário de Betel] disse então a Amós: "Vidente, vai, foge para a terra de Judá; come lá o teu pão e profetiza lá. Mas em Betel não podes mais profetizar, porque é santuário do rei, um templo do reino.

A profecia de Amós cria problemas porque ele a confronta com um santuário real e, assim, com o poder real. É ainda bastante provável que o rei e a corte procurassem impressionar seus súditos através de liturgias suntuosas. Os profetas vociferam contra os dirigentes que descuidam da promoção da justiça e da defesa dos fracos e se preocupam com a organização de um culto opulento. A crítica profética contra o culto não menciona o rei em pessoa. Mas menciona com frequência os dirigentes do povo. Ora, sabe-se que os dirigentes eram todos membros da corte real. Um dos deveres principais dos reis – e da sua corte – era o de ocupar-se do "direito e da justiça", como diz, por exemplo, o Sl 72,1-2:

---

73 "Dou a fim de que dês": esta é uma expressão de origem jurídica que indica uma permuta entre um indivíduo que recebe e outro que oferece algo. De modo mais simples pode-se dizer que indica uma relação de "toma lá, dá cá", uma troca de favores [N.T.].

Ó Deus, concede ao rei teu julgamento e a tua justiça ao filho do rei; que ele governe teu povo com justiça e teus pobres conforme o direito!

Os profetas, quando contrapõem o culto e a promoção da justiça, contrapõem, portanto, duas funções reais. O rei era encarregado do culto, assim como era responsável pela justiça. Segundo os profetas, ele não podia escolher entre estas duas funções.

A dimensão existencial do culto

Enfim, quero mencionar um elemento importante do culto de Israel que merece ser sublinhado. Trata-se de uma dimensão do culto que se poderia chamar de "existencial", porque se estende sobre toda a existência e diz respeito a todos os membros do povo. De fato, uma análise mais precisa de alguns textos do livro do Êxodo põe em destaque o fato de que o culto em Israel não é um dever apenas dos sacerdotes, de que não acontece apenas nos santuários, e de que não se limita unicamente à oferta dos sacrifícios.

Como é sabido, o livro do Êxodo inicia com uma descrição da escravidão – ou servidão – de Israel no Egito. Ora, em hebraico, a mesma palavra significa "servidão", "escravidão", "serviço", "trabalho", "liturgia". O livro do Êxodo descreve, segundo o título muito apropriado de um livro escrito nos anos de 1960 por George Auzou, a passagem "da servidão ao serviço". O Senhor, o Deus de Israel, liberta o seu povo da escravidão e lhe concede a liberdade. O povo, uma vez livre, pode livremente entrar no serviço ao seu Deus. Mas de que serviço se trata?

Poderíamos dizer que o primeiro serviço prestado ao Deus de Israel é o culto. Não faltam indicações no livro do Êxodo que apontam nesse sentido. O primeiro texto que podemos citar é Ex 12, que fala da celebração da Páscoa. Nesse contexto, pode-se dizer que a celebração da Páscoa é um "serviço litúrgico" que celebra antecipadamente a liberdade que Deus está por conceder ao seu povo. Em seguida, encontramos em Ex 25–31 e 35–40 uma descrição minuciosa do santuário de Israel e do culto que nele se prestará. O soberano de Israel faz construir para si o seu palácio no meio do povo. O palácio requer pessoal dedicado inteiramente ao "serviço a Deus" e um cerimonial adequado a esse serviço. O pessoal é constituído pelos sacerdotes e o cerimonial pelo culto.

Sabemos quem é o soberano de Israel, qual é o seu palácio, quem são seus oficiais de corte e qual a etiqueta do palácio. O livro do Êxodo, contudo, acrescenta uma dimensão essencial ao que se acabou de dizer. Exatamente no início da longa teofania do Sinai, em Ex 19, Deus descreve em poucas palavras qual será a identidade do povo recém-liberto: "Um reino sacerdotal e uma nação santa" (Ex 19,6). Sem entrar em uma longa discussão sobre o significado exato destas duas expressões, podemos notar um aspecto essencial: todo o povo recebe, de uma maneira ou de outra, a dignidade do sacerdócio. Do mesmo modo, todo o povo se torna uma "nação santa". Em outras palavras, todo o povo é elevado à condição sacerdotal e, portanto, toda a vida do povo se torna culto ou "serviço a Deus". Tudo o que o povo faz é "atividade santa". Seria demasiado longo demonstrar em detalhes a plausibilidade desta opinião. Contento-me em apresentar apenas um indício, mas de peso. Deus propõe ao seu povo que este se torne "um reino sacerdotal e uma nação santa". O povo aceita (Ex 19,8). Segue-se a preparação para a teofania e a teofania em si (Ex 19,10-19). Encontramos em seguida os mandamentos que especificam as condições da aliança e, portanto, da nova constituição de Israel. Mais concretamente Deus explica ao povo no Decálogo (Ex 20,1-19) e no chamado "código da aliança" (Ex 21-23) como se tornar "um reino sacerdotal e uma nação santa". No entanto, esses textos legislativos não são de natureza unicamente cultual (*fas*, em latim). Ao contrário, neles encontramos muitas leis civis (*ius*, em latim). E mais, encontramos juntas leis cultuais e leis civis. O direito bíblico une de modo indissolúvel direito sagrado e direito profano. Tudo faz parte do "serviço" que o "reino sacerdotal" e a "nação santa" prestam ao seu Deus. Desse modo, desaparecem – ao menos em princípio – a distinção entre "sagrado" e "profano". Tudo se torna sagrado, e não apenas os atos de natureza cultual. A nossa interpretação permite compreender melhor a crítica dos profetas. Eles insistem com boas razões sobre um fato essencial em Israel: o "serviço a Deus" não pode se limitar a alguns atos de culto. É o conjunto da existência e das atividades do povo que é serviço a Deus. Aos olhos do Deus de Israel, justiça, equidade, solidariedade valem tanto quanto os sacrifícios. Na linguagem do Novo Testamento, o amor a Deus é o amor ao próximo.

PARA APROFUNDAR

CARDELLINI, I. *I sacrifici dell'antica Alleanza*: Tipologie, Rituali, Celebrazioni. Cinisello Balsamo, MI: San Paolo, 2001 [Studi sulla Bibbia e suo Ambiente, 5].

DEIANA, G. *Dai sacrifici dell'Antico Testamento al sacrificio di Cristo*. Cidade do Vaticano: Urbanianan University Press, 2002 [Spiritualità, 5].

EBERHART, C.A. *Ritual and Metaphor* – Sacrifice in the Bible. Atlanta, GA: Society of Biblical Literature, 2011 [Resources for Biblical Study, 68].

GROTTANELLI, C. & PARISE, N.F. *Sacrificio e società nel mondo antico*. Bari: Laterza, 1988.

MacCLYMOND, K. *Beyond Sacred Violence* – A comparative Study of Sacrifice. Baltimore, MD: Johns Hopkins University Press, 2008.

MARX, A. *Les systèmes sacrificiels de l'Ancien Testament* – Formes et fonctions du culte sacrificiel à YHWH. Leiden: Brill, 2005 [VTS, 105].

STRENSKI, I. *Theology and the First Theory of Sacrifice*. Leiden: Brill, 2003 [Studies in the History of Religions, 98].

16

AS FACES INSÓLITAS DE DEUS

No Antigo Testamento muitas vezes Deus se revela de modo insólito. Dentre as faces pouco comuns podemos citar duas em particular: o Deus que brinca, que encontramos em Pr 8, e o Deus que se rebela, que encontramos no livro de Jó.

Os rostos de Deus apresentados pelo livro dos Provérbios e pelo livro de Jó são opostos, quase contraditórios. De um lado temos o Deus que brinca, que joga; de outro, o Deus que se revela na experiência do sofrimento.

Nesta oposição, e talvez somente nela, podemos encontrar a via que nos conduz ao mistério que se chama Deus.

O Deus que brinca

O primeiro rosto insólito de Deus é, como já dito, aquele que descobrimos no livro dos Provérbios (8,22-31) em um trecho onde a Sabedoria personificada faz o seu próprio elogio:

22O Senhor me criou primícias de sua obra
De seus feitos mais antigos
23Desde a eternidade fui estabelecida,
Desde o princípio, antes da origem da terra.
24Quando os abismos não existiam,
Eu fui gerada, quando não existiam
Os mananciais das águas.
25Antes que as montanhas fossem implantadas,
Antes das colinas eu fui gerada;
26Ele ainda não havia feito a terra e a erva,
Nem os primeiros elementos do mundo.
27Quando firmava os céus, lá estava eu,
Quando traçava a abóbada sobre a face do abismo;
28Quando condensava as nuvens no alto,
Quando se enchiam as fontes do abismo;
29Quando punha um limite ao mar:
E as águas não ultrapassavam o seu mandamento,

Quando assentava os fundamentos da terra.
[30]Eu estava junto com Ele como mestre de obra,
Eu era o seu encanto todos os dias,
Todo o tempo brincava em sua presença:
[31]Brincava na superfície da terra,
Encontrava minhas delícias entre os homens[74].

O trecho se estrutura de modo simples: uma afirmação inicial (8,22-23) é seguida de duas explicações (8,24-26 e 8, 27-31).

Na afirmação inicial a Sabedoria diz em poucas palavras que é a primeira de todas as criaturas. Em seguida, desenvolve este pensamento em dois momentos. No primeiro, afirma a sua precedência em relação às outras criaturas com um estilo bastante comum no antigo Oriente Médio: diz ter sido criada "quando ainda não existia" nada. Este estilo encontra-se, por exemplo, em Gn 2,5: "Quando não havia ainda nenhum arbusto dos campos sobre a terra e nenhuma erva dos campos tinha ainda crescido..."

O segundo momento nos remete ao próprio tempo da criação. A Sabedoria assevera que estava presente enquanto Deus criava o universo: o céu, a terra e o abismo, que são as três partes do mundo segundo a concepção antiga. Nesse momento, a Sabedoria desempenha um papel essencial: era mestre de obras, ou, direi, arquiteta do universo. Presta assistência a Deus na sua obra de criador, pois concebe a sua ideia e a planeja com Ele.

Por que a Sabedoria afirma ter sido criada antes de todas as outras obras de Deus? Segundo a mentalidade antiga – e não só a mentalidade antiga – aquilo que precede no tempo, precede também na ordem de importância. Se a Sabedoria foi criada antes de todas as criaturas ela é, portanto, o elemento mais importante de toda a criação.

Quando em Is 41,4; 44,6; 48,12 Deus afirma: Eu sou o primeiro e o último", Ele destaca que nenhum e ninguém é igual a Ele e todo o universo. Isto equivale a afirmar a sua transcendência absoluta. E quando Jesus, no Evangelho de João, diz: "Antes de Abraão, Eu Sou" (Jo 8,58), Ele afirma ao mesmo tempo que é mais importante do que Abraão. Se a Sabedoria foi criada antes de todas as outras criaturas, isto significa que nada – com exceção de Deus – supera a Sabedoria em importância.

---

74 Ska cita *Bibbia* – Nuovissima versione dai testi originali. Roma: Paoline, 1983, p. 943-944 [Trad. de G. Bernini]. Na tradução para a língua portuguesa citamos o texto da *Bíblia de Jerusalém*. Ed. rev. e ampl. São Paulo: Paulus, 2017 [N.T.].

O elemento sobre o qual gostaria de me deter agora é a descrição contida nos vers. 30-31:

> Eu estava junto com Ele como mestre de obra,
> Eu era o seu encanto todos os dias,
> Todo o tempo brincava em sua presença:
> Brincava na superfície da terra,
> Encontrava minhas delícias entre os homens.

Cito o texto na sua tradução das Edições Paulinas feita por Stefano Virgulin. No entanto, poder-se-ia traduzir mais literalmente: "Brincando em sua presença, brincando sobre o solo da terra"[75].

A raiz aqui utilizada para descrever a atividade da Sabedoria é aquela que encontramos, com uma leve diferença, no nome de Isaac, que em hebraico significa "Ele ri". O verbo pode significar "rir", "brincar", "divertir-se", "dançar". O texto sugere, portanto, que a Sabedoria estava brincando diante de Deus enquanto Ele criava, e que Deus se inspirava nela.

Se compreendemos bem o livro dos Provérbios, a pedra angular do universo é o jogo e o divertimento. Deus criou o universo para divertir-se e divertindo-se. Esta ideia pode surpreender ou até escandalizar, mas é difícil interpretar o texto bíblico em outro sentido.

Esta imagem de uma Sabedoria que brinca e dança diante de Deus não é única no mundo antigo. Alguma coisa de muito parecida se encontra também no Egito antigo. Nessa civilização, a Sabedoria é uma divindade feminina chamada Ma'at. Esta belíssima divindade que personifica a ordem do cosmo se apresenta todas as manhãs ao Deus criador. A sua visita alegra o Deus que, inspirado nesta visão, inicia a sua obra de criador, toma conta do universo e o reordena.

Para o pensamento religioso egípcio, o significado desta imagem é claro: o mundo se organiza segundo alguns princípios estabelecidos pelos deuses personificados por Ma'at, a Sabedoria. O fato de representar a ordem cósmica não como um deus austero, rigoroso e severo, mas como uma jovem mulher graciosa, é significativo. Penso que vale a pena perguntar-se por que o Egito, assim como Israel chegaram a esta representação. Por que associar a Sabedoria e a ordem do universo à beleza, à brincadeira e à dança?

---

75 Ska, como ele mesmo menciona no texto, utiliza o texto da Bíblia das Edições Paulinas, tradução de Stefano Virgulin. Na tradução para a língua portuguesa citamos o texto da *Bíblia de Jerusalém*. Op. cit. [N.T.].

Antes de responder a esta pergunta é oportuno comparar o mundo bíblico (e egípcio) com o mundo da Mesopotâmia. Na verdade, a Bíblia muitas vezes bebeu das fontes da cultura mesopotâmica. Mas sobre o ponto que analisamos, preferiu a cultura religiosa egípcia ao invés daquela dos grandes impérios do Oriente.

O mundo religioso da Mesopotâmia é mais espartano e menos "sorridente" do que o egípcio. Por que o universo foi criado, segundo os grandes mitos da Mesopotâmia? Porque os deuses tinham uma necessidade urgente de mão de obra[76]. Antes da criação dos homens, existiam somente deuses, mas de duas "classes" diferentes: os deuses superiores (Anunnaku) e os deuses inferiores (Igigu), os quais tinham função servil, trabalhando como operários e trabalhadores manuais para os deuses superiores. Deviam, por exemplo, escavar os canais de irrigação, uma tarefa essencial, mas muito cansativa na grande planície da Mesopotâmia. Um dia, os deuses inferiores se rebelaram contra os seus "patrões". Queimaram os seus instrumentos de trabalho e sitiaram o palácio do deus supremo, Enlil, para derrubá-lo do trono. Os deuses superiores se reuniram, discutiram a situação e reconheceram o fundamento do protesto apresentado pelos deuses inferiores. Fizeram tratativas e chegaram a um acordo: criar a humanidade que passaria a trabalhar no lugar dos deuses inferiores.

Com esta finalidade, pedem a uma deusa, a "parteira dos deuses", que plasmasse um ser vivente, um primeiro ser humano. Para conseguir isto, a deusa misturou a argila, o sangue e o espírito de um deus que fora assassinado ritualmente para este fim[77]. Em seguida, impuseram sobre este ser "o cesto", símbolo do trabalho a ser cumprido para satisfazer os deuses.

A necessidade é preponderante neste relato: necessidade do trabalho e necessidade de encontrar seres capazes de cumprir este trabalho. Portanto, a criação da humanidade é consequência de uma exigência.

Na Bíblia, ao contrário, a criação é gratuita. O mundo não responde a uma necessidade ou a uma preocupação utilitária. Ao contrário, é fruto de um divertimento. Deus criou o mundo por pura generosidade, por puro prazer, "sem razão", a não ser a de querer criar e comunicar a própria vida,

---

76 Resumo o relato da criação segundo o mito de *Atra-Hasis*.

77 No famoso relato babilônico *Enuma Elish*, o sangue será o de um deus rebelde, Kingu, que Tiamat, divindade que representa as águas salgadas, tinha posto à frente dos seus defensores na guerra que tinha movido contra os outros deuses para vingar o assassinato do marido Apsu, divindade das águas-doces.

porque Deus é na verdade autossuficiente e não tem qualquer necessidade. Como diz o Sl 50:

> Não te acuso pelos teus sacrifícios,
> Teus holocaustos estão sempre a minha frente [...]
> Pois são minhas todas as feras da selva,
> E os animais nas montanhas aos milhares;
> Conheço as aves todas do céu,
> E o rebanho dos campos me pertence.
> Se eu tivesse fome não o diria a ti,
> Pois o mundo é meu, e o que nele existe[78].

Estas palavras da Bíblia estão em polo contrário em relação à mentalidade mesopotâmica, onde os deuses têm necessidade dos sacrifícios dos homens para se nutrirem[79]. O mundo, na Bíblia, não é útil a Deus.

Se compreendemos bem a Bíblia, a razão de toda e qualquer atividade neste mundo é o prazer e a gratuidade, como na brincadeira. Infelizmente não corresponde à experiência cotidiana. Mas o trabalho deveria ser aquilo que a Bíblia nos ensina: o verdadeiro trabalho tem valor em si mesmo, não porque serve a outros fins. O trabalho, como a vida, tem um valor em si mesmo. Uma profissão não pode servir somente para ganhar o pão de cada dia. Deveria também ter um valor próprio.

Por esta razão, o verdadeiro trabalho, que se assemelha à atividade criadora de Deus, é como um jogo: se é feito, é feito porque fazê-lo é aprazível e porque tem um valor em si.

O Deus da rebelião

Do lado oposto da brincadeira e da alegria se coloca o mundo de Jó. O mundo de Jó não é apenas o do sofrimento e da dor, é o do sofrimento absurdo e injustificado. Como Deus se revela neste mundo do qual, à primeira vista, parece estar sempre ausente? Como Deus pode se revelar em um mundo da falta de sentido? Talvez encontremos em Jó a gratuidade do jogo, mas de modo trágico: o próprio sofrimento de Jó é gratuito porque não é possível justificá-lo ou explicá-lo. Jó sofre sem razão!

---

78 Ska cita *Bibbia* – Nuovissima versione, p. 831 [Trad. de A. Lancellotti]. Na tradução para a língua portuguesa citamos o texto da *Bíblia de Jerusalém*. Op. cit. [N.T.].

79 Basta ler o final do relato do dilúvio no mito de *Atra-Hasis* ou na epopeia de *Gilgamesh*.

Algumas vezes se diz que Jó é presunçoso porque contesta com veemência a sua inocência frente a Deus. Mas Jó não diz nunca ter pecado[80]. Diz apenas que não há proporção entre as suas culpas e o seu sofrimento: "Se pequei, que mal te fiz com isso, sentinela dos homens?" (Jó 7,20).

Jó afirma que não há verdadeira justiça neste mundo porque o sofrimento não é proporcional à culpa. A infelicidade e a desgraça atingem tanto justos quanto injustos. O problema de Jó não é exatamente o do sofrimento insuportável, mas o do sentido da existência. Ele não consegue compreender a razão do seu sofrimento e do sofrimento do inocente em geral. Quer resolver este enigma a qualquer custo e sofre porque não vê possibilidade de chegar à sua solução.

Por esta razão se dirige a Deus e pede que lhe dê ouvidos. Imediatamente se dá conta de que seu pedido não pode ser acolhido. Deus nunca aceitará sentar-se sobre o banco dos réus e responder às acusações de uma criatura. No entanto, Jó busca uma via para chegar a este Deus inacessível.

Uma das suas alegações mais características neste sentido, se encontra no cap. 13:

> Eis que procederei com justiça,
> E sei que sou inocente.
> Quem quer disputar comigo?
> De antemão, estou pronto para calar-me e para morrer!
> Faze-me apenas duas concessões,
> E não me esconderei de tua presença:
> Afasta de mim a tua mão
> E não me amedrontes com teu terror.
> Depois me acusarás e te responderei,
> Ou falarei eu e Tu me replicarás:
> Quanto são os meus pecados e minhas culpas?
> Prova meus delitos e pecados.
> Por que ocultas tua face e me tratas como teu inimigo?
> Queres, então, assustar uma folha levada pelo vento
> E perseguir a palha seca?
> Pois rediges contra mim sentenças amargas,
> Obrigas-me a assumir os pecados de minha juventude,
> E prendes teus pés ao cepo;
> Vigias todos os meus passos
> E examinas as minhas pegadas[81].

---

80 Cf., p. ex., Jó 7,20; 9,29-31; 10,14; 13,26; 14,17.

81 Ska cita *Bibbia* – Nuovissima versione, p. 740-741 [Trad. de S. Virgulin]. Na tradução para a língua portuguesa citamos o texto da *Bíblia de Jerusalém*. Op. cit., 2017 [N.T.].

Jó não compreende por que Deus escarnece a própria criatura. Por que dar a vida a uma pessoa para em seguida persegui-la e fazê-la sofrer? Em uma outra página, muito bela por sinal, Jó recorda o seu nascimento e ressalta quão absurdo é o plano divino (10,8-13):

> Tuas mãos me formaram e me modelaram,
> E depois te volves a mim para aniquilar-me?
> Lembra-te de que me fizeste do barro,
> E agora me farás voltar ao pó?
> Não me derramaste como leite
> E me coalhaste como queijo?
> De pele e carne me revestiste,
> De ossos e de nervos me teceste.
> Deste-me a vida e o amor,
> E tua solicitude me guardou.
> E, contudo, algo guardavas contigo:
> Agora sei que tinhas a intenção
> [...]
> Então, por que me tiraste do ventre?
> Poderia ter morrido sem que olho algum me visse![82]

É difícil não se sensibilizar com este grito elaborado com um linguajar altamente poético. Jó pede a Deus porque Ele o tratou com tanta atenção para depois destruí-lo. É puro cinismo! Por esta razão Jó chega à conclusão que seria melhor não ter nascido: nestas condições, a morte é preferível à vida[83].

A esta altura Jó se rebela. Não pode admitir que a existência seja totalmente absurda. Quer encontrar um "sentido" em um universo que parece arbitrário, cruel e caótico, onde parece reinar, sem oposição alguma, um completo absurdo.

Alcançar este fim se torna para Jó mais importante do que a própria vida. Ele se declara disposto a arriscar aquele que parece ser o seu bem mais precioso, a própria existência, a fim de "saber" qual é o sentido da vida. Esta decisão parece uma dura réplica de Jó aos seus amigos, que lhe pregam a paciência (Jó 13,13-16):

> Silenciai, agora sou eu quem fala,
> Venha o que vier.
> Porei minha carne entre os meus dentes,
> Levarei nas mãos minha vida.
> Ele pode me matar: mas não tenho outra esperança

---

82 Ska cita *Bibbia* – Nuovissima versione, p. 736-737 [Trad. de Virgulin]. Na tradução para a língua portuguesa citamos o texto da *Bíblia de Jerusalém*. Op. cit. [N.T.].

83 Cf. o primeiro poema de Jó (Jó 3,3-26), onde ele maldiz o dia do seu nascimento.

Senão defender diante dele minha conduta.
Isto já seria minha salvação,
Pois o ímpio não ousaria comparecer diante dele[84].

"Calar seria morrer" (13,19): Jó arrisca, portanto, a própria vida para poder falar diante de Deus e defender a própria causa.

No cap. 31, Jó dá um último passo para obter de Deus o favor de um "processo" justo. Em uma longa "confissão" se submete inteiramente ao julgamento de Deus. Se sou culpado, diz, que Deus me castigue. Mas, se sou inocente, que me faça saber por que devo sofrer.

Deus responde a Jó em dois longos discursos (Jó 38–39; 40–41). Por que responde? Não é claro! Os exegetas propõem diversas explicações. Alguns dizem que no cap. 31 Jó se mostra presunçoso quando afirma sua inocência com muita certeza. A veemência deste discurso obriga Deus a reagir e a admoestar Jó. Este Deus, no entanto, é de uma crueldade inconcebível. Enquanto Jó pede ajuda e conforto, Deus continua silencioso. Mas basta que Jó se mostre pretencioso e Deus lhe responde. O que move o agir divino não é a compaixão, mas apenas o amor-próprio. Deus defende sua honra, não a existência frágil da sua criatura. Este comportamento daria razão a Jó: Deus é um ser cruel e autoritário.

A meu ver, a resposta de Deus é dada quando e porque Jó fez o necessário para chegar à presença do seu criador. Purificou-se de sua rebelião a ponto de a vida e a felicidade importarem menos do que a resposta de Deus. Em palavras simples, ele deu a Deus o lugar que lhe cabe na sua existência: Deus é mais essencial do que a própria vida, porque a vida sem Deus ou distante dele não é mais vida. Deus é a sua vida e se deve viver sem contato com Deus, já está morto. Chegado a este ponto da sua purificação, Deus pode se revelar a Jó.

Mas o que Deus lhe responde? Não é fácil compreender as imagens e a linguagem poética destes discursos. Parece que, quando Deus fala, a linguagem toma forma ainda mais hermética e impenetrável.

Num primeiro tempo Deus toma Jó pela mão e lhe faz visitar o universo. O escopo deste primeiro discurso sobre a criação é de fazer Jó compreender que a criação é muito vasta para ser compreendida por um ser frágil como um homem, incapaz, por exemplo, de dar ordens sobre a aurora ou de estabelecer os limites do mar (Jó 38,8-12). Ao contrário da Sabedoria de Pr 8, Jó não estava presente quando Deus criou o universo (38,4-7). Mas Deus ali estava. Ele

---

84 Ska cita *Bibbia* – Nuovissima versione, p. 740 [Trad. de Virgulin]. Na tradução para a língua portuguesa citamos o texto da *Bíblia de Jerusalém*. Op. cit. [N.T.].

conhece este universo imenso e misterioso. Conhece ainda todos os animais, dos mais familiares aos mais estranhos. Se Jó não é capaz de compreender o significado de cada criatura, existe uma inteligência superior, a de Deus. Existe uma ordem e uma justiça que escapam em grande parte a Jó.

Este primeiro discurso não satisfaz completamente a Jó, nem ao leitor. Deus ainda não respondeu à pergunta fundamental de Jó: Por que sofro? Por que sofrem os inocentes? Este será o objeto do segundo discurso (40–41).

Nesse, Deus descreve dois animais com riqueza de detalhes: o hipopótamo e o crocodilo (Beemot e Leviatã). São dois monstros do caos primordial, duas criaturas que personificam as forças indomáveis da violência que ainda reina no universo. Com frequência, na arte iconográfica egípcia, estes dois animais são representados junto com forças inimigas da ordem cósmica, que Deus, no entanto, é capaz de domar e derrotar.

O que significa isto senão que o próprio Deus combate o mal e a injustiça? E que somente Ele é capaz de vencer nesta batalha cósmica? Se Jó se rebela contra a injustiça, na verdade é Deus quem se rebela em Jó, pois Deus é o primeiro a combater os abusos e a injustiça neste mundo.

A batalha não terminou. Mas onde se combate, é sempre Deus que combate e vence. Jó descobre Deus, porque Ele está presente na sua rebelião, e não nas explicações "lenitivas" dos seus amigos.

Isto ainda não explica a existência do mal. Por que Deus criou o Beemot e o Leviatã? Por que não elimina a injustiça e o mal deste mundo? De onde vem o mal?

Esta pergunta não recebe qualquer resposta na Bíblia. Deus não explica a Jó porque ele sofre. Diz-lhe apenas que Ele, Deus, se rebela com Jó e em Jó. Deus está do lado de Jó. No Novo Testamento se descobrirá que Deus até mesmo sofre com Jó e em Jó. Em Jesus Cristo, é Deus que sofre por causa da injustiça. Na verdade, segundo o modo de pensar da Bíblia, o "mal" é inexplicável. Chegar a uma explicação sobre o mal significaria justificá-lo. Ora, na Bíblia o "mal" como tal não pode ser justificado, e por isto não pode ser explicado.

A pergunta sobre a origem do mal é uma pergunta muito "ocidental". Quando as coisas vão mal, a mentalidade ocidental busca um "culpado". O próprio direito romano dá grande importância à procura pelo culpado quando um crime foi cometido. O direito semítico, e em particular o direito bíblico, é diferente. No mundo bíblico a vítima importa mais do que o culpado. O que vale não é tanto saber quem é o culpado, mas ajudar a ressarcir a vítima.

No livro de Jó, o epílogo, que para muitos parece bastante artificial, corresponde a esta mentalidade. Deus, o juiz, não explica exatamente qual a origem do mal, mas se mostra como companheiro de Jó, junta-se a ele na luta contra a injustiça e o ressarce, pois lhe restitui toda a sua riqueza e lhe dá outros filhos no lugar daqueles que perdera. É claro que estamos no contexto de um relato, não da realidade. Mas a lição é clara: Deus luta contra as forças do caos e qualquer um que se rebele contra a desordem deste mundo deve saber que esta rebelião na verdade tem sua origem em Deus.

PARA APROFUNDAR

CIMOSA, M. *L'ambiente storico-culturale delle Scritture Ebraiche*. Bolonha: EDB, 2000 [La Bibbia nella nostra Storia].

DELL, K.J. *Job*: Where Shall Wisdom Be Found? Sheffield: Phoenix Press, 2013 [Phoenix Guides to the Old Testament].

GILBERT, M. *La Sapienza del cielo*: Proverbi, Giobbe, Qohèlet, Siracide, Sapienza. Cinisello Balsamo, MI: San Paolo, 2005.

_____. *L'Antico Testamento e le culture del tempo* – Testi scelti. Roma: Borla, 1990 [Trad. de Carlo Valentino] [Studi e Ricerche Bibliche].

MAGGIONI, B. *Giobbe e Qohelet* – La contestazione sapienziale nella Bibbia. Assis: Cittadella, 1989 [Bibbia per Tutti].

PAGANINI, S. *La Bibbia che Gesù leggeva* – Breve introduzione all'Antico Testamento. Bolonha: EDB, 2013, p. 233-235.

RAVASI, G. *Giobbe*: traduzione e commento. Roma: Borla, 1979 [Commenti Biblici].

SINNOTT, A.M. *The Personification of Wisdom*. Aldershot: Ashgate, 2005 [Society for Old Testament Study Monographs].

VON RAD, G. *La Sapienza in Israele*. Turim: Marietti, 1975.

Glossário

Acróstico: uma composição na qual as primeiras consoantes de um verso formam uma expressão com sentido completo. No Antigo Testamento é muito conhecido sobretudo o acróstico alfabético, no qual no início, em 22 versículos, encontramos as 22 consoantes do alfabeto hebraico.

Alegoria: metáfora, descrição de um conceito mediante uma imagem. Um texto ou uma expressão tem um sentido mais profundo, escondido sob o sentido literal.

Amuleto: pingente geralmente ornado com incisões de símbolos ou palavras que protege e dá força àquele que o leva consigo.

Antropomorfo (grego: "de forma humana"): definição da apresentação de conceitos ou seres não humanos, sobretudo divindades, sob forma humana.

Apocalíptica: corrente judaica que se desenvolveu ao longo dos dois primeiros séculos a.C., que esperava e se preparava de maneira intensa para o fim do mundo. Esta espera tinha relação com a chegada do Reino de Deus, que teria sido precedida por um julgamento com uma clara separação entre os justos que seriam salvos, e os maus que seriam condenados.

Apócrifo (grego: "escondido"): identifica sobretudo escritos de caráter religioso do primeiro judaísmo ou do cristianismo da antiguidade, que não fizeram parte da Bíblia, por diferentes motivos.

Baal (hebraico: "senhor"): título honorífico e nome próprio da maior divindade cananeia, responsável pelo tempo atmosférico, pela temperatura e pelos raios.

Cânone: identifica, nas ciências bíblicas, um conjunto de escritos autoritativos e obrigatórios e por isto "santos" para uma determinada comunidade

Codex Leningrandensis: manuscrito hebraico de 1008, é o manuscrito mais antigo que contém o texto completo da Bíblia hebraica.

Código de Alepo: manuscrito hebraico que remonta à primeira metade do século X a.C. Composto em Jerusalém e daí transferido para o Cairo, portanto, Alepo. A maior parte do Pentateuco, assim como o final do Cântico dos Cânticos e os livros de Qohélet, Lamentações, Ester, Daniel, Esdras e Neemias infelizmente se perderam.

Código Sacerdotal (P): hipotética fonte do Pentateuco que alguns exegetas sugerem que se tenha desenvolvido por volta de 550 a.C. na comunidade dos exilados na Babilônia.

Concordância: índice de todas as palavras que aparecem na Bíblia com indicação de todos os textos nos quais aparecem o termo em questão. Com frequência esta lista é posteriormente estruturada segundo a função gramatical do termo analisado.

Deuteronomista: termo que identifica textos bíblicos escritos de acordo com a teologia e a linguagem do Deuteronômio.

Diáspora: indica a situação – livre ou não – dos judeus que vivem fora de Israel. Neste sentido se fala de judeus da diáspora a partir da destruição do Reino do Norte em 722 a.C.

Eloísta: hipotética fonte do Pentateuco que teria se desenvolvido a partir de 800 a.C. no Reino do Norte e seria reconhecida pelo emprego do nome divino "Elohim".

Estela: bloco de pedra elevado com lados normalmente lisos; no antigo Oriente, com ou sem inscrições, como estela cultual, representa uma divindade; como estela de recordação ou de memória, por sua vez, traz inscrições ou imagens e serve para louvar as obras de um regente ou de uma pessoa importante.

Etiologia (grego: "ensinamento das causas"): na literatura, define um relato que explica os motivos de uma tradição ou de uma circunstância.

Gênero literário: expressão que identifica unidades textuais mais amplas ou textos inteiros a partir de determinados esquemas literários ou formais; por exemplo, hinos, orações, parábolas, cartas etc.

Grego *Koiné*: identifica a língua grega do período helenístico e romano e se diferencia do grego arcaico. Tanto a LXX quanto o Novo Testamento são escritos nesta língua.

Helenismo: depois das conquistas de Alexandre Magno se desenvolveram e se espalharam significativamente a cultura e o pensamento grego. A adoção das formas de vida dos gregos é definida como helenismo.

Henoc, livro de: escrito apocalíptico com cinco partes, no qual Moisés nunca é nominado. As partes mais antigas remontam ao século IV a.C., as mais recentes ao século I a.C.

Javista: fonte hipotética do Pentateuco, que se desenvolveu por volta de 950 a.C. – ou segundo novas hipóteses muito mais tarde – no Reino do Sul e é identificada mediante o emprego do nome divino YHWH.

***Massora* (aramaico: "transmitir"):** sistema de notas à margem do texto consonântico bíblico composto entre os séculos VI e XI por estudiosos hebreus. A *massora* compreende a vocalização do texto consonântico.

Massoretas: estudiosos hebreus que padronizaram a transmissão do texto bíblico, criando a (→) *massora*.

Messias (hebraico: "ungido"): trata-se de um título real e sacerdotal. Após o final da monarquia este título passou a ser utilizado ocasionalmente para identificar também uma ou mais figuras de caráter escatológico que teria recebido a incumbência de introduzir o fim dos tempos e o período messiânico sucessivo. A tradução grega do termo é "*christos*".

Metáfora: identificação de um objeto mediante um outro através da transposição de uma imagem sobre uma outra, a fim de enriquecê-la, explicá-la ou torná-la mais viva.

Método histórico-crítico: conjunto de procedimentos metodológicos para a interpretação da Bíblia. Estes se ocupam da pesquisa das origens, da história do desenvolvimento e das redações, mas também da localização social ou geográfica dos textos.

Midrash **(hebraico: "procurar", "pesquisar"):** interpretação rabínica de um texto bíblico, que tende sobretudo a uma atualização.

Mishná **(hebraico: "repetição, ensinamento"):** composta por volta do ano 200 d.C., é a primeira coletânea autorizada de leis religiosas do judaísmo.

Obra histórica deuteronomista (dtrG): termo utilizado para identificar a coletânea de livros que vão de Josué ao Segundo Livro dos Reis. Alguns exegetas consideram que também parte do Deuteronômio pertence à dtrG.

Óstraco: antigo pedaço de cerâmica com inscrições em tinta ou mediante entalhe.

Pentateuco (grego: "cinco recipientes" ou "cinco rolos"): termo que identifica os cinco primeiros livros do Antigo Testamento – Gênesis, Êxodo, Levítico, Números, Deuteronômio – em hebraico (→) *Torah*.

Peshita: tradução do Antigo Testamento em siríaco.

Petucha **(hebraico: "aberto"):** antigo sinal estrutural do texto hebraico, é identificado no corpo do texto com a letra hebraica "*pe*". Depois desse sinal, geralmente se volta ao início e por isso o parágrafo permanece "aberto".

Pseudepigrafia: atribuição fictícia de um escrito a um autor importante com o objetivo de conferir mais autoridade ao escrito.

Redação/redator: com "redação" se identifica o processo da reunificação, correção, comentário da nova organização de textos ou partes de textos com o objetivo de construir uma mensagem geral mais exata. Os autores desse processo são chamados "redatores".

Samaritano: texto da *Torah* transmitido pelos samaritanos. Em parte é mais antigo que o texto massorético, apresenta numerosas diferenças em relação a este.

Sentido literal: identifica a compreensão de um texto na maneira mais normal, seguindo o significado do texto, em contraste com o *sentido alegórico* (→ alegoria) ou *metafórico* (→ metáfora).

Septuaginta (LXX) (latim: "setenta"): tradução grega da Bíblia hebraica iniciada por volta do ano 250 a.C. em Alexandria por escribas judeus e concluída no primeiro século d.C. O nome faz referência à lenda de que 70 (ou 72) tradutores traduziram o texto da Bíblia em 72 dias.

Setuma **(hebraico: "fechado"):** antigo sinal estrutural do texto da Bíblia hebraica, indicado por um *samech*. Identifica o início de uma nova subunidade, normalmente depois de um breve espaço deixado vazio no interior de uma linha.

Sitz im Leben **(alemão: "ambiente vital"):** a situação histórica na qual se inserem a formação e o desenvolvimento de determinado texto literário e na qual o texto normalmente também foi utilizado.

Talmude: obra principal do rabinismo que reúne as interpretações de caráter legislativo da Bíblia hebraica, as compara e formula desse modo leis religiosas obrigatórias. Do Talmude chegaram até nós duas formas, uma mais extensa, chamada "babilônica", e uma mais curta, chamada "hierosolimitana".

Tanak: termo criado para identificar a Bíblia hebraica. A palavra é formada artificialmente com a inicial das três partes dessa Bíblia: **t**orah (lei), **neb**i'im (profetas) e **k**etubim (escritos).

Texto massorético (TM): texto hebraico criado pelos (→) *massoretas* mediante a vocalização do texto consonântico e um sistema de notas à margem, que a partir do século VIII se tornou o texto padrão da (→) *tanak*.

Topografia: compreensão e reprodução do território com sua estrutura de superfície e suas formas, mas também com a descrição dos objetos e das estruturas naturais e artificiais que podem ser reconhecidas, como cursos d'água, edifícios, estradas e caminhos, mas também limites naturais e assentamentos humanos.

Torah **(hebraico: "lei, indicações"):** termo hebraico que indica os cinco primeiros livros do Antigo Testamento – Gênesis, Êxodo, Levítico, Números, Deuteronômio (→ *Pentateuco*).

Tradição: conteúdos estabelecidos por escrito ou transmitidos oralmente junto com as visões de mundo que estão diretamente ligadas a eles (p. ex., a "tradição do êxodo" e a ideia de uma divindade libertadora).

Vulgata (latim: "para o povo"): tradução em latim da Bíblia hebraica, composta por São Jerônimo por volta de 390 d.C., sob encomenda do Papa Dâmaso.

ÍNDICE

Sumário, 5

Abreviaturas dos livros bíblicos, 7

1 A criação e o tempo, 9

   O relato do Gênesis, 10

   Mundo grego e mundo bíblico, 13

   O tempo no mundo bíblico, 19

2 Os patriarcas, 21

   A figura de Abraão, 21

   Isaac e o direito à terra, 26

   Jacó, o Ulisses da Bíblia, 27

   José e a vida na diáspora, 27

3 Noé e o dilúvio, 31

   O relato bíblico, 31

   A intenção do relato sacerdotal, 37

   O simbolismo das águas, 39

   A aliança e o arco-íris, 41

   O sacrifício, 44

4 As genealogias, 47

   Exílio e retorno, 48

   A "tábua das nações", 50

   O contexto histórico, 59

5 O amor, 62

   O amor romântico, 62

   Amor e sociedade no mundo antigo, 63

   O amor de Deus na Bíblia, 66

   Vocabulário diplomático e linguagem teológica, 70

6 O deserto e o Decálogo, 75

   O estrangeiro, 76

   A saída do Egito, 80

O Decálogo, 83

O sábado, 85

O código da aliança, 87

A importância da educação, 88

As leis do Levítico, 88

7 O trabalho, 91

A escravidão no Egito, 92

Trabalho e repouso, 97

Trabalho e serviço litúrgico, 97

O trabalho na terra prometida, 101

8 O Jubileu, 105

As condições de vida na época bíblica, 106

Terra e família, 108

A lei sobre o Jubileu, 109

As propriedades, 112

As dívidas, 112

A libertação dos escravos, 113

Teologia das leis sobre o Jubileu, 114

O Jubileu no Antigo Testamento, 115

9 A peregrinação, 118

Peregrinações sazonais e anuais, 119

A oferta das primícias, 122

O Deus que se move "sobre rodas", 125

A procissão de retorno, 126

O Deus que peregrina na tenda, 127

10 O direito e a lei, 131

As parteiras do Êxodo, 134

O nascimento de Moisés, 136

A concubina de Saul, 137

11 O poder, 144

As leis sobre os servidores públicos no Deuteronômio, 146

A monarquia e a Lei, 149

Os juízes, 151

Os sacerdotes levitas, 152

Os profetas, 153

12 A cidade e a torre, 156

A torre que alcança o céu, 158

Paz e concórdia, 162

As construções magníficas, 164

Imortalizar o nome, 166

A construção do relato, 168

A ironia do relato, 169

O contexto literário, 171

A teologia do relato, 171

13 Os anciãos, 174

Testemunhas e destinatários, 174

Os anciãos do Deuteronômio, 178

Durante e depois do exílio, 181

Comer diante do rei, 181

14 Os sacerdotes, 185

As três funções no sacerdócio, 187

Lei e sacrifícios, 189

O "reino sacerdotal", 190

15 Os sacrifícios, 194

O alimento da divindade, 196

A teoria do dom, 198

Comunhão com a divindade, 200

Assimilação da força do animal sacrificado, 201

René Girard e o bode expiatório, 201

Sacrifício de expiação, 203

A crítica dos profetas, 206

A dimensão existencial do culto, 208

16 As faces insólitas de Deus, 211

O Deus que brinca, 211

O Deus da rebelião, 215

Glossário, 221

CULTURAL
Administração
Antropologia
Biografias
Comunicação
Dinâmicas e Jogos
Ecologia e Meio Ambiente
Educação e Pedagogia
Filosofia
História
Letras e Literatura
Obras de referência
Política
Psicologia
Saúde e Nutrição
Serviço Social e Trabalho
Sociologia

CATEQUÉTICO PASTORAL

Catequese
Geral
Crisma
Primeira Eucaristia

Pastoral
Geral
Sacramental
Familiar
Social
Ensino Religioso Escolar

TEOLÓGICO ESPIRITUAL
Biografias
Devocionários
Espiritualidade e Mística
Espiritualidade Mariana
Franciscanismo
Autoconhecimento
Liturgia
Obras de referência
Sagrada Escritura e Livros Apócrifos

Teologia
Bíblica
Histórica
Prática
Sistemática

REVISTAS
Concilium
Estudos Bíblicos
Grande Sinal
REB (Revista Eclesiástica Brasileira)
SEDOC (Serviço de Documentação)

VOZES NOBILIS
Uma linha editorial especial, com importantes autores, alto valor agregado e qualidade superior.

VOZES DE BOLSO
Obras clássicas de Ciências Humanas em formato de bolso.

PRODUTOS SAZONAIS
Folhinha do Sagrado Coração de Jesus
Calendário de mesa do Sagrado Coração de Jesus
Agenda do Sagrado Coração de Jesus
Almanaque Santo Antônio
Agendinha
Diário Vozes
Meditações para o dia a dia
Encontro diário com Deus
Guia Litúrgico

CADASTRE-SE
www.vozes.com.br

EDITORA VOZES LTDA.
Rua Frei Luís, 100 – Centro – Cep 25689-900 – Petrópolis, RJ
Tel.: (24) 2233-9000 – Fax: (24) 2231-4676 – E-mail: vendas@vozes.com.br

UNIDADES NO BRASIL: Belo Horizonte, MG – Brasília, DF – Campinas, SP – Cuiabá, MT
Curitiba, PR – Fortaleza, CE – Goiânia, GO – Juiz de Fora, MG
Manaus, AM – Petrópolis, RJ – Porto Alegre, RS – Recife, PE – Rio de Janeiro, RJ
Salvador, BA – São Paulo, SP